돈의 흐름을 간파하는 기술

투자의 맥

돈 의 흐 름 을 간 파 하 는 기 술

투자의 맥

정진건(매일경제신문 기자) 지음

청림출판

한 그루의 나무가 모여 푸른 숲을 이루듯이
청림의 책들은 삶을 풍요롭게 합니다.

머리말

얼마 전 신문사를 떠나는 한 직원과 식사를 했다. 기자가 아니라 신문사에 들어와 줄곧 제작 부서에서 근무하던 그는 식사 자리에서 주식 투자 이야기를 꺼냈다.

"신문사를 다니면서 하나 남은 게 있다면 주식 투자를 제대로 배웠다는 것입니다. 딱 두 종목만 보는데, 주가가 주기적으로 급락했다가 다시 회복되곤 해서, 2~3년에 한 번씩만 거래해도 큰 폭의 차익을 낼 수 있더군요."

재무 상태가 괜찮은 회사냐고 물었더니 그는 "두 회사 모두 건실하다"면서 "그 회사들에 대해서만큼은 애널리스트들보다 더 잘 안다"고 자신 있게 말했다. 그도 처음에는 이 종목 저 종목 남들이 좋다는 곳을 따라갔다가 번번이 실패하곤 했는데, 종목을 좁혀서 집중적으로 연구한 끝에 안정적인 투자 대상을 찾게 됐다고 했다. 회사를 떠난다기에 섭섭하기도 했지만 그 나름대로 즐기면서 노후를 대비할 수 있는 수단을 찾았다는 말에 기분 좋게 식사를 마칠 수 있었다.

이보다 앞서 지난 2008년 가을에는 길을 가다 만난 모 기업의 실무 책임자가 다짜고짜 고맙다며 연신 허리를 굽혔다. 좋은 종목을 제때 알려줘서 재미를 톡톡히 봤다는 것이다. 곰곰이 생각해 보니 그에게 N사에 대해 이야기한 때가 2007년 초였다. 재무구조도 우량하고 이익도 잘 내는 회사인데 당시 주가는 장부가의 절반 수준에 머물고 있었다. 이런 회사 같으면 정기예금을 하는 셈치고 묻어 두어도 좋을 것이라고 했는데 그 뒤 몇 달 만에 N사의 주가는 세 배 정도로 뛰었다. 내가 돈을 번 것은 아니지만 그래도 기분은 괜찮았다.

주식을 연구하다 보면 망할 가능성은 거의 없으면서 주가가 오를 수밖에 없는 종목들이 보인다. 그런데 위험하지도 않은 종목까지 단지 주식이라는 이유 하나만으로 위험자산으로 취급되고 있는 현실로 인해 많은 투자자들이 올바른 주식 투자로 이익을 누릴 기회를 잃고 있다. 난센스도 이만저만한 게 아니다.

한편 다른 쪽에서는 정반대의 상황도 벌어진다. 수년 전부터 미국의 중앙은행인 연방준비제도이사회FRB의 한 고위 관리가 패니 메이나 프레디 맥 같은 정부보증기관GSE이 위험하다고 경고를 해왔다. 그런데도 한국은 정부 보유 외환으로 이들이 발행한 채권을 무더기로 사들였다. 금융 위기가 발생하자 그 채권은 사실상 부도 상태로 몰렸다. 나중에 미국 정부가 지급보증을 한다고 나서 겨우 살아나기는 했지만 아직도 거래는 제대로 이뤄지지 않고 있다. 그런 채권을 사들인 사람들을 강심장이라고 불러야 할지, 아니면 무식하다고 해야 할지 모를 일이다.

지난 2008년 8월에는 경기가 급작스레 식어 가는 마당에 한국은행이 갑자기 기준금리를 올려 소동을 일으키기도 했다. 금리를 내려도 시원찮을 판국에 거꾸로 간 것이다. 비난이 거세지자 한은은 두 달 뒤인 10월에만 두 차례나 기준금리를 끌어내렸다. 그것도 모자라 이후 다섯 달 연속으로 기준금리를 인하했다.

정부나 중앙은행이 위험한 것을 위험하지 않다고 보거나, 경기가 나

뻔 것을 좋은 것으로 착각한 것이다. 대부분의 투자 이론이나 경제 이론에서 완벽할 것이라고 가정하고 있는 정부나 중앙은행은 실제로 보면 이 같은 잘못을 수시로 범하고 있다.

이처럼 우리가 지금까지 배운 지식이나 상식 가운데는 현실과 동떨어진 것이 무수히 많다. 특히 투자 이론이나 경제경영 이론은 대개 사람들이 합리적으로 판단하고 있다는 전제를 깔고 있으며, 경제 시스템으로서 중앙은행의 권위를 절대적으로 인정하고 있다. '중앙은행에 맞서지 말라'는 증시 격언이 있는 것도 이와 무관하지 않다.

그런데 앞의 사례에서 보았듯이 사람들의 판단이 더 이상 합리적이지 않고, 또 중앙은행의 정책 실패가 수시로 나타나고 있다. 정보의 불균형으로 정당한 대접을 받지 못하거나 과대평가되는 주식들도 수없이 많다. 기존의 이론이 뿌리째 흔들리는 상황이라고 할 수 있을 것이다.

합리적이지 않은 것을 합리적이라고 가정하거나 정상적 판단으로 알 수 있는 것조차 알 수 없는 것으로 간주하는 등 이론을 지나치게 단순화하거나 잘못된 가설을 그대로 받아들인 데서 이런 문제들이 비롯됐다고 할 것이다. 이 책을 탈고할 무렵 〈파이낸셜 타임스*Financial Times*〉의 토니 잭슨은 지난 50여 년간 경제학을 주도하던 '합리적 기대 이론 rational expectation theory'의 사망을 선고하는 칼럼을 쓰기도 했는데 이와 무관하지 않다고 본다.

여기에 잘못된 권위에 아부하는 사람들이 득세하며 정상적 비판조차 설 자리를 잃게 만들기도 했다. 그린스펀과 그의 추종자들을 비판하던 스티븐 로치를 내친 모건 스탠리는 결국 나락으로 떨어지기도 했다. 이 같은 부조리가 최근 들어 잇달아 발생한 경제 위기의 주요 원인이라고도 할 수 있을 것이다.

필자는 뉴욕 특파원으로 근무하던 시절 앨런 그린스펀 전 FRB 의장이 미국의 통화정책을 오도하고 있다고 수없이 주장했고 관련 기사도 썼다. 미국의 과도한 부채가 야기할 수 있는 문제들에 대해서도 여러 차례 강조했다. 그렇지만 그런 문제 제기는 모두 돌아오지 않는 메아리가 되어 사라졌다. 대부분의 사람들이 그린스펀을 맹신하고 미국이 계속 강성할 것으로 믿을 때였으니 필자의 주장에 귀를 기울일 리 만무했다.

금융위기가 세계를 강타한 뒤에야 사람들은 비로소 그동안 어떤 문제가 있었는지 보려고 했지만 때는 이미 너무 늦었다. 그린스펀의 통화정책이 왜 잘못됐는지는 관련 통계를 보면 금방 알 수 있다. 또 실상을 파악하면 미국 정부가 이번 위기를 타개하려고 어떤 정책을 펼 것인지도 예상할 수 있다.

필자는 오래전부터 칼럼을 통해 미국 정부가 통화량을 늘려서 금융위기를 풀려고 할 것이며 그를 위해 돈을 찍어 낼 수밖에 없을 것이라고 전망했다. 그 뒤 미국 정부의 정책은 상당부분 필자가 예상했던 대로 가고 있다. 눈치 빠른 투자자라면 이쯤 이야기했을 때 어디에 그물을 치고 기다려야 대박을 낼 것인지를 계산할 수도 있으리라 본다.

그런데 기존 경제 이론이 다루지 않던 새로운 문제도 노출됐다. 최근 들어서는 거대 기업의 과도한 부채나 금융기관의 부적절한 자산 관리가 경제 위기를 초래하기도 한다.

한국은 이미 지난 1997년에 기업들의 연쇄 부도와 종금사의 외환 수급 불일치로 인한 외환위기를 경험한 바 있다. 또 카드회사의 여신을 일시에 회수하는 과정에서 카드대란이라는 경제 위기를 겪기도 했다. 미국은 헤지 펀드인 롱텀 캐피털 매니지먼트의 잘못된 투자나 엔론과 월드컴 등 대기업들의 과도한 차입과 회계 부정으로 인한 경제 위기를 맞기도 했다.

이처럼 거대 금융기관이나 기업들이 생겨나면서 민간 부문의 위기가 국가의 위기로 이어지고 있다. 그런데도 불구하고 한국이나 미국이나 민간 부문의 부채 혹은 금융기관의 자산 운용 실태를 체계적으로 관리하는 시스템을 만들지 못했다. 더 나아가 일부 공공기관들까지 심각한 수준의 부채를 떠안고 있는 실정이다. 이런 것이 종합적으로 작용해 이번 금융위기를 불렀다고 할 수 있다.

중앙은행의 과도한 통화 팽창이나 긴축 정책은 거품과 불황을 만들며 경제 사이클의 진폭을 키운다. 일부 거대 기업이나 금융기관의 부실이 경제 시스템을 마비시키기도 한다.

기존 투자 이론은 거시경제의 흐름을 예상하려고 하지 않고 그저 주어진 조건으로 받아들이고 대응하라고 한다. 지금까지 극소수를 제외한 대부분의 이코노미스트들이 경제 위기를 사전에 예상하지 못한 게 이유라고도 할 수 있다. 그렇지만 이것은 어렵다는 것을 알 수 없다는 것으로 간주해 버리는 오류이다. 특히 그로 인한 피해는 앞에서 언급했듯이 엄청난 것이다. 그런데도 어렵다는 이유로 보지 않으려는 것은 지식인들의 태만이라고밖에 할 수 없다. 기존의 투자 이론은 이런 면에서 일정 부분 수정되어야 마땅하다.

이코노미스트들이 경제 위기를 제대로 보지 못한 것은 대부분 자기가 신봉하는 이론에 함몰돼 있거나 미시적인 부분에 치우쳐 실상을 제대로 들여다보지 않았기 때문이라고 생각된다. 이번에 금융위기가 나타나자 경제학자들 사이에서 신고전 학파가 어떠니 케인스 학파가 어떠니 하는 등 웃기지도 않을 이론 논쟁이 벌어진 것은 단적인 증거라고 할 수 있다. 이들의 행태를 보면서 "사람은 자기가 보고 싶은 것만 본다"는 율리우스 카이사르의 이야기가 어쩌면 그렇게 딱 들어맞을까 하는 생각이 들 정도였다.

필자는 그동안 나름대로 고안한 방법과 분석을 토대로 대우그룹의 도산이나 현대전자의 재무 위기 등을 예상했고, GM의 몰락에 대해서는 이미 지난 2000년부터 예고한 바 있다. 2001년에 있었던 IT 거품 붕괴로 인한 경기 침체나 카드 사태에 따른 경기 위축, 최근에 발생한 미국의 금융위기나 달러화 위기 등도 예상하고 있었다.

대우그룹의 도산이나 GM의 몰락은 한미 양국 경제에 큰 부담을 주었는데 이런 것들은 기존 경제 이론에서는 다루지 않던 변수들이다. IT 거품 붕괴로 인한 경기 침체나 한국의 카드 사태, 미국 금융위기 등은 증시에 엄청난 악재로 작용했지만 전통적 투자 이론에서는 역시 전혀 고려하지 못했던 것들이다. 이러한 사례들은 달라진 여건에 맞게 시장을 보는 방법이나 경제를 보는 방법도 달라져야 한다는 것을 의미한다.

휴렛패커드의 전 CEO인 류 플랫은 이런 얘기를 했다. "GM과 시어스, IBM 등은 세계 최고의 기업들이다. 이들은 결정적인 실수를 범한 적도 없고 경영자가 무능하지도 않았다. 진정한 실수가 있었다면 과거에 성공했던 공식과 패턴을 조금 오랫동안 고집했다는 것뿐이다."

필자는 이 책에 거시경제 시스템의 위기를 진단하고 경제의 큰 흐름들을 내다보는 노하우를 최대한 담으려고 했다. 독자들도 이런 방법을 통해 경제나 시장의 큰 흐름을 예상할 수 있을 것으로 본다. 정책 결정자나 경영자들도 정부나 기업의 의사 결정에 참고할 수 있을 것이다.

중앙은행의 통화정책이나 정부의 재정을 분석하면서 필자는 기존의 경제 이론에다 기업의 재무적 상태를 분석하는 기법들을 가져다 썼다.

돈에 관한 문제를 풀어 나가는 데는 경제 이론만으로 한계가 있어서 재무 분석 방법으로 보완할 필요가 있다고 생각했기 때문이다.

반대로, 투자를 위한 분석을 하는 데에서는 경제학적 방법론을 다양하게 도입했다. 기업의 건전성을 판단하기 위해 기존의 재무 분석 방법 대신 아주 간단하게 재무적 특성을 관찰할 수 있는 비법(?)을 개발했는데, 이 같은 사고를 끌어내는 데는 경제학적 방법론이 큰 도움이 됐다.

주식에 대한 기술적 분석과 관련해서는 보다 정교한 기법들이 많이 있지만 여기서는 일반 투자자들이 꼭 알았으면 하는 내용 위주로 소개했다. 그것도 기존의 이론에 치우치지 않고 필자의 경험을 바탕으로 유용하다는 것들을 중점적으로 다뤘다.

주식의 가치를 평가하는 데도 기존의 방법들을 그대로 따르기보다는 각각의 방법에 어떤 특성이 있으며 투자자가 무엇을 취하는 것이 좋은지를 중점적으로 다뤘다. 특히 EBITDA에 대해서는 일반 투자자의 입장에서 비판적으로 분석했는데, 전문가라면 EBITDA의 유용성을 찾아서 제한적인 용도로 쓸 수는 있을 것이다.

투자자들이 필요할 것으로 생각되는 주제들을 다양하게 다루려고 했지만 욕심이 지나쳐 정말 필요한 것들을 간과하고 넘어간 부분도 많다. 이 책에서 다루지 못한 부분이나 보다 깊이 다뤄야 할 내용들은 다음 기회에 보완할 계획이다.

필자는 경험을 바탕으로 새로운 방법론들을 찾아냈다. 그런 것들이 실전에서는 유용하더라도 이론으로 체계화하는 과정을 거치지 않았기 때문에 아직은 거칠고 부족한 면도 많다. 추가검증을 통해 보완하고 다듬을 필요가 있을 것이다. 나름대로 전력을 기울인다고는 했지만 미흡한 부분이나 오류가 있으리라 생각된다. 독자 여러분의 관심과 질책을 부탁한다.

필자는 경제 기자로는 운이 좋은 편이었다고 생각한다. 경제신문 기자라면 누구나 경험해 보고 싶은 부동산이나 금융, 증권 등 소위 핵심 부서를 모두 거쳤을 뿐 아니라 신문사에서는 가장 오랜 기간 증권 기자 노릇을 했다. 외환위기의 현장을 뛰면서 어떻게 되면 나라가 위기를 맞는가를 알게 됐고, 대우그룹이나 현대전자 등의 위기를 목격하면서 기업을 보는 시각을 정립할 수도 있었다.

정치경제적 격변기에 뉴욕 특파원으로 근무한 것은 특히 행운이었다. 세계 유수 기업의 CEO나 전문가들을 수없이 만나 배움의 틀을 넓힐 수 있었기 때문이다. 그중에서도 UBS의 조지 매그너스 수석 이코노미스트(현 원로 경제 자문역)나 스티븐 로치 모건 스탠리 수석 이코노미스트(현 모건 스탠리 아시아 회장)는 경제를 보는 새로운 눈을 뜨게 해 준 분들이다.

"어떤 이코노미스트도 경제가 진짜로 어려워질 때까지는 침체라는 이야기를 꺼내지 않는다"는 조지 매그너스의 한 마디는 경제를 어떻게 봐야 할지를 알려 줬다고 해도 과언이 아니다. '멍청한 이단자'로 몰리면서까지 소신을 갖고 그린스펀 추종자들에 맞섰던 스티븐 로치의 자세는 내가 옳다고 판단한 것을 지켜 나가는 힘이 됐다. 게다가 책상물림을 할 때가 됐지만 아직도 현장을 뛸 수 있다는 것도 기자로서는 복이라고 할 수 있다.

이 책이 나오는 데는 많은 사람들의 도움이 있었다. 우선 그동안의 경험을 글로 남겨야겠다는 생각을 하던 차에 실천할 수 있도록 도와준 청림출판 경제경영팀 여러분께 감사를 드린다. 이들의 도움이 있었기에 이 책이 나올 수 있었다.

항상 공부하는 자세로 솔선하며 직원들을 이끌어 주신 장대환 매일경제 회장과 매경 선후배 여러분께도 감사를 드린다. 그분들이 있었기에 지금까지 배우는 자세를 유지할 수 있었다.

특히 '칼날 위에 서라'는 엽서까지 보내 주며 늘 깨어 있는 기자가 되도록 질책하고 사랑해 준 독자들께 진심으로 깊은 감사를 드린다. 이 책이 그분들에게 조금이라도 도움이 된다면 그보다 더 큰 기쁨은 없을 것이다.

끝으로 늘 바쁘다는 핑계로 책임을 다하지 못한 가장의 부족한 부분을 채워 준 아내 인호, 받는 것보다 주는 것이 더 많은 아들 창영, 딸 보라에게 이 책을 통해 고마움을 전한다.

정 진 건

CONTENTS

2부 ... 투자의 맥을 잡아라

1장 시장의 흐름을 보는 법

CONTENTS

1부

돈의 흐름을 읽어라

최근 들어 과거에는 경험하지 못한 거시경제 시스템의 위기가 자주 발생하고 있다. 국가적 위기나 더 나아가 전 세계를 동시에 강타하는 거대한 위기는 그것에 미처 대응하지 못한 개별 기업들을 존폐의 기로로 몰아갈 수도 있다.

그러나 다른 한편으로 거대 기업의 부실이 한 나라는 물론이고 세계 경제 시스템의 위험을 초래할 수도 있다. 이미 한국은 대우나 기아 사태 등으로 나라가 흔들리는 상황을 겪었다. 최근엔 미국의 대형 모기지 회사들이 촉발한 금융 위기로 전 세계가 대공황의 위험에 떨고 있다.

이처럼 최근의 경제 여건이나 투자 환경은 기존의 이론으로는 설명하기가 어려울 정도로 급격히 바뀌고 있다. 그러한 변화는 우리의 상식부터 뜯어고칠 것을 요구하고 있다.

필자는 가끔 학생들을 대상으로 재무나 경제에 대해 강의할 기회가 있는데, 경영학을 배우는 학생들이 의외로 회계나 재무에 대해 어렵게 생각하고 있는 것을 보았다. 상당수 학생들은 왜 회계를 배우는지조차 잘 몰랐고 경제학을 전공했다는 사람들도 몇 년 지나면 무엇을 배웠는지조차 까맣게 잊는 것을 볼 수 있었다. 모두가 이론에 치우친 죽은 학문을 배웠기 때문이다. 이제는 무조건 외우기만 해서 얻은 죽은 상식들을 떨쳐 버려야 한다. 살아 있는 지식으로 자신을 재무장할 때가 된 것이다.

1장

돈은 왜 당신을 피할까

1

Money Talks

누군가 베트남 증시가 뜰 것이라고 이야기했다. 곧 돈이 몰렸고 베트남 증시는 폭등했다. 이어 다른 누군가가 중국 증시가 뜰 것이라고 했다. 그러자 중국으로 돈이 몰리면서 중국 증시는 폭등했다. 지난 2006년에서 이듬해까지 있었던 일이다.

당시 한국에선 조선주가 뜬다고 하자 조선주로 돈이 몰려 조선 업종 주가를 띄웠다. 풍력발전 바람이 불 때는 또 관련 업종으로 돈이 몰렸고, 바이오 오일 테마가 각광을 받을 때는 그쪽으로 돈이 몰려 역시 주가를 띄웠다.

그렇다면 다음엔 어느 지역, 어떤 테마가 뜰 것인가? 투자자들이 가장 관심을 갖는 이야기이다. 이 궁금증에 대한 해답은 벌써 앞에 나왔다. 베트남이고 중국이고 모두 돈이 몰리면서 증시가 떴다. 한국에서 조선주나 바이오 오일 테마가 뜬 것도 역시 그쪽 테마에 돈이 몰렸기 때문이다. 다음에 뜰 곳은 돈이 몰릴 곳이다.

돈 이야기를 좀 더 해보자.

두바이는 얼마 전까지 사막의 기적을 만든 도시로 일컬어졌다. 모래바람이 몰아치는 벌판에 호화로운 마천루를 세워 중동의 부호들은 물론이고 유럽 사람들까지 관광과 쇼핑을 하러 오게 만들었던 곳이다.

두바이의 급성장에 대해 어떤 사람들은 창조적 정신을 이야기하고, 또 어떤 이는 과감한 개방을 이야기했다. 그렇지만 알고 보면 기적은 돈에서 나왔다. 외국인들이 아랍에미리트연합에 쏟아 부은 돈은 2005년에 120억 달러였고, 2006년에 160억 달러나 됐다. 2007년 말까지 모두 592억 달러가 들어갔다. 이 자금의 대부분이 두바이에 쏟아졌고 극히 일부만이 아부다비나 다른 토호국에 뿌려졌다. 거대한 자금이 《아라비안나이트》에 나오는 램프의 요정 지니처럼 힘을 발휘한 것이다.

'라인 강의 기적'이나 '한강의 기적'을 설명할 때 많은 사람들이 근면하고 교육열 높은 국민성을 그 이유로 제시한다. 그런데 포장을 한 꺼풀 벗겨 보면 여기에도 엄청난 돈이 들어간 것이 보인다.

제2차 세계대전에서 패한 독일에는 마셜플랜에 따라 1947년부터 4년 동안 130억 달러가 투입됐다. 이 돈이 잿더미 속에서 경제를 일으켜 세우게 했다. 1972년 한국의 GDP가 겨우 100억 달러를 넘었으니 물가상승률을 감안하면 독일에 들어간 돈이 얼마나 큰 것이었는지 짐작이 갈 것이다.[1)]

한국이 중화학공업을 중심으로 경제를 키울 수 있었던 것은 굴욕적

---

1) 마셜플랜 : 제2차 세계대전 직후 구 소련 주도로 동구에 공산주의가 급속도로 확산되는 것을 막기 위해 당시 미국 국무장관이던 앨프리드 마셜의 제의로 마련된 계획.

협상이었건 어쨌건 일본에서 받아 낸 보상금과 대일 청구권 자금이 큰 힘이 됐다는 데 이론의 여지가 없다.

돈이 얼마나 중요한지를 보여 주는 사례들이다. 서양 속담에는 그래서 'Money talks(돈이면 모든 게 다 된다는 뜻)'란 말이 있다.

외환위기 때 금융감독위원장을 역임했던 이헌재 씨는 나중에 재정경제부 장관까지 지냈다. 국민의 정부에서 재정경제부 장관을 맡았던 전윤철 씨는 나중에 감사원장이 됐다. 참여정부 때 금융감독위원장을 지냈던 윤증현 씨는 정권이 바뀌었는데도 기획재정부 장관으로 발탁됐다. 다른 장관들은 정권이 바뀌면 물러나고 한 번 장관을 하면 다시 그런 자리로 돌아오기가 쉽지 않은데 이들은 예외다.

높은 사람들만 그런 것이 아니다. 과거 재무부에서는 주사(6급 공무원)만 해도 웬만한 종금사나 신용금고(현 저축은행)의 임원 자리는 쉽게 얻어 나가 곳곳에서 중요한 자리를 차지하고 앉았다. 그래서 '모피아'란 말도 생겨났다. 재무부의 영문 약자(MOF)와 마피아를 합쳐서 만든 말이다.

이들뿐만 아니라 한국은행에서 중견 간부 이상을 지냈던 사람은 시중은행 임원으로 가는 것이 보통이었고 은행장 자리로도 수없이 나갔다. 하위직 직원들도 시중 금융기관에 비교적 높은 자리를 얻어 나가는 일이 다반사였다.

두 기관의 공통점은 국가의 돈줄을 관리하는 핵심이라는 데 있다.

돈은 경제를 분석하고 집행하는 데 가장 중요한 무기이기도 하다. 이들이 남보다 돈의 생리를 잘 알고 돈에 대한 정보가 많았으니 힘을 갖는 것은 어찌 보면 당연한 이치였다.

돈이 돈을 만든다

미국의 100달러 지폐에 새겨진 인물은 대통령이 아니다. 인쇄소 직공 출신 정치인인 벤저민 프랭클린이다. 반 달러짜리 동전에도 그의 얼굴이 새겨져 있다. 그가 미국의 통화 제도를 만들었기 때문이다.

그는 대통령은 아니었지만 미국에서 대통령으로 추앙받는 유일한 인물이기도 하다. 워싱턴과 함께 미국을 세운 주역이기 때문이다. 그래서 그의 이름을 딴 건물과 다리도 있다. 프랭클린 템플턴 투신Franklin Templeton Investment도 그의 이름에서 따왔다.

그가 말한 유명한 경구 가운데 "시간은 돈이다"라는 말이 있다. 그런데 투자자들에겐 더 중요한 말도 했다. "돈이 돈을 만든다. 그리고 그 돈이 만든 돈이 더 많은 돈을 만든다Money makes money and the money that money makes makes more money." 프랭클린의 이야기를 빌리지 않더라도 돈이 돈을 만든다는 것은 지금 진리처럼 통한다. 강남 부자들의 부가 계속 늘어나는 것이 단적인 예다.

우회 상장이 한창 유행할 때는 재벌 2세들을 따라붙어야 한다는 이야기도 나왔다. 특히 재벌 2세들이 함께 투자하는 종목은 무조건 오른다고 했다. 실제로 그들을 따라간 사람들은 거의 돈을 벌었다. 한 투자자문사 관계자는 적어도 그 정도 부를 가진 사람이라면 자신이 한 이야기가 맞는다는 것을 보여 줄 실력과 네트워크가 있다고 설명했다. 얼마 전 인기를 끌던 TV 드라마 〈꽃보다 남자〉를 연상케 하는 대목이다.

돈 있는 사람들은 남보다 많은 정보를 갖고 있다. 그런데 돈은 그 자체가 정보이기도 해서, 돈의 특성과 흐름을 알면 세상의 흐름까지도 자연히 눈에 들어온다.

앞에서 보았듯이 돈이 들어가자 베트남과 중국 증시가 떴고 두바이에서 사막의 기적을 일어났으며 라인 강과 한강의 기적도 만들어졌다. 다음에 돈이 어디로 흐르는지를 알면 어느 증시가 뜰 것인지, 또 어느 곳에서 기적이 일어날 것인지 알 수 있다는 이야기이다.

돈이 빠져나가는 곳에서는 반대 상황이 벌어진다. 멀쩡하던 기업이 망하고 흥하던 나라가 갑자기 무너지기도 한다. 외환위기가 생긴 나라에서는 거의 예외 없이 돈이 한순간에 빠져나간다. 돈 값이 오르거나 폭락해도 경제는 물론 사회 질서까지 흔들린다. 심하면 정권이 넘어가기도 한다.

이처럼 돈은 정보를 얻는 데 유용한 도구일 뿐 아니라 그 자체가 매우 중요한 정보 구실도 한다. 그래서 경제를 제대로 알려면 돈의 특성과 돈의 흐름을 알아야 하며, 돈을 벌려면 돈 흐름을 꿰뚫어야 한다.

그동안 돈이 당신을 외면했다면 당신은 돈에 대해 너무 몰랐거나 돈을 만들 돈을 모으지 못했기 때문일 것이다. 이제부터 돈 흐름을 중심으로 경제를 보는 시각을 넓히면서 돈과 친해지는 방법을 배워 보자.

2

당신의 상식을 바꿔라

사람들은 부자이건 아니건 저축을 하고 투자를 하면서 돈을 불리려고 한다. 그러나 부자의 돈은 자꾸 늘어나는데 당신의 돈은 그 자리를 맴돌거나 오히려 줄어드는 것 같다. '돈은 왜 부자들에게는 가면서 나에게는 오지 않는 것일까?' 이런 생각을 하거나 말거나 사람들은 모두 적어도 자신은 합리적인 판단에 따라 저축이나 투자를 하고 있다고 믿는다. 대학에서 투자에 대해 배웠거나 MBA(경영대학원) 혹은 박사 과정까지 마친 사람들은 더더욱 그렇다.

실제로 많이 배운 사람일수록 대부분 정교한 이론으로 무장하고, 더 나아가 과학적인(?) 방법이나 금융공학까지 동원해서 저축을 하거나 투자를 한다. 그래서인지 거의 모든 일반 투자자들이 그런 전문가에게 돈을 맡기는 것이 안전하다고 생각한다. 그런데도 주가가 폭락할 때면 전문가가 운용하는 펀드와 일반 투자자의 증권 계좌가 거의 비슷한 비율로 손해를 보고 만다. 왜 그럴까?

당신의 판단은 틀렸다

여기에 대한 논의는 뒤로 미루고 우선 당신이 합리적인 판단에 따라 투자를 하고 있는지부터 알아보자. 다음의 세 문제를 풀어 보라.

> 1. 경기가 좋으면 주가가 올라가고 경기가 나쁘면 주가는 떨어진다. (Yes / No)
> 2. 세계 경제에 대한 전망은 IMF의 것이 가장 신뢰할 만하다. (Yes / No)
> 3. 첨단 산업은 전통적 산업에 비해 수익성이 훨씬 높다. (Yes / No)

위의 문제들은 거의 상식에 불과한 것처럼 보일 것이다. 그렇더라도 이해를 돕기 위해 간단한 설명을 붙여보자.

우리는 매일같이 경제가 어려워져 주가가 떨어졌다거나 GDP(국내총생산) 상승 전망에 따라 주가가 올랐다는 등의 뉴스를 듣는다. 세계 경제 전망과 관련해서도 월가의 투자은행을 비롯한 민간 연구소에서 나온 전망은 대부분 작은 기사로 취급되지만, IMF의 경제 전망은 수시로 신문의 1면에 등장하거나 방송의 메인 뉴스로 올라온다.

거의 모든 기업들이 첨단 산업에 진출하려 하고, 또 이를 위해 막대한 자금을 투자한다. 이것을 보면 첨단 산업이 전통적 산업에 비해 수익성이 훨씬 높다는 부분에 대해서는 다른 설명이 필요 없을 것이다. 거의 상식적인 문제인 데다 이렇게 설명까지 곁들이면 답은 뻔해 보인다. 그런데 당신이 세 문제 가운데 하나라도 'Yes'를 선택했다면 당신은 지금 합리적인 판단에 의해 투자를 하고 있는 것이 아니다. 그저 남들이 일반적으로 이야기하는 그릇된 상식을 무비판적으로 따라가고 있을 뿐이다.

경기와 주가는 따로 간다

전 세계를 동시에 강타한 금융 위기 때문에 지난 2008년 4분기 한국의 경제성장률은 마이너스 5.1퍼센트까지 떨어졌다. 경제는 2009년 1분기에 들어서도 여전히 저조한 국면을 이어 갔다. 그런데 이 기간 동안 주가 그래프는 경제 움직임과는 약간 다른 그림을 그리고 있었다. 전 세계적으로 금융 시스템이 흔들리면서 그 전해 2,000선을 넘었던 코스피(한국종합주가지수)는 2008년 9월 말엔 1,448.06까지 떨어졌다. 이 정도면 떨어질 만큼 떨어졌다고 했는데 코스피는 거기서 그치지 않고, 재차 수직으로 곤두박질치기 시작해 10월 24일엔 장중 900선 밑으로 떨어지기도 했다.

주가가 바닥을 모르고 폭락하자 비관론이 시장을 휩쓸었다. 항간에는 코스피가 700까지 가느니, 650까지 가느니 음울한 전망들이 만연했다. 그런데 그때 태평양 저편에서 미국 재무부가 대규모 구제 금융을 내놓는다는 소식이 들려왔다. 주가는 그 소식에도 불구하고 눈치를 살피는 듯 하루 동안 주춤하더니 이내 상승세로 돌아섰다. 지나치게 가파르게 올랐기 때문인지 중간에 잠시 숨을 고르는 기간이 있기도 했지만 상승세는 다시 이어졌고, 덕분에 코스피는 1,000선을 훨씬 넘겨 1,124.47

로 연말을 맞았다.

4분기 전체를 놓고 본다면 주가는 22.3퍼센트나 떨어졌다. 그런데 10월의 저점을 기준으로 본다면 연말까지 19.8퍼센트나 상승한 것으로 나타났다.

주가를 끌어올린 재료는 세계 각국이 연이어 내놓은 과감한 부양책이었다. 당시 G20 회의에서 경기 회복을 위해 세계 주요국이 공조 체제를 갖기로 약속했고 실제로 각국 정부는 획기적인 경기부양책을 잇따라 쏟아냈다. 그렇지만 이 기간에 갑자기 경제가 좋아졌다고 보는 사람은 아무도 없었다. 경제는 연말을 넘겨 이듬해까지 극도로 저조한 모습이었기 때문이다. 그저 부양책이 효력을 발휘할 것이란 기대감과 악재에 대한 면역이 생겨 주가를 끌어올린 셈이다. 또 다른 사례를 보자.

지난 2007년 연말을 앞두고 미국의 서브프라임 부실이 만들어 낸 광풍이 세계 증시를 강타했다. 이듬해 봄까지 한국이나 유럽 증시는 전년도 고점에 비해 거의 절반 가까이 떨어졌다. 그런데 같은 기간 동안 정

그림 1-1 코스피 추이

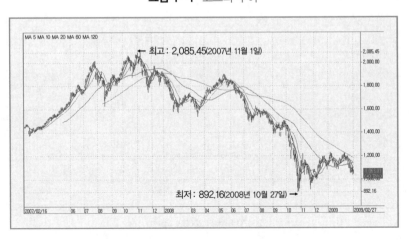

작 위기의 본원지인 미국 증시는 한때 주춤했다가 언제 그랬느냐는 식으로 원래 상태를 회복했다. 미국 자체만 보면 주요 금융기관들은 사상

그림 1-2 S&P 500 지수(위)와 DAX 지수 추이

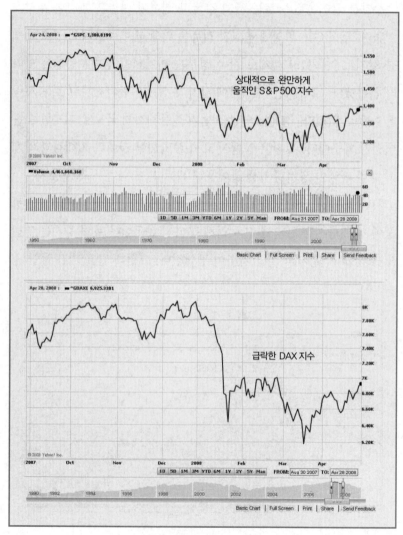

2007년 8월부터 2008년 4월까지

초유의 위기를 맞고 있었고 경제성장률이 마이너스로 떨어졌는데도 주가는 거의 제자리를 지키고 있었다. 물론 이후에 신용 경색이 극도로 악화되면서 미국 주가도 큰 폭으로 하락하기는 했지만 2007년 말부터 6개월 정도를 떼어 놓고 본다면 주가가 거의 영향을 받지 않았다고 해도 과언이 아닐 정도다.

그런데 상대적으로 미국보다 경제를 건실하게 유지하고 있던 다른 나라의 주가는 예외 없이 폭락했다. 한국은 외환 문제가 겹쳐서 그렇다 치더라도 재정 상태가 훨씬 건전하고 외환 관련 불안이 전혀 없던 독일의 DAX 지수마저도 폭락했다는 것은 쉽게 납득이 가지 않을 정도였다. 정작 경제가 엉망이 된 미국의 주가는 흔들리지 않았는데 말이다. 전부 경제와 주가가 따로 움직인 사례들이다.

이런 이야기를 하면 필자가 특이한 경우만 골라서 사람들을 현혹하려 한다고 주장할 수도 있다. 그런 의심을 불식시키기 위해 주가와 경제가 같은 방향으로 움직이지 않는다는 명제를 증명해 줄 일반적인 사례를 지금부터 살펴보도록 하자.[2]

---

2) IMF 전망의 신뢰도에 대한 이야기가 궁금하다면 먼저 4절의 '아직도 IMF를 무서워하나'를 보면 된다. 첨단 산업과 전통 산업의 수익성 논란은 3부 2장 3절 '고성장 굴뚝주를 찾아라' 와 4절 '월마트 같은 종목을 찾아라'에서 자세히 다룰 예정이다.

3

경기가 나쁘다면 주식을 사라

　증시 전문가들은 경기가 위축되고 성장률이 저조할 것으로 예상되면 주가가 내려갈 가능성이 크다고 분석한다. 반대로 경제가 살아나면 증시가 살아날 것이라고 한다. 일반 투자자들은 이런 분석을 믿고 경기가 나빠진다고 하면 주식을 팔고 채권을 사거나 저축을 한다. 반대로 경기가 좋아진다고 하면 주식을 산다. 이것이 옳은 투자 방법일까?

　앞에서 주가가 경제 상황과는 별개로 움직인다는 것을 국내 증시나 외국의 사례로 보았다. 그런데 표 1-1을 보면 더욱 놀라운 사실이 드러난다. 이 표는 연도별 경제성장률, 다시 말해 GDP 증가율과 주가지수인 코스피의 움직임을 비교한 것이다. 그런데 경제가 심각할 정도로 어려운 해마다 주가는 큰 폭으로 뛴 것으로 나타났다. 반대로 경제가 회복 조짐을 보였을 때 주가는 오히려 떨어지거나 상승률이 저조했다.

표 1-1 연도별 경제성장률과 코스피 등락

연 도	경제성장률(%)	연말 코스피	코스피 등락률(%)
2001년	3.8	693.70	37.5
2002년	7.0	627.60	-9.5
2003년	3.1	810.70	29.2
2004년	4.7	895.90	10.5
2005년	4.2	1,379.40	54
2006년	5.1	1,434.46	4
2007년	5.0	1,897.10	32.3

자료 : 한국은행 경제통계시스템, 참고로 2000년 말 코스피는 564.62였음

2001년부터 7년 동안 예외 없이 그런 현상이 나타났다.

2001년 경기는 침체 수준으로 떨어졌다. 그런데도 주가는 오히려 폭등한 것으로 나타났다. 이는 IT 거품 붕괴의 여파로 2000년 후반에 폭락하기 시작한 주가가 다음 해 계속 조정을 받다가 연말께부터 폭등했기 때문이다. 코스피는 2001년 4월 초 491.21까지 떨어졌다가 바닥을 다진 뒤 반등으로 돌아서 하반기에 수직 상승했다.

월드컵 경기와 대선이 있었던 2002년 경제는 활황이라고 할 만큼 살아났지만 주가는 반대로 뒷걸음질을 쳤다. 그해 주가는 월드컵 경기를 앞두고 최고조로 올랐기에 연말 투자자들의 상실감은 더욱 컸다. 그러나 대선 이후 경제의 주요 이슈로 카드 사태가 등장하면서 주가를 끌어내리는 데 주도적인 역할을 했다.

2003년엔 카드 사태가 악화되면서 경제는 바닥을 헤맸지만 주가는 부동산 값과 함께 솟아올랐다. 당국이 카드 사태로 어려워진 경제를 풀려고 대량으로 자금을 방출한 것이 효력을 발휘했다고 할 수 있다.

사상 최초로 현직 대통령에 대한 탄핵이 시도됐던 2004년에는 경제

나 주식시장이나 횡보를 했다. 그러다 다시 경제가 어려워진 2005년 주식시장은 유례없는 호황을 맞이해 큰 폭으로 올랐다. 연초부터 경제가 어렵다는 전망이 나오면서 돈이 대규모로 풀렸기 때문이다.

2006년 경제는 예상대로 순항했지만 증시 역시 작은 파도만 있었을 뿐 전반적으로 횡보를 했다. 2007년에 경제는 수치상으로 보면 안정적으로 성장한 것으로 보이지만, 사실 연초 전망은 아주 우울할 정도였고 연말도 아주 침울한 상태로 마무리해야 했다. 이 해 상반기 성장률이 예상을 깨고 급격히 높아졌기 때문에 성장률 자체는 비교적 좋게 나온 것처럼 보이지만 하반기 경제는 상당히 저조했다. 결과적으로 2007년 역시 경제가 어려운 가운데 주가가 큰 폭으로 뛰었다고 할 수 있다.

다만 2008년에는 증시나 경제가 모두 심각하게 위축됐는데, 이 경우는 금융 시스템 자체가 붕괴되면서 나타난 예외적인 현상이라고 할 수 있다. 정상적인 상황에서는 경제와 주가가 거의 반대로 움직인 셈이다.

앞으로도 이런 추세가 이어진다면 경제가 나빠지는 해에는 주식을 파는 것보다 사는 게 합리적인 판단일 것이다.

물론 주가는 하루에도 수없이 등락을 반복하며, 월간 또는 연간으로 보아도 헤아릴 수 없을 만큼 등락을 거듭한다. 그렇기 때문에 국면에 따라서는 주가와 경제가 같은 방향으로 움직일 때도 있을 수밖에 없다. 그렇지만 앞의 자료들은 경제가 좋다고 주가가 올라간다거나, 반대로 경제가 나쁘다고 주가가 내려간다고 단정해선 곤란하다는 것을 말해준다. 그보다는 경기만 보고 주가가 어떻게 된다고 생각하지 말고 그때그때 상황을 종합적으로 고려해서 대처하는 것이 바람직하다.

상황을 종합적으로 검토하기가 어렵다면, 전문가들이 경제가 나쁘다고 전망해서 주가가 떨어질 때 주식을 사고, 경제가 좋다고 해서 오르면 파는 것이 오히려 승률을 높일 수 있는 방안일 듯하다.

반대로 움직인 투자의 대가

경제가 최악의 국면으로 치닫고 앞이 보이지 않던 2008년 후반부터 2009년에 이르기까지 투자의 대가 워런 버핏Warren Buffett은 지금이야말로 주식에 투자할 때라며 주식을 샀다.

버핏은 대규모 적자를 내며 위기에 처한 스위스재보험에 전환사채 형태로 30억 스위스 프랑(26억 달러)을 투자했다. 기존 주주의 지분이 20억 스위스 프랑이 안 되는 상태에서 지분 희석 방지 조항까지 달고 투자하는 것이기 때문에 버핏은 마음만 먹으면 실질적인 경영권을 행사할 수 있을 정도의 지위를 차지했다.

미국의 경제 전문지 〈포천Fortune〉은 이와 관련해 국민총생산과 증시의 시가총액 비중을 비교하는 방법으로 분석했더니 경제가 어려운 때 투자해야 최고의 수익을 낼 수 있는 것으로 나타났다고 보도했다. 이 잡지는 버핏이 참고하는 이 기준을 근거로 지난 85년간 통계를 분석한 결과 미국 증시의 시가총액이 GNP의 70~80퍼센트 수준일 때 주식을 사야 성과가 가장 컸다고 밝혔다.

통계 분석 자료나 버핏 같은 전문가의 움직임이나 모두 경제가 나쁘다고 할 때 투자하는 것이 바람직하다는 원리를 보여 주고 있는 셈이다. 진정으로 가치 투자를 하려고 하는 투자자들이 어떻게 대처해야 좋은지를 보여주는 사례라고 할 수 있다.

4
아직도 IMF를 무서워하나

세계 경제에 대한 전망 가운데 국제통화기금IMF이 내놓는 보고서가 가장 신뢰할 만하다고 생각하는 것은 합리적인 판단이 아니다. IMF의 전망은 그다지 신뢰할 만하지 못하다. 대부분의 외국 언론이나 금융 전문가들은 IMF 전망에 그다지 무게를 두지 않는다. 거기에는 다 이유가 있다.

오랜 기간 IMF가 내놓은 경제 전망을 살펴보았을 때 이 기구가 한국에서 쌓은 이름값만큼 좋은 전망을 내는 것 같지는 않다. 게다가 많은 경우 IMF의 전망은 제때를 놓치기 일쑤다. 세계 각국의 정보를 종합해서 내놓느라 그런지는 몰라도 월가 금융기관들보다 대개 2~3개월 정도 늦게 반응하는 것이 예사다.

버스 지나간 뒤 손 흔드는 IMF

실제로 지난 2000년 말부터 IT 부문에 형성됐던 거품이 꺼지면서 미국을 비롯한 세계 주요국 경제가 동반해서 침체 국면으로 들어섰을 때 IMF는 상당히 긍정적인 전망을 내놓았다. 당시 연말을 전후해서 세계 각국의 경제 상황이 급격히 악화되었기 때문에 IMF로서는 미처 바뀌는 상황을 반영하지 못했을 것이다.

미국의 금융정책을 결정하는 연방준비제도이사회(FRB, 연준)의 공개시장위원회(FOMC)는 2001년 1월 3일 예정에 없던 회의를 열어 갑자기 금리를 0.5퍼센트 포인트나 내렸다. 이것만 봐도 당시 상황이 얼마나 급박했는지를 알 수 있다.

사진 1-1 〈파이낸셜 타임스〉 2009년 2월 4일자 1면

미국에서 금리를 움직이는 단위를 노츠notch라고 하는데 1노츠는 0.25퍼센트 포인트다. FOMC는 보통 1노츠씩 금리를 움직이는데 한 번에 2노츠나 움직였다는 것은 상황이 그만큼 심각했다는 것을 말해 준다.

당시 월가의 몇몇 뛰어난 이코노미스트들은 경제가 심각하게 위축되는 것을 이미 감지하고 있었다. 필자도 미국 경제가 급격히 위축되고 있다는 기사를 쓴 적이 있다. IMF만이 몇 달 전 자료에 묶여 있던 셈이다.

이런 모습은 2008년 말과 2009년 초에도 나타났다. IMF는 2008년 말 세계의 다른 연구기관이나 월가의 금융기관들이 예상하는 것보다 훨씬 긍정적인 전망을 내놓았다가 해가 바뀐 뒤 수정하기도 했다. 2009년 2월 초에는 특히 한국의 경제성장률이 마이너스 4퍼센트까지 떨어질 것으로 전망하기도 했다.

국내 언론들은 "G20 가운데 꼴찌"니 "글로벌 위기에 'F' 곤두박질"이니 하는 등의 자극적인 기사로 도배하다시피 했다. 당시 세계적인 경제신문으로 꼽히는 〈파이낸셜 타임스〉마저 당시 1면 머리기사로 IMF가 아시아의 성장률 전망을 깎았다는 내용을 보도했다.

국내 일부 이코노미스트들은 당시 IMF의 전망을 믿을 수 없다며 반발성 자료를 내는 촌극을 빚기도 했다.

이제 IMF의 전망은 무시하자

그렇게 호들갑을 떠는 것보다는 차라리 IMF의 전망 자체를 무시해 버리는 것이 오히려 합리적이다. 한국에서는 외환위기 때 크게 혼이 나서 그런지 IMF라는 말만 나와도 거의 경기를 일으킨다. 경제 전문가라는 사람들까지 1997년 외환위기를 이야기할 때마다 그저 'IMF 위기'라고 부르니 할 말이 없을 정도다. 정부고 언론이고 IMF에서 어떤 전망을 내놓을 때마다 지나치게 의미를 부여하려고 하는데 사실은 그럴 가치조차 없다고 본다.

이런 점은 다른 국제기구들의 경제 전망에도 대동소이하게 적용된다. 때로는 UN에서 세계 경제 전망을 내놓기도 하는데, 이는 거의 월가의 이목을 끌지 못한다. 역시 같은 이유라도 본다.

단언하건대 IMF 등 국제기구에서 내놓는 경제 전망은 그저 참조만하고 접어 두어도 무방하다. 다만 IMF의 확정된 통계(전망이 아닌)는 나름대로 유용하므로 적극적으로 활용하는 것이 좋다. 특히 각국의 경제를 분석하고 위험 요소를 평가한 자료는 IMF만의 강점을 보여 주는 자료이므로 충분히 의미를 부여해도 좋다.

한국의 국가위험도와 관련해서는 때때로 IMF의 자료를 검색해 보는 것도 괜찮다. 한국 정부의 인식과 비교해 봄으로써 경제 상황을 보다 객관적으로 판단할 수 있기 때문이다.

5
경제 전망, 수치에 연연하지 말라

IMF의 전망이 대부분 현실 경제 상황에 뒤늦고 또 그렇기 때문에 자주 빗나간다고 했는데 한국은행을 비롯한 국내 기관들도 전망의 신뢰도와 관련해서는 그리 자유롭다고 할 수 없다.[3] 그만큼 경제 전망을 하는 일이 어렵다는 이야기인지도 모르겠다. 실례를 살펴보자.

전망은 전망일 뿐

지난 2006년 말에 한국은행을 비롯한 국내외 기관들은 일제히 2007

---

3) 한국은행은 2000년 말 이듬해 경제성장률을 5.4퍼센트로 예상한 바 있지만 실제 성장률은 3.8퍼센트에 머물렀다. 당시 3.9퍼센트로 전망한 UBS가 가장 가깝게 맞혔다.

년에 한국 경제가 평균 4.4퍼센트 정도 성장할 것이라고 예상했다. 한국은행과 국책 연구기관인 KDI가 각각 4.4퍼센트 성장할 것이라고 예상했고, 민간 연구소 가운데 가장 크다는 삼성경제연구소는 4.3퍼센트 성장할 것으로 내다봤다.

외국 기관 가운데는 IMF가 4.3퍼센트를 예상했고, 메릴린치는 4.5퍼센트 성장할 것이라고 보았다. 이런 수치를 내놓으면서 대부분의 기관은 대체로 경기가 상반기에는 저조하고 하반기에 풀릴 가능성이 크다고 했다.

그런데 막상 뚜껑을 열어 보니 경기가 2분기부터 급격히 살아나 2007년 연간 성장률은 5.1퍼센트나 됐다. 그것도 경제 전망을 할 때는 전혀 예상하지 못했던 미국의 서브프라임 모기지 부실이라는 엄청난 악재가 하반기에 불거져 나와 세계 경제가 요동을 치는 가운데 이 같은 성과를 낸 것이다. 만약 당시 미국발 금융 위기가 없었더라면 그해에는 6퍼센트대 성장도 무난했을 것이다.

2008년에는 정반대의 결과가 나타났다. 한 해 전에 예측을 잘못했던 기관들이 이번에는 반대로 움직였다. 한국 경제가 2007년과 비슷하거나 조금은 나아질 것이라고 예상하는 기관이 압도적으로 많았던 것이다. 기관별로 살펴보면 KDI가 5.0퍼센트 성장할 것으로 내다봤고 한국은행이 4.7퍼센트, IMF는 4.6퍼센트, OECD는 5.2퍼센트 성장을 예상했다. 당시에는 미국의 서브프라임 모기지 부실이 계속 확산되고 있었는데 이 기관들은 그러한 상황을 감안하고도 비교적 점잖은(?) 전망을 한 것이다.

그런데 실제 한국 경제는 각 기관들의 낙관적 전망을 비웃기라도 하듯이 연초부터 급속도로 냉각되기 시작했다. 미국의 금융 위기가 갈수

그림 1-3 한국의 GDP 성장률

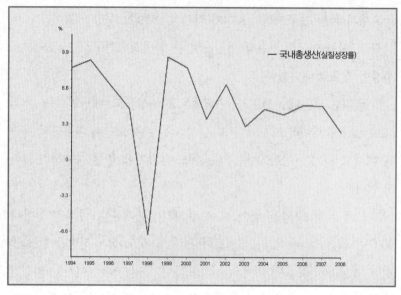

자료 : 한국은행

록 악화되면서 시장에서는 돈이 제대로 돌지 않았다. 일부 금융기관들까지도 유동성 위기를 걱정해야 할 정도로 상황은 심각해졌고, 연말로 다가가면서 실물경제는 성장하는 것은 고사하고 깊은 침체의 골로 빠져들어 갔다.

이처럼 현실 경제는 이코노미스트들이 좋을 것이라고 전망하면 나빠지고, 나쁠 것이라고 하면 반대로 좋아지는 일이 다반사다. 마치 스키 선수가 S자를 그리며 아슬아슬하게 깃대를 비껴가듯이 경제는 묘하게도 이코노미스트들의 예상을 피해 움직인다. 이코노미스트들로서는 현실 경제 움직임이 야속할지도 모를 노릇이다. 한두 해도 아니고 매년 번번이 예상을 벗어나니 말이다.

틀리는 전망도 쓰기 나름

이렇게 해마다 틀리는 전망을 어떻게 받아들여야 할 것인가. 기업의 입장에서는 잘못된 전망을 믿고 대규모 설비 투자를 했다가 경기가 전망과는 반대로 급격히 냉각되면 재무 위기에 빠져들 수도 있다. 실제로 건설 업체 중에는 2008년 전망이 그런대로 괜찮을 거라며 프로젝트 파이낸싱(사업을 담보로 돈을 빌리는 금융 기법)을 통해 자금을 빌려 사업을 확장했다가 낭패를 본 곳이 여럿 있다.

개인 입장에서도 국가 경제가 어떻게 될지를 제대로 전망하는 것은 매우 중요하다. 경제가 괜찮을 것으로 믿고 주식이나 부동산을 샀다가 재산을 송두리째 날릴 수도 있기 때문이다. 당한 사람들의 입장에서는 경제 전망을 뒤집어엎고도 싶을 것이다. 이런 낭패를 당하지 않으려면 잘못된 전망을 가려낼 줄 알아야 하고, 적어도 그런 전망을 뒤집어 해석하는 지혜를 갖출 필요가 있다.

앞에서 보았듯이 경제 전망을 하면서 내놓는 GDP 성장률 수치는 거의 틀린다. 그런 만큼 수치에 의미를 부여하기보다는 그런 수치를 바탕으로 정부나 통화 당국이 어떤 정책을 내놓을지를 생각하는 편이 더 바람직하다. 그래야 실제 경제 흐름이 어떻게 바뀔지 가늠할 수 있고 나아가 시장에 어떤 영향을 미칠지를 예상할 수 있기 때문이다.

가령 성장률이 떨어질 것으로 보이면 정부는 재정 지출을 늘리는 등 경기 부양책을 내놓을 것이다. 중앙은행은 나름대로 금리를 낮추거나 통화량을 늘리는 정책을 펼 수 있다. 이렇게 양쪽에서 과감한 확장 정책을 펴면 주가가 폭등할 가능성이 커진다. 경제가 나빠질 것이라는 전망이 나와 주가가 떨어지면 투자를 해야 하는 이유가 여기에 있다.

그런데 때로는 당국이 경기 위축을 지나치게 의식해 돈줄을 너무 풀어 놓으면 실물경제에 거품을 만들어 다음에 더 어려운 상황을 초래하기도 한다. 최근 미국이나 한국의 금융 위기는 이런 측면이 매우 강하다. 이 점은 뒤에서 자세히 다룰 예정이다.

정책을 예상하는 것 못지않게 경제 전망을 하면서 한국은행이 내놓는 부문별 동향이나 전제 등을 꼭 따져 보는 습관을 가져야 한다. 이를 통해 정부의 경제정책이나 통화 당국의 움직임이 어떻게 나타날지 예상할 수 있다. 또 그래야 사업 계획을 세우거나 투자 판단을 하는 데 도움이 된다. 다만 민간 연구소에서 나온 자료는 기초 통계나 전제가 맞는지 꼭 따져 볼 필요가 있다. 이 부분은 자료의 신뢰도를 가늠하는 가장 중요한 잣대가 된다.

대부분의 기관은 경제 전망을 하면서 관련 자료를 함께 공개하므로 쉽게 찾아볼 수 있다. 한국은행은 홈페이지에 보도 자료 전문을 게재하고 있다.

한편 월가 금융기관들은 세계 각국의 동향을 주기적으로 파악하면서 신속하게 전망을 수정하기 때문에 경제의 흐름을 이해하는 데 많은 도움이 된다. 다만 개별 이코노미스트에 따라 편차가 심하기 때문에 이들이 내는 자료를 해석하는 능력이 필요하다. 이코노미스트에 따라서 경제를 평균보다 긍정적으로 보거나 부정적으로 보는 경향이 있기 때문에 각각의 성향을 파악할 필요가 있다는 이야기다. 그런 만큼 한두 번 받은 자료를 액면 그대로 받아들이지 말고 그들이 내는 자료를 몇 개 모아 한꺼번에 보면서 자료의 추이를 보고 판단하는 것이 좋다. 블룸버그 단말기나 인터넷 등으로 외국의 원래 통계를 찾아서 대조해 보는 것도 한 방법이다. 가공되지 않은 자료들이 때로는 훨씬 더 유용하다.

6

경제 전망은 왜 틀릴까

앞에서 IMF는 물론이고 한국은행의 경제 전망도 계속 틀리고 있음을 보았다. 수많은 전문가들이 머리를 맞대고 예상한 결과가 매년 틀리는 이유는 무엇일까?

잠시 전망치를 계산하는 과정을 살펴보자. 전망이 틀릴 수밖에 없는 이유를 알면 무엇을 취하고 무엇을 버릴 것인지도 판단할 수 있을 것이다. 이 부분은 다소 기술적인 내용이 포함되어 있기 때문에 너무 복잡하게 여겨진다면 다음 내용으로 넘어가도 무방하다.

전망을 말하기 전에 우선 복권 뽑는 과정을 생각해 보자.

국내 복권의 시효라고 할 수 있는 주택복권 당첨 번호를 뽑을 때는 숫자가 적힌 원판을 빙빙 돌려 거기에 화살을 쏘아 맞힌 번호로 정했다. 활을 쏘는 사람이 돌아가는 과녁에서 몇 번이 어디에 있는지를 알 수 없고 어떤 번호가 나올지는 아무도 모르기 때문에 번호 당첨은 운이라고밖에 할 수 없다.

로또복권은 번호가 적힌 공을 기계에 넣은 뒤 뽑아내는 방식으로 당첨 번호를 정한다. 이때 번호 추첨에 앞서 여러 개의 공 가운데 어떤 공을 쓸 것인지를 먼저 정하고 그 공으로 추첨을 한다. 이때도 공을 선정해서 넣건, 쓰던 공을 그냥 넣고 돌리건, 몇 번이 언제 나올지를 전혀 알수가 없다. 당첨은 역시 운이다.

경제 전망을 하는 과정이 로또 추첨과 조금은 비슷한 구석이 있다면수긍할 수 있을까?

성장률 예측은 찍기?

이코노미스트들은 새해 경제 전망을 내놓으면서 수많은 통계 수치를가지고 씨름한다. 각각의 데이터들이 어떻게 움직여 왔는지 관찰하고또 그것이 어떻게 변할 것인지도 생각한다. 가계 소득이 어떻게 변할것인지, 실업자는 얼마나 늘어날지 등은 매우 중요한 변수가 된다. 유가나 철강 같은 원자재 값이 어떻게 움직일 것인가도 따져 봐야 한다.

세계화가 진전되면서 각국 경제가 서로 얽혀 있기 때문에 외국 경제가 어떨 것인지도 분석해 볼 필요가 있다. 특히 경제의 수출 의존도가높은 한국으로서는 더더욱 그렇다. 중국이나 미국, 일본 등의 경제가한국에 어떻게 영향을 미칠지가 우선 관심사일 것이다. 그것도 그냥 보는 것이 아니라 한국이나 중국 경제가 미국이나 일본 등 다른 나라에 어떤 영향을 주고 그게 다시 한국 경제에 어떻게 영향을 미칠 것인지까지 생각해야 한다. 복잡한 계산이 아닐 수 없다. 그런데 그렇게 공들여 계산한 수치는 어떤가. GDP 전망은 2퍼센트니, 3퍼센트니 자연수로 나오거나, 고작 복잡하다고 해봤자 2.3퍼센트니 3.8퍼센트니 하는 식으로 소수점 한 자리까지밖에 나오지 않는다. 세상에 얼마나 복잡한 데이터를 넣었는데 이렇게 간단한 수치가 나온단 말인가. 게다가 이 간단한 수치를 얻으려고 그렇게 머리가 좋다는 사람들이 모여 복잡하게 머리를 굴리고, 몇 권의 책으로도 담을 수 없을 만큼 많은 통계 수치를 가지고 씨름을 했다는 말인가. 놀랄지도 모르지만 실제로 그렇다.

겉으로는 엄청난 자료를 가지고 복잡한 계산 절차를 거치는 것 같지만 실제로 그런 답을 얻기 위한 개념 자체는 아주 간단하다.

경제 전망을 하는 사람들은 보통 모델을 돌린다고 한다. 모델을 돌린다는 것은 붕어빵 장사가 빵틀에 재료를 넣는 것과 비슷하다. 밀가루를 많이 넣으면 맛이 덜하고 팥이나 단 것을 많이 넣으면 맛이 좋아지는 것과 마찬가지다. 기계가 맛을 좌우하는 것이 아니다.

경제 전망을 할 때 붕어빵 틀에 해당하는 것이 모델인데, 이것을 만드는 작업을 이코노믹 모델링이라고 한다. 여기까지는 아주 복잡한 수식들이 동원된다. 그것도 한두 개가 아니라 거의 100여 개 가까운 방정식이 서로 연결돼 들어간다.[4]

이쯤 되면 수학을 제법 했다는 사람들도 머리가 어지러울 것이다. 그러나 모델의 기본 개념 자체는 초등학교 때부터 배우는 방정식이라고 생각해도 무방하다. 일단 식을 세워 놓은 뒤 거기에 여러 가지 값을 넣

---

4) 한국은행이 경제 예측에 사용하는 기본 모델은 'BOK04 모형'이라고 부른다. 이 모델은 48개의 행태방정식과 33개의 정의식을 포함하는 총 81개의 연립방정식 체계로 이루어졌다고 한다.

어 가면서 결과가 어떻게 나오는가를 지켜보는 것이기 때문이다. 다만 고려해야 할 변수들이 워낙 많기 때문에 방정식이 많고 길다는 차이만 있을 뿐이다. 또 각 방정식에서 나온 결과를 다음 방정식에 집어넣는 것을 되풀이하기도 한다. 그러나 계산은 컴퓨터로 하기 때문에 방정식이 길건 짧건 잠깐이면 결과가 나온다. 요점은 방정식을 어떻게 꾸미고 어떤 수치를 집어넣느냐 하는 것이다. 대부분의 경우 방정식은 한번 만들어 놓으면 계속 쓰므로, 결국 매년 달라지는 작업은 수치를 넣는 것이라고 할 수 있다. 그렇다면 컴퓨터(방정식)에 넣는 수치를 어떻게 만들

그림 1-4 한국은행 경제 예측 모형 시스템의 구조

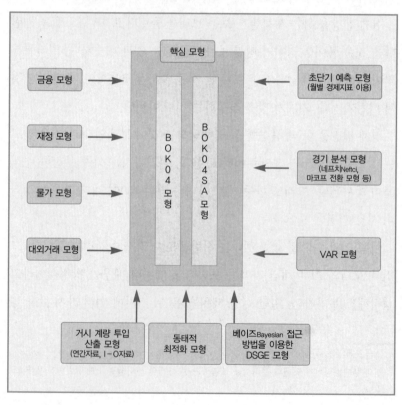

어 낼까? 그것도 이미 지나간 게 아니고 앞으로 닥칠 전망치를 말이다.

엄청난 자료를 바탕으로 복잡한 생각을 하는 것은 분명한데 마지막에 입력할 수치는 '찍어야' 한다. 그냥 찍는 것이 아니고 각종 경제 자료를 검토해서 찍는 것이 다를 뿐이다. 이는 실제 경제 조사를 담당하는 이코노미스트들이 털어놓는 이야기다.

예를 들어 한국 경제를 전망하려면 반드시 모델에 해외 변수를 입력해야 한다. 그 숫자는 미국이나 중국, 일본 등이 어떻게 될지를 생각하고 그것을 바탕으로 세계 경제성장률을 추정해서 얻는다. 이 과정에서는 실물경제지표도 보고 IMF나 OECD 등의 전망도 참고한다. 이런 것으로 비관적인 시나리오와 낙관적인 시나리오를 그려 본 후 그 사이에서 최종적으로 입력할 수치를 선택한다. 작업의 마지막은 '찍기'인 셈이다.

참고로 여기서도 먼저 나온 IMF 자료를 참고하는 것이 일반적인데, IMF 자료가 경제 상황이 바뀐 것을 제때 반영하지 못한다고 보면 이를 토대로 입력하는 정보도 편향돼 있을 가능성이 커진다고 할 수 있다.

GDP 성장률 전망에 대한 회의론

경제성장률 전망치를 구하려고 방정식에 입력하는 수치들은 이처럼 '찍기 과정'을 거쳐 얻는다. 그렇다면 찍은 수치를 방정식에 넣어서 얻은 결과와 방정식에 넣지 않고 그냥 찍은 결과에 어떤 차이가 있을까? 기껏해야 찍은 수치를 방정식에 넣어서 얻은 결과가 그냥 찍은 것보다 더 근사하게 보이는 정도가 아닐까? 그래서 전망한 수치만으로는 누가 더 정확하다고 이야기할 수 없다.

참고로 한국은행은 2009년 경제를 전망하면서 세계 경제가 1.9퍼센트 성장할 것이라고 가정했다. 한국은행보다 앞서 전망을 내놓은 IMF는 2.2퍼센트 성장을 예상했고, EU집행위는 2.3퍼센트, 글로벌 인사이트는 1.0퍼센트 성장할 것으로 각각 내다봤다. 그러나 이들 가운데 어느 것이 더 정확하다고 이야기할 수는 없다. 결과는 지나 봐야 알기 때문이다.

이런 이유 때문인지 세계적인 투자가이자 경제 연구가인 마크 파버Marc Faber는 GDP 지표가 큰 의미가 없다고 비판한다. 그는 실질 GDP를 계산할 때 큰 영향을 미치는 물가 상승률을 얼마로 보느냐에 따라 전혀 다른 결과가 나올 뿐 아니라 계산 자체가 지나치게 복잡해서 믿을 수 없다고 말한다.

저명한 경제학자인 뉴욕 대학교의 윌리엄 보몰William J. Baumol 교수 역시 비슷한 입장을 보이고 있다. 그는 경제 모델에 대해 이렇게 말했다.

"이론을 잘 구성하는 것은 상당 부분 가정을 어떻게 피하느냐에 달려 있다. 가정한 것을 약간만 변화시켜도 결론에는 심각한 영향을 미칠 수 있다."

찍기를 잘못해서 엉뚱한 결과가 나오기도 하지만 앞으로 닥칠 상황을 미처 예상하지 못해 방정식에 포함하지 않을 경우 역시 오차가 커질 수밖에 없다. 지난 2007년 전망이 대부분 틀릴 수밖에 없었던 것은 미국의 서브프라임 모기지 부실이라는 돌발 변수가 그해 중반부터 불거졌기 때문이다. 경제를 전망하는 사람들을 당황케 하는 경우다.

계량경제학에서는 이따금 특정 사건이 예측에 미치는 영향을 더미 변수dummy variable라는 것을 통해 반영한다. 가령 대선이나 이라크 전쟁

(발생 이후)처럼 경제에 중요한 영향을 미칠 만한 사건이 있다면 성장률을 추정할 때 이를 고려하는 것이다.

그렇지만 더미 변수로 반영할 수 있는 것도 미리 알고 있는 것에 국한된다. 서브프라임 모기지 부실이 초래한 금융 위기처럼 예상치 못한 사건이 생기면 속수무책으로 당할 수밖에 없다. 지난 2001년 IT 거품이 꺼질 때도 극소수를 제외한 대부분의 기관들이 이를 내다보지 못하고 낙관적으로 전망한 바 있다. 이런 면에서 경제를 제대로 보려면 수치보다는 상황을 직시하는 능력이 더 필요하다고 할 것이다.

7

경제를 새롭게 배워야 하는 이유

신뢰도에 의문이 들기 때문인지는 몰라도 투자의 대가 워런 버핏은 경제 전망을 그다지 중요하게 생각하지 않는다. 철저히 개별 기업을 분석하고 시장에서 주가가 떨어졌을 때 가격이 적절하다고 생각하면 투자한다. 그런 자세가 어떤 결과를 가져왔을까?

버핏의 손상된 투자 원칙

버핏은 1956년에 투자를 시작해 단기간에 많은 돈을 벌었다. 그 돈으로 1962년에는 미국 중서부 네브래스카 주 오마하에 있는 버크셔 해서웨이라는 섬유 회사를 인수했다. 당시 그 회사의 주가는 7.5달러 수준

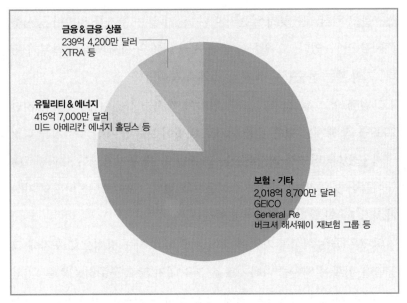

그림 1-5 버크셔 해서웨이 자산 현황

금융＆금융 상품
239억 4,200만 달러
XTRA 등

유틸리티＆에너지
415억 7,000만 달러
미드 아메리칸 에너지 홀딩스 등

보험 · 기타
2,018억 8,700만 달러
GEICO
General Re
버크셔 해서웨이 재보험 그룹 등

2008년 말 기준 자산총계 2,673억 9,900만 달러

에 불과했는데 버핏이 버크셔 해서웨이를 보험을 주축으로 하는 투자 회사로 전환하기 전까지는 한동안 그 수준에서 머물렀다. 그런데 2007 년 금융 위기가 시작되기 전 버크셔 해서웨이의 주가는 14만 달러를 넘어섰다.

버핏이 버크셔 해서웨이를 인수한 직후 1만 달러를 맡겼다면 지금 돈으로 3,000만 달러가 된다는 계산도 나온다. 그의 고향에는 버핏 덕에 노후 걱정을 하지 않아도 될 만큼 부자가 된 사람들이 수두룩하다.

이런 사례를 들지 않더라도 이 시점에서 버핏을 능가하는 투자가를 찾기는 쉽지 않다. 그만큼 그는 모든 투자 이론을 뛰어넘는 훌륭한 성과를 거두었다. 그의 며느리인 메리 버핏은 버핏학Buffettology이라는 용어까지 만들어 가며 버핏의 투자 원칙을 하나의 체계로 정리했다. 거기에 나오는 버핏의 투자 원칙 1조는 '절대로 돈을 잃지 않는다'이고, 2조는 '결코 원칙 1을 잊지 않는다'이다. 잃지 않는 투자를 얼마나 중시했는지를 알 수 있다. 그 원칙을 굳게 지켜 버핏은 세계 최대의 갑부가 됐다. 그의 부는 한순간도 쉬지 않고 계속 불어났다.

그런데 어느 날 갑자기 그의 원칙이 깨지는 사건이 발생했다. 지난 2008년 전 세계를 휩쓴 금융 위기로 버핏이 보유한 자산의 가치는 엄청나게 줄었다. 버크셔 해서웨이는 2008년 한 해 투자자산이 32퍼센트나 줄어들어 30년 만에 최악의 실적을 기록했다. 〈포브스〉는 버핏의 자산 가치가 250억 달러나 줄었다고 밝혔다.

버핏은 좋은 회사를 가격이 떨어질 때 싸게 사는 방식으로 투자해 그동안은 상황이 웬만큼 나빠져도 손실을 내지 않고 꾸준히 이익을 내 왔다. 이번 사태가 일어나기 전에 그의 회사는 전쟁이 일어나건 홍수가 발생하건 거의 꾸준하게 연평균 20퍼센트가 훨씬 넘는 고수익을 냈다. 그런데 명예로운 은퇴를 생각해야 할 막바지에 이르러 버핏이 한 방 크게 얻어맞은 것이다.

2008년의 상처가 버핏의 투자 원칙 자체를 훼손하는 것은 아니다. 시간이 지나고 경제가 정상화되면 그의 자산은 다시 원상태로 불어날 것이고 오히려 더 커질 것이다. 그만큼 그는 안정적인 투자를 해 왔고 그가 투자한 회사들은 꾸준히 이익을 내고 있다. 이런 면에서 투자자라면 모름지기 버핏의 투자 원칙과 방법론의 가치를 인정해야 한다. '잃지 않는 것'이야말로 변치 않을 투자의 기본이자 철칙으로 삼아야 할 것이기 때문이다. 다만 경제 위기에 따른 손실이 워낙 크기 때문에 이를 감안하지 않던 버핏의 투자 원칙과 방법론을 보완할 필요성은 있다.

버핏의 원칙에다 세계 경제 위기와 같은 거시경제 시스템의 위험을 사전에 알아서 피할 수 있는 방안을 덧붙인다면 그야말로 획기적인 투자의 새 기준이 될 것이다.

새로운 위험 분석 체계

새로운 기준을 세우기 위해 버핏이 생각한 위험과 그 외의 위험들을 생각해 보자.

투자 위험을 분석하는 전문가들은 시장 위험이나 시스템 위험, 재무적 위험, 국가적 위험 등 다양한 종류의 위험을 이야기한다. 그러나 여기서는 투자자 입장에서 투자의 단계별로 어떤 위험이 있는지 생각해 본다. 삼성전자를 예로 들어보자.

삼성전자는 증권선물거래소라는 시장에 상장되어 있다. 그러나 좀더 시야를 넓혀 보면 대한민국이라는 거시경제 체제에 속해 있고 더 나아가 세계 경제라는 거대한 시스템 속에서 활동한다. 투자자 입장에서는 삼성전자에 투자하려면 먼저 삼성전자라는 기업 자체가 지닌 위험을 분석해야 한다. 그 다음에 삼성전자가 상장된 한국 코스피 시장에서의 위험을 보고, 더 나아가 대한민국이라는 국가의 위험과 세계 경제 시스템의 위험까지 돌아봐야 한다. 미국 제너럴 일렉트릭GE에 투자한다면 GE라는 회사의 위험이 어느 정도인지를 살펴봐야 한다. 이어 GE가 상장돼 있는 뉴욕 증시 내의 위험을 보고 이후에 미국과 세계 경제 시스템의 위험 등을 함께 살펴봐야 한다.

이런 분류에서 가장 큰 것은 거시경제 시스템의 위험이다. 여기에는 국가가 부도를 내거나 정치체제가 흔들리는 위험 등이 있을 수 있고,

2008년에 일어난 것처럼 세계 경제 시스템이 요동치는 경우도 생각할 수 있다. 거시경제 시스템의 위험은 이제까지 개별 기업이나 투자자 입장에서 피하기 어려운 것으로 간주됐다.

다음으로는 시장에서 회사나 주식을 사고판다고 했을 때 거래에 따르는 각종 위험이 있을 수 있다. 통상적으로 이를 마켓 리스크라고 하는데, 금리나 거래량 등이 급격히 변해서 시장이 요동치는 상황 등을 상정할 수 있다.

마지막으로 매수하려는 기업이나 주식이 안고 있는 위험이 있을 수 있다. 투자한 기업이 부도를 낼 가능성이나 부실을 숨겼을 가능성, 다른 기업과의 경쟁에서 뒤질 가능성, 산업 자체가 퇴보할 가능성 등이 종합적으로 들어갈 것이다. 정리하자면, 투자와 관련한 리스크는 크게 다음 세 가지로 요약할 수 있다.

- 거시경제 시스템의 위험 – 개별 국가 또는 세계 경제 침체나 시스템 붕괴의 위험
- 시장의 위험 – 매수매도 단계의 가격 급변에 의한 손실 가능성, 신용 경색 등의 리스크
- 개별 기업의 위험 – 부도 가능성, 재무제표 신뢰도, 산업 내 경쟁력, 사업의 전망 등

이 가운데 두 번째와 세 번째 위험에 대해 버핏은 거의 완벽에 가깝다고 할 정도로 방어해 왔다. 가장 유망한 기업을, 외부적 충격 등으로 가격이 급락했을 때 싸게 사서 가격이 오른 뒤 비싼 값으로 팔아 위험 부담 없이 차익을 누리고 성장에 따른 과실까지 향유한 것이다. 그렇지만 첫 번째 위험에 대해서는 그 역시 별도의 기준을 세우지 않았을 뿐 아니

라 거의 논의조차 하지 않았다. 이는 버핏이 본격적으로 투자를 시작한 이후 미국의 시스템이 거의 안정을 유지했기 때문이라고 생각된다. 베트남 전쟁이나 1·2차 오일쇼크 등 크고 작은 사건이 수없이 있었지만 그 정도의 변수는 버핏에게는 좋은 물건을 아주 싼값에 살 수 있는 기회였을 뿐 위험이 되지는 않았다.

고조되는 시스템 위험

2007년 말부터 몰아닥친 경제 시스템의 위험에 대해 버핏은 아직까지 뚜렷한 언급을 않고 있다. 그만큼 이번 사태는 모든 사람의 예상을 넘어선 것이라 할 수 있는데, 이런 시스템의 위험이 앞으로는 자주 일어날 전망이다.

2007년부터 몰아친 글로벌 위기는 아직도 진행형이다. 이번 위기로 전 세계 금융 시스템이 손상됐기 때문에 회복되는 데 상당한 시일이 걸릴 것이 분명하다. 시스템이 복구되더라도 위기는 자주 반복될 것으로 보인다. 시스템을 살리기 위해 미국이나 영국 등 세계 주요 선진국이 상상할 수 없을 만큼 많은 자금을 풀었기 때문에 새로운 위기의 불씨가 남아 있는 셈이다(자금이 너무 많이 풀리면 왜 시스템의 위험 요인이 되는지는 뒷부분에서 자세히 설명할 예정이다).

게다가 미국은 이미 세계 최대의 채무국으로 주요 신용평가사들이 매긴 신용도와는 상관없이 국가신용도가 폭락할 위기를 맞고 있다. 현재 미국 정부의 부채 구조로 볼 때 특단의 방법을 사용하지 않는 한 부채 규모를 줄여 나가는 것이 거의 불가능해 보인다.

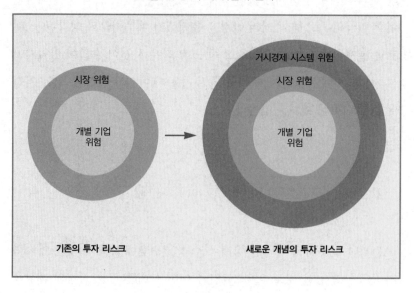

그림 1-6 투자 위험의 변화

거시경제 시스템 위험

시장 위험

시장 위험

개별 기업 위험

개별 기업 위험

기존의 투자 리스크

새로운 개념의 투자 리스크

세계 경제의 주도 세력이 바뀔 가능성이 커진 점도 시스템 불안을 고조시키는 요인이다. 미국은 최대 채무국으로 경제 위기를 만나 영향력이 위축되고 있는 반면 중국은 최대 채권국으로 엄청난 인적·물적 자원을 가지고 재빨리 영향력을 확대해 나가고 있다. 이 과정에서 양측의 힘겨루기가 벌어진다면 자칫 고래 싸움에 새우등이 터질 나라가 한둘이 아닐 것이다.

이처럼 세계 경제 시스템의 위험은 갈수록 커지고 있다. 특히 씨줄날줄로 얽혀 있는 오늘날의 세계 경제 시스템에서는 한 곳에서 위기가 생기면 즉시 전 세계로 위기가 파급될 수 있다. 이에 따라 국가는 물론이고 기업이나 개인 투자자도 크고 작은 돌발 사태가 계속 일어날 것을 예상해 대비할 필요가 있다. 짧은 기간 동안 세 차례나 시스템 위험을 경험한 바 있는 한국의 기업들, 투자자들은 더더욱 그럴 필요가 있다. 지

난 1997년 외환위기에 이어 2002년 카드 사태, 2007년 말부터 시작된
금융 위기 등은 모두 시스템의 문제에서 비롯된 것이다.

결론적으로 이제는 개별 기업이나 시장의 위험을 분석하는 것만으로
는 예기치 않은 손실을 막기가 어렵게 되었다. 투자자가 경제 시스템의
위험까지 예상하고 대비해야 하는 상황이 전개되고 있는 것이다. 버핏
처럼 엄청난 자금을 확보하고 있고, 또 매년 새로운 투자 자금을 지속적
으로 제공해 줄 캐시 카우Cash Cow 회사를 여럿 확보하고 있다면, 시스
템 위험을 더 많은 돈을 긁어모을 기회로 삼을 수도 있을 것이다. 그러
나 개인 투자자를 비롯해 아직 안정적인 투자 자금을 확보하지 못한 사
람들은 위기가 잦아들수록 몇 푼 안 되는 자산마저 빼앗길 소지가 있
다. 유축기로 젖을 짜내는 것처럼 돈이 빨려 나가는 상황을 한번 연상
해 보라.

그동안 대외 변수로 치부하던 거시경제 시스템의 위험을 이제는 대
내적 변수로 인식해야 할 때가 왔다. 일반 투자자는 물론이고 기업이나
정책 당국도 바뀐 환경을 받아들이고 대응할 준비를 해야 한다.

❖존 보글과 워런 버핏 그리고 인덱스 펀드

미국의 뱅가드 그룹Vanguard Group은 세계 최대의 인덱스 펀드 전문 뮤
추얼 펀드 회사이다. 이 회사의 창업자 존 보글John C. Bogle은 "시장은
예측할 수 없다"며 시장(평균)을 따라가는 인덱스 펀드가 최고의 투자 대
상이라고 강조해 왔다. 《뮤추얼 펀드의 상식Common Sense on Mutual
Funds》이라는 책에서 보글은 "미국의 성장주와 가치주 펀드 200개 가운
데 오직 33개만이 지난 15년 동안 월셔 5000지수보다 높은 수익률을
올렸다"는 말로 인덱스 펀드의 장점을 설명했다. 보글이 인덱스 펀드의

장점을 내세울 수 있었던 것은 사실 미국의 경제 시스템이 그동안 매우 안정적인 상태를 지속해 왔기 때문이다.

기업을 사는 방식으로 투자하는 버핏도 다른 사람들에게는 인덱스 펀드가 좋은 상품이라며 다음과 같이 추천했다. "아마추어건 프로건 개인과 기관 투자가가 주식 투자를 하는 가장 좋은 방법은 인덱스에 투자하는 것이다." 여기서 버핏도 거시경제 시스템의 안정을 전제로 투자해 왔다는 것을 읽을 수 있다.

이 같은 대가들의 견해는 그대로 이론으로 정립되어 현재 투자론에서는 인덱스 펀드가 최고의 투자 대상으로 취급되고 있다. 그런데 거시경제 시스템 자체가 흔들리는 상황에서도 인덱스 펀드가 최고의 투자 대상으로 살아남을 수 있을까?

정상적으로 만들어진 어떤 인덱스 펀드도 2007년 말부터 전 세계를 강타한 금융 위기를 방어하지는 못했다. 주가가 떨어질 때 이익을 내도록 설계된 일부 특수 ETF(상장지수 펀드)를 제외하고는 모든 인덱스 펀드들이 폭락장에서 속수무책으로 당했다. 이런 상황에서 어떻게 인덱스 펀드가 설득력을 가질 수 있을 것인가. 거시경제 시스템이 계속 흔들릴 경우 인덱스 펀드의 강점은 퇴색할 수 있다. 오히려 거래 비용이 적게 들어가는 ETF를 자주 갈아타는 전략이 부상할지도 모른다.

8

비상구에서 대기하라

지난 2003년 미국의 로드아일랜드라는 작은 주의 한 나이트클럽에서 대형 참사가 발생했다. 단층 건물에서 불이 났는데도 98명이나 사망하고 186명이 다쳤다. 이 사건은 미국 사람들로서는 상상이 안 될 정도로 수치스러운 일이었다. 그들의 시각에서는 거의 원시적 수준의 사건이었기 때문이다.

당시 한 헤비메탈 그룹의 불꽃 공연을 더 가까이 보려고 무대 쪽에 앉았던 사람들은 불길이 일어나는 것을 보고도 대피하지 못해 모두 희생됐다. 그런데 비상구 근처에 있던 사람들은 불길이 번지는 것을 보고 재빨리 대피해 용케 살아남을 수 있었다.

비슷한 상황은 투자의 세계에서도 수시로 발생한다. 2000년 IT 거품이 부풀었을 때 대박의 꿈을 버리지 못하고 새롬기술을 비롯한 급등 주를 따라갔던 사람들은 모두 깡통을 찼다. 그때 펀드에 투자한 사람들 역시 빠져나오지 못하고 고스란히 당했다. 반면에 거품이 크게 부풀었을 때 주식을 던지고 부동산으로 갈아탄 사람들은 양쪽에서 대박을 내고 엄청난 재산을 늘릴 수 있었다.

2007년에 부동산이나 주식이 모두 정점에 올랐을 때도 그랬다. 당시 강남의 대형 아파트를 뒤늦게 샀거나, 해약이 까다로운 해외 펀드에 들어간 사람들은 순식간에 재산이 날아가는 것을 두 눈 멀쩡히 뜨고 지켜봐야 했다. 특히 아파트는 세금 문제까지 겹쳐 싸게 팔려고 해도 거래가 안 될 정도였다. 반면 CMA처럼 상대적으로 유동성이 높은 상품에 가입했던 사람들은 다음에 다가오는 상승 사이클을 여유롭게 기다릴 수 있었다.

위험을 피하려면 경제를 배워야

투자를 하려면 이처럼 재산이 송두리째 날아갈 위험을 피하기 위해서라도 경제를 배워야 한다. 경제 흐름을 잘 알게 되어 좋은 기회를 잡는 것은 덤이다. 경제 흐름에 관심을 갖고 지켜보면 커다란 위험이 다가오는 것을 알 수 있다. 기상 위성으로 태풍이 발생하고 다가오는 것을 알 수 있는 것과 같은 이치다. 그런 재앙은 대개 하루 이틀 사이에 닥치는 것이 아니라 어느 정도 시간을 두고 다가온다. 알고만 있다면 안전한 곳으로 피할 시간은 충분하다. 사고에 대비해 비상구 쪽으로 이동하는 것이나 마찬가지다. 그렇다면 왜 이전에는 이런 생각을 하지 않았을까?

투자의 대가 워런 버핏은 지난 2003년 "거품이 최고조에 달했던 시기에 대량으로 들고 있던 몇몇 종목을 팔지 않은 실수를 범한 적이 있다"고 밝힌 바 있다. 버핏조차 그동안 시장이나 기업의 위험을 분석하고 그에 따라 대처했지만 거시경제 시스템의 위험은 관찰하지 않았다는 증거다.

여기에는 이유가 있다. 전통적인 투자 이론에서는 경제 변수를 별도로 고려하지 않았다. 경제는 외부 변수이므로 그 흐름에 맞춰서 대응하면 된다고 생각했고, 그동안은 그렇게 해도 큰 문제가 없었다. 그러나 어느 순간 상황이 완전히 바뀌었다. 하루아침에 자산 절반이 날아가고, 또 그런 위기가 수시로 발생할 수도 있다. 이렇게 상황이 바뀌었는데도 언제까지나 경제를 대외 변수라고 생각하고 거기에 맞춰 가야 한다고 할 것인가?

기업에서 투자를 결정하는 사람들이나 정부에서 경제정책을 펴는 사람들도 경제 환경이 바뀌었다는 것을 인식해야 한다. 경기 흐름의 정점에서 투자한 기업은 자칫 경제 하강기에 생존 자체가 위태로워질 수도 있다. 국가는 국가대로 상황을 잘못 판단하고 엉뚱한 정책을 내놓으면 거품을 키우거나 경제를 벼랑으로 몰아갈 수도 있다.

과거에는 금융이란 경제를 움직이는 하나의 시스템으로서 당연히 정상적으로 돌아가야 하는 것으로 믿었고, 그렇기에 그 자체를 하나의 주어진 환경으로 받아들였다. 그렇지만 2002년 카드 사태나 2007년 미국발 금융 위기에서 보았듯이 이제는 금융 시스템 자체가 위기를 만드는 시대가 됐다. 금융 시스템을 관찰해야 할 필요성이 생긴 것이다.

외환위기 전후에 터진 기아와 대우그룹 사태, IT 버블 당시 미국 통신업체의 과잉 투자와 과다 차입, 최근에 불거진 패니 메이Fannie Mae나 프레디 맥Freddie Mac의 과다 차입 문제는 한 나라는 물론이고 전 세계 경

제를 위기로 몰아넣기도 했다. 기업이 공룡처럼 커지면서 기업의 위기
가 국가나 세계 경제를 위기로 몰아넣을 가능성도 그만큼 커졌다.

경계경보

이제는 투자를 하기 위해 반드시 경제를 알아야 하는 시대가 되었다.
반대로 경제를 알기 위해서는 거대 기업의 재무구조를 분석할 필요성
도 생겼다. 게다가 세계가 거미줄처럼 가로세로로 얽혀 있기 때문에 한
기업이나 한 나라의 위기가 순식간에 지구 전역으로 전염될 수도 있다.
투자를 위해 경제를 알아야 하고, 경제를 알기 위해 기업을 배워야 하는
시대가 된 것이다. 동시에 세계 주요국의 움직임이나 주요 기업들의 동
향까지 파악할 필요성이 생겼다. 그만큼 세상은 빠르게 변하고 있다.

그렇다면 언제 그런 시스템의 위험을 피해야 할까?

개별 기업이나 시장의 위험을 따지는 것도 쉽지 않은데 거시경제 시
스템의 위험까지 따져서 피하라는 것이 어렵지 않겠느냐는 주장이 나
올 수도 있다. 그러나 시스템의 위험을 판단하는 것은 조금만 관심을
갖고 지켜보면 시장의 움직임을 판단하는 것보다 더 쉬울 수 있다. 그
만큼 명확하게 보이기 때문이다. 그것이 어렵다고 생각하는 사람들은
경고 신호를 보내 줄 사람을 알아 둘 필요가 있다. 실제 그런 구실을 하
는 사람들은 많다. 다만 시중에 너무 많은 사람들이 전문가를 자처하며
중구난방이라서 실제 경보가 발령돼도 대부분 인지하지 못할 뿐이다.

어떤 사람들이 진짜 위기를 인지하고 있었는지, 또 그런 전문가와 전
문가인 체하는 사람들을 어떻게 가려 낼 것인지도 생각할 필요가 있다.

9

산 정보 vs. 죽은 지식

경제를 왜 배워야 하는지는 분명해졌다. 그렇다면 경제를 어떻게 배워야 할까?

많은 사람들이 그동안 경제를 이론으로만 배웠다. 어떤 이슈가 나타날 때마다 케인스학파가 어떻고 신고전학파가 어떻고 하는 사람들이 벌떼처럼 윙윙거리며 돌아다닌다. 그런 사람들과 이야기를 하다 보면 무엇 때문에 그런 이론을 배웠는지조차 잘 모르고 있다는 인상을 받는다. 그래서 현실 경제에서 벌어진 사태의 원인이 무엇인지, 또 사태를 어떻게 풀어야 할지 해답을 기대하기 어려운 것이 보통이다.

경제 이론은 하늘에서 뚝 떨어진 것이 아니라 현실 경제를 분석하는 과정에서 나온 것이다. 환경이 바뀌었으면 그에 맞는 새로운 이론이 나와야 한다. 이론을 배울 때건 적용할 때건 현실 경제를 그 자체로 분석하고 이해하려는 노력이 필요하다는 이야기다. 그렇게 인식하는 것과 하지 않는 것에 어떤 차이가 있는지를 살펴보자.

명동 사채업자가 준 정보

필자는 한때 청계천의 한 비철금속 상점에서 근무한 적이 있다. 삼일 빌딩이 한국에서 가장 높은 건물이었던 때이니 한참 오래전의 일이다.

상점의 주인은 일제 때 만주까지 갔다 온 분으로 초등학교 교육도 받지 못했다. 그는 독학으로 한글과 숫자를 깨쳤다. 그렇지만 숫자 감각이나 경제를 보는 눈은 비상했다. 당시에는 어느 기업이건 납품을 하면 석 달 정도 되는 약속어음으로 물건 값을 지불했다. 약속어음이란 정해진 날에 돈을 주겠다는 증서다. 그날 돈을 주지 않으면 부도로 처리되며 부도를 낸 사람은 사법 처리를 당할 만큼 중요한 증서다.

어음을 받으면 만기까지 기다렸다가 은행에 넣어 추심하거나 물건을 살 때 현금 대신 지급하기도 하는데 대개는 돈이 쪼들릴 때라 할인해서 썼다. 어음 할인이란 만기가 안 된 어음을 주고 그날부터 만기까지 날짜를 따져 그 기간만큼의 이자를 뺀 뒤 차액을 현금으로 받는 것을 말한다. 당시엔 대개 명동에서 어음을 할인했는데 아주 좋은 회사라면 2부 5리, 대개는 3부의 이자를 계산해 뗐다. 다시 말해 월 2.5~3퍼센트씩 이자를 떼고 차액을 받은 것이다. 가령 3개월 만기 100만 원짜리 어음을 3부로 할인하면 9만 원을 이자로 떼고 91만 원을 받았다. 금리가 은행 이자에 비해 아주 높았지만 은행 문턱이 높던 때라 그것도 감지덕지였다.

그런데 어느 날 어음을 할인하러 가니 갑자기 이자를 더 내라고 했다. 돈이 귀해졌으니 똑같은 회사에서 발행한 어음인데도 이자를 더 줘야 한다는 것이었다.

그 이야기를 들은 상점 주인은 그때부터 국내에서 손꼽히는 회사가 발행한 것이 아니면 어음을 받지 않았다. 어음을 들고 오는 손님에게는 물건 값을 깎아 줄 터이니 현금을 가져오라고 했다. 마진을 대폭 줄이고 현금을 돌리는 방법을 택한 것이다. 얼마 지나지 않아 이웃 가게에서는 받은 어음이 부도났다며 난리를 쳤지만 그 주인은 고생을 하지 않았다. 오히려 물건을 싸게 판다는 소문이 나면서 매출이 늘어 마진은 줄었지만 전체 이익은 늘었다.

그는 명동 사채업자에게서 이자를 더 내라는 이야기를 들었을 뿐이었지만 그 말을 듣고 직관적으로 경제가 어려워질 것이라는 생각을 하고는 현금을 돌리는 길을 택했다. 살아 있는 정보였다.

미국 중앙은행 고위 간부의 경고

이번에는 2007년 이후 세계적 금융 위기를 일으키는 단초를 제공했던 미국의 모기지 업체 패니 메이와 프레디 맥과 관련한 이야기를 해보자.

미국 세인트루이스 연방은행 총재였던 윌리엄 풀William Poole은 미국의 금리나 통화정책을 결정하는 연준의 공개시장위원회FOMC[5] 위원을

---

5) 미국의 중앙은행인 연방준비제도이사회 산하에는 뉴욕 연방준비은행을 비롯한 12개 지역 은행이 있다. 이 가운데 실질적으로 통화정책을 집행하는 뉴욕 연방준비은행 총재와 나머지 11개 지역 은행 총재 가운데 네 사람이 연준 본부의 이사들과 함께 미국 공개시장위원회 FOMC 위원으로 활동한다.

역임했다. 한국으로 말하면 금융통화위원회 위원쯤 되는 자리다. 그는 현직에 있던 지난 2005년 패니 메이나 프레디 맥 같은 정부보증기관들이 채권을 지나치게 많이 발행했다며 다음과 같이 경고했다.

"많은 금융기관이 정부보증기관GSE이 발행하는 단기 채권의 위험성을 잘 알지 못하는 것 같다. 투자자들은 자신들의 투자가 GSE의 신용위험을 완전히 피할 수 있으리라 믿는다. 미리 위기가 발생한다는 예고를 해서 몇 개월 후 만기가 되면 단기 채권을 여유롭게 현금화할 시간을 벌 수 있기 때문이다.

문제는 금융 위기가 출현하면 GSE의 단기 채권은 짧으면 몇 시간, 길어 봤자 며칠 안에 완전히 유동성을 잃게 된다는 점이다. 투자자가 해약을 할 수 있지만 모든 사람이 동시에 현금화하려고 몰려들면 문제가 커진다. 이러한 단기 채권으로 투자한 부동산은 빠른 시간 내에 현물로 바꿀 수 없기 때문에 GSE의 채권을 헐값에 투매하려는 시도조차 마음대로 되지 않을 것이다."

그의 경고는 미국 연방준비은행을 통해 공표됐고 여러 언론에서 수없이 다뤄졌다. 그런데 그가 경고한 것은 그때가 처음이 아니었다. 윌리엄 풀은 2000년대 초부터 기회가 있을 때마다 패니 메이나 프레디 맥의 위험에 대해 경고하면서 이 회사들이 자기자본에 비해 과도하게 차입을 하고 있어 위험이 커졌다고 지적했다. 그는 2002년 8월에도 정부보증기관의 위험에 대해 연준 차원에서 공개적으로 우려를 표명한 바있다.

미국 50개 주의 고위 간부들이 모두 모인 자리에서 문제를 지적했기 때문에 미국의 지도층 가운데 상당수는 이 문제를 알 수 있었다. 그가 발언할 때마다 많은 언론이 이 문제를 기사로 다뤘기 때문이다. 그런데도 월가의 금융기관들은 이런 정부보증기관 채권이나 파생 상품을 마구 사들였다. 그게 미국의 금융 시스템을 뿌리부터 흔들 줄은 생각조차 하지 않았던 것이다.

한국은행 역시 같은 길로 따라 들어갔다. 한국은행은 보유 외환을 운용하면서 수익률을 높이려고 상당한 양의 패니 메이와 프레디 맥 채권을 사들였다. 다른 사람도 아닌 미국 중앙은행의 고위 인사가 문제가 있다고 수없이 지적한 상품에 거리낌 없이 투자한 것이다. 아마 한국의 금통위원이 문제가 있다고 지적한 국내 채권을 매입했다면 감사기관의 문책에서 자유롭지 못했을 것이다.

월가 금융기관들이나 한국은행 관계자들은 살아 있는 정보가 아닌 죽은 지식을 가지고 투자를 했다고 할 수 있다. 어느 나라건 특정 금융기관이 위험하다는 이야기를 중앙은행 간부가 하는 것은 대단히 예외적인 일이다. 그런데 한두 번도 아니고 수년 동안 반복해서 그런 경고를 했는데 아무도 그 말을 듣지 않았다. 모두들 그를 '양치기 소년'쯤으로 생각했는지는 모르지만 결국 잡아먹힌 것은 그의 경고를 무시한 월가 금융기관들이었다.

정보를 살리는 능력

앞의 두 사례는 주어진 정보를 받아들이는 자세가 얼마나 중요한지를 보여 주는 본보기라고 할 수 있다. 금융시장에는 매일같이 수많은 정보들이 쏟아져 나온다. 그런 정보를 받아들이느냐 버리느냐는 전적으로 이용자에게 달려 있다. 정부 당국자가 그것을 제대로 받아들이면 나라가 편안해진다. 기업 담당자가 그런 정보를 제대로 해석할 줄 알면 회사가 흥한다. 투자자가 그런 정보를 잘 구분할 줄 알면 돈을 벌게 되며, 적어도 망할 위험만은 피할 수 있게 된다.

이처럼 돈에 대해 판단하는 능력은 단순히 지식을 쌓아서 되는 일이 아니다. 주어진 정보를 적극적으로 해석하려는 의지에 달려 있다. 그것을 몸으로 익혀서 이용할 것이냐, 아니면 그냥 흘려 보낼 것이냐는 전적으로 개인의 판단 문제인 셈이다.

2장

경제를 보는 새로운 시각

앞 장에서는 우리의 투자나 경제 인식이 상당 부분 비합리적인 상식을 바탕으로 하고 있어 사고의 틀을 바꿀 필요가 있음을 이야기했다. 특히 거시경제 시스템이 불안해져 앞으로 위기가 자주 올 수 있다고 했다.

지금까지 거시경제 시스템의 위험은 알기 어렵다는 이유로 대외 변수로 취급돼 왔다. 이런 자세는 경제를 죽은 통계로 받아들인 데서 비롯됐다. 그렇지만 경제 위기가 자주 발생할 가능성이 커졌는데도 알기 어렵다는 이유만으로 거시경제 시스템의 위험을 방치하는 것은 더 이상 곤란하다. 경제는 살아 움직이는 유기체와도 같다. 경제를 움직이는 힘이 무엇인지를 제대로 판단할 수 있다면 언제 어디서 위기가 고조될지 사전에 알아차릴 수도 있다.

이 장에서는 투자자는 물론이고 기업이나 정책 당국의 관계자들도 알아 두어야 할 새로운 경제 인식 방법을 제시한다.

1

다시 생각하는 GDP

1장에서 돈은 힘이자 그 자체가 정보라고 했다. 또 돈이 돈을 만든다고도 했다. 경제도 역시 돈이라고 할 수 있다. 돈을 알면 경제도 알 수 있다는 이야기인데, 왜 그런 것인지 세계 최대 조선 업체인 현대중공업의 예를 보자.

현대중공업의 어느 타워크레인 기사가 한 달 동안 열심히 일을 했다. 그는 선박 구조물을 들어서 조립라인에 보내 줬고 엔진은 물론 100여 톤이나 되는 스크루도 날랐다. 매일같이 이렇게 크레인으로 들어 올린 엄청난 물량의 구조물을 용접공이나 배관공, 기계공들이 조립한다. 페인트공은 열심히 페인트를 칠한다. 여러 사람이 이렇게 한 달 정도 일하면 배 한 척이 완성된다.

현대중공업은 완성된 배를 선주에게 넘겨주고 돈을 받는다. 배가 크든 작든, 유조선이든 LNG(액화천연가스)선이든, 돈으로 값이 매겨진다. 그 돈의 일부는 타워크레인 기사나 용접공, 배관공, 페인트공 등의 월급으로 나간다. 각자 하는 일은 다르지만 모든 근로자가 일한 것은 이처럼 돈으로 계산된다. 회사는 또 철강재를 비롯한 원자재 값도 치르고 전기 요금, 세금도 내고 주주들에게 배당도 한다.

사람들이 일하는 것이나 사고파는 것들이 모여서 하나의 경제를 구성하는데, 그 이면에서는 이처럼 모든 것이 돈으로 값이 매겨져 계산된다. 돈은 가장 먼저 선주의 주머니에서 나와 현대중공업으로 들어가고 또 거기서 나와 타워크레인 기사나 용접공, 배관공, 페인트공의 주머니로 들어간다. 월급을 받은 사람들은 그 돈으로 아이들 공부도 시키고 새 집도 산다.

이처럼 돈이 어디로 흘러가는지를 보면 경제가 어떻게 움직이는가를 알 수 있다. 돈을 경제의 거울이라고도 하는 것은 바로 돈이 경제의 움직임을 그대로 비춰 주기 때문이다. 결국 돈을 알아야 경제를 안다고 할 수 있다.

GDP의 새로운 해석

앞에서는 현대중공업을 예로 들어 경제에서 돈이 어떻게 돌아가는지를 풀어 보았다. 그런데 한국에는 현대중공업만 있는 게 아니다. 반도체를 만드는 삼성전자나 자동차를 만드는 현대자동차, 철강을 생산하는 POSCO, SK텔레콤, 두산중공업, 동부건설 등 많은 기업들이 있다. 뿐만 아니라 강원산업, 경남기업, 광주통상, 충청산업 등 중견·중소기업도 헤아릴 수 없이 많다. 경제학에서는 이들을 모두 묶어 기업이라는 하나의 집단으로 다룬다.

현대중공업에 타워크레인 기사나 용접공, 배관공 등이 있었는데 이들 한 사람 한 사람은 모두 가정을 이루고 있다. 이들을 통틀어 가계라고 한다. 나라 경제에는 또 정부라는 주체도 있다. 이렇게 보면 외국과 거래를 하지 않는 폐쇄된 상태에선 기업과 가계, 정부라는 커다란 세 개의 경제 주체를 생각할 수 있다. 이들이 생산해 낸 것을 모두 합하면 한 나라의 GDP가 된다.

그런데 지금은 모든 나라가 외국과 교류하고 있다. 가장 폐쇄적이라는 북한이나 쿠바까지도 조금이나마 수출과 수입을 하고 있다. 따라서 여기에 수출입 차이X-M를 합해 줘야 진짜 개방 경제의 GDP가 된다. 다시 말해 한 나라의 경제를 구성하는 요소는 가계와 기업, 정부, 수출입으로 집약되는데 이것이 케인스가 한 나라의 경제를 보는 틀이다. 가계는 소비의 주체이고, 기업은 생산과 투자의 주체이기 때문에 보통 영문 약자로 가계는 C, 기업은 I, 정부는 G라고 쓴다. 이렇게 보면 'Y(GDP) = C + I + G + (X-M)'이라는 하나의 식이 나온다.

경제학을 배운 사람들은 거의 대부분 여기까지 생각한다. 그런데 진짜 중요한 것은 이것을 돈으로 바꿔서 생각해야 할 뿐 아니라 각 경제 주체의 구성 요소를 하나하나 뜯어서 볼 줄도 알아야 한다는 점이다. 그래야만 진짜 살아 움직이는 경제를 이해할 수 있기 때문이다.

경제 주체를 돈으로 바꿔 보면 한 나라의 경제는 가계의 돈과 기업의 돈, 정부의 돈, 거기다 수출입 차이, 다시 말해 무역수지를 합한 개념으로 생각할 수 있다.

이번에는 각 경제 주체를 구성하는 요소까지 생각해 보자.

구체적으로 가계 부문에선 이 씨네, 노 씨네 등 각 개인들이 얼마나 지출하는가가 한 나라의 GDP를 결정하는 중요한 요소이다. 소비가 늘어나면 GDP가 늘어나고 소비가 줄면 반대의 결과가 나온다. 소비가 GDP 구성에서 차지하는 비중이 매우 큰 미국에서는 특히 과거 소비 위축이 불황이나 공황을 불러왔던 경우가 많았기 때문에 이를 중시하는 지표를 많이 개발해 놓고 있다. 컨퍼런스 보드Conference Board의 소비자 신뢰 지수, 미시건 대학교의 소비자 심리 지수 등이 대표적이다.

기업이 투자를 하느냐 마느냐, 또 거대 기업이 도산하느냐 빠르게 성장하느냐는 GDP 변화에 상당한 영향을 미친다. 그런데 이것도 삼성전자의 투자, 현대자동차의 투자 등으로 세분하여 생각하는 연습을 해야 한다.

다음으로 정부 지출도 챙겨 봐야 한다. 정부가 지출을 늘리면 경제는 좋아진다. 장기적으로 정부가 지출을 너무 늘리면 민간 부문의 영역을 잠식해 역효과가 나온다는 이야기도 있지만 정상적인 경제에서는 정부 지출이 경제를 살리는 효과가 있다고 보면 된다. 정부에는 지방정부가 있고 공공기관도 있는데 역시 이 부분도 챙겨 볼 필요가 있다.

수출입 차이도 전체로 묶어서 생각하지만 실제 경제를 볼 때에는 미국과의 수출입, 중국과의 수출입, 일본과의 수출입, EU와의 수출입 등으로 떼어서 생각하는 습관을 갖는 것이 좋다.

부분을 보는 능력을 키워라

한 나라의 경제를 가계와 기업, 정부 그리고 무역수지의 합이라고 하면 상당히 추상적으로 다가온다. 실제 많은 이코노미스트들이 이런 식으로 보기 때문에 경제의 이슈들을 놓치고 엉뚱한 예측을 하기도 한다. 각 부문의 구체적인 사정을 이해하지 않고 집합적으로 생각하기 때문에 실질 경제 변수들의 움직임을 놓칠 수 있는 것이다.

가령 앞집, 옆집, 이웃집이 모두 돈이 잘 도는 것처럼 보인다면 실제 가계 부문의 자금이 잘 돈다고 볼 수 있다. 그런데 앞집은 괜찮은데 우리 집과 옆집, 뒷집이 좋지 않다면 가계 부문에 자금이 제대로 돌지 않는 것으로 생각해 볼 수 있다.

마찬가지로 삼성전자나 현대자동차 가운데 하나가 투자를 줄이는 경우는 정상적인 상태라고 생각할 수 있지만 삼성전자, 현대자동차 등이 모두 투자를 줄인다면 기업 부문이 삐걱댄다고 할 수 있다.

이처럼 구체적 부문의 자금 사정을 주시해야 경제가 보인다. 이 개념을 그림 1-7과 같이 정리할 수 있을 것이다.

필자는 2000년 6월 말 뉴욕 특파원으로 부임했다. 당시 IT 붐이 한창일 때여서 외관상 경제는 상당히 양호해 보였다. 월가에는 돈이 넘쳐 매일같이 열리는 크고 작은 컨퍼런스에 가 보면 늘 푸짐한 음식을 준비

그림 1-7 GDP의 구체적 분석

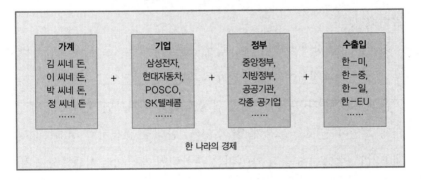

해 놓고 있었다. 그런데 미국 주요 자동차 회사와 통신 업체의 재무분석을 해보고는 깜짝 놀랐다. 이들의 부채 구조를 보니 더 이상 투자할 여력이 없었던 것이다.

재무를 알면 경제가 보인다

미국의 간판 산업인 자동차 업종과 당시 IT 붐을 선도하던 통신 업종의 신규 투자 여력이 없다는 것은 경제가 심각한 위기에 빠졌다는 것을 의미했다. 그런데도 당시 대부분의 이코노미스트들은 경제가 계속 좋아질 것으로 보고 있었다. 다만 일부 이코노미스트들은 경제에 위기가 오고 있다는 필자의 분석에 동의했다. 이런 이야기를 곧장 한국에 보고했지만 대부분은 믿지 않았다. 겨우 2001년 신년호에 조그맣게 기사를 넣을 수 있었다.

그런데 미국 연방준비제도이사회의 공개시장위원회FOMC는 2001년 1월 3일 갑자기 임시 회의를 열어 금리를 0.5퍼센트 포인트나 인하했다. 미국의 중앙은행인 FRB가 그만큼 경제 상황이 심각하다고 본 것이다. 실제 미국 경제는 2000년 4분기부터 침체에 빠졌던 것으로 나중에 밝혀졌다.

이처럼 실물경제에서 비중이 큰 부분들을 구체적으로 들여다보면 향후 경제나 경제정책이 어떻게 전개될 것인지를 사전에 감지할 수 있다. 처음엔 이것이 어려워 보이지만 관심을 갖고 지켜보면 의외로 경제가 쉽게 보인다는 것을 느끼게 될 것이다. 반대로 종전처럼 경제를 '가계+기업+정부+수출입 차이'라는 추상적인 개념으로 이해하려고 하면 실물경제의 움직임을 놓치기 쉽다.

2001년 3월에 나온 한국은행 통화정책 운용에 관한 문건을 보면 경제 인식의 차이가 어떤 것인지 확실히 드러날 것이다.

2001년 1월 3일 미 연준은 정기 회의가 아닌데도 페더럴 펀드 금리를 0.5 퍼센트 포인트 인하하는 전격 조치를 단행한 바 있다. 대부분의 사람들은 이 조치가 예상 외로 빠르게 둔화되는 미국 경기의 연착륙을 유도하기 위한 것이라는 데 의견을 같이하였다. 그러나 영국의 시사주간지 〈이코노미스트〉는 실물 요인과 함께 혹시 미국 금융시장에서 '일반인들은 모르지만 미 연준은 알고 있는' 급박한 사정이 전개되었을 수도 있다는 내용을 완곡한 어조로 보도한 바 있다.

지금은 각 경제 주체를 구성하는 개별 기업의 규모가 예전에 비해 상상할 수 없을 정도로 커졌다. 이 때문에 큰 기업 가운데 한두 군데만 흔들려도 당장 경제에 심각한 영향을 미칠 수 있다. 이런 점에서 정부는 물론이고 개인 투자자들도 중요 기업들의 자금 동향 정도는 관심을 갖고 지켜볼 필요가 있다. 특히 세계 경제가 거미줄처럼 서로 얽혀 있기 때문에 선진국의 특정 다국적 기업에서 문제가 터지더라도 이것이 그 나라뿐 아니라 세계로 파급될 수도 있다. 2007년 발생한 미국 모기지 업체의 부실은 앞으로 일어날 수도 있는 비슷한 사태와 관련해 중요한 본보기가 된다고 할 수 있다.

2

돈에 대한 기본 지식

사람들은 돈을 원하고 있으며 또 돈을 안다고 생각한다. 그런데 그렇게 생각하는 대부분의 사람들이 돈 자체를 제대로 모른다. 그저 세종대왕이 그려진 지폐나 이순신 장군이 새겨진 동전 정도를 돈인 줄로만 아니 돈이 붙을 리 없다. 멀게만 느껴지는 돈과 가까워지기 위해서라도 돈과 친밀해질 필요가 있다. 우선 돈에 대한 각종 용어부터 챙겨 보자.

돈의 종류

요즘은 물건을 사려면 누구나 돈이나 신용카드를 가지고 간다. 이때 돈이나 신용카드는 물건과 교환할 수 있다는 점에서 기능이 같다. 그러므로 카드도 돈의 일종인 셈이다. 이런 인식은 경제를 바로 알기 위해 매우 중요하다. 경제정책 담당자가 돈만 돈이라고 생각하고 카드를 돈이라고 생각하지 않는다면 카드를 통한 모든 거래는 경제 계산에서 제외된다. 통제받지 않고 마구 늘어나는 카드 사용액은 나중에 엄청난 거품을 만들 수 있다. 2002년 말 카드 사태는 그래서 나타났다.

돈과 카드가 모두 돈이라고 했는데, 1970년대까지만 해도 시골에서는 물건을 사려고 쌀 보따리나 계란 꾸러미를 들고 나가기도 했다. 당시 쌀이나 계란은 교환 수단으로 돈이나 마찬가지였던 셈이다. 마찬가지로 지금 우리가 손쉽게 쓸 수 있는 지폐나 동전 따위의 법률적으로 인정받은 돈 이외에도 다양한 형태의 돈이 존재한다. 자기앞수표도 돈이되며, 금덩어리도 돈으로 쓰일 수 있다.

지금 당장은 돈이 아니더라도 앞으로 돈이 될 수 있는 것도 있다. 은행의 예금이 그렇고 약속어음이나 정부수표 등도 돈의 구실을 한다. 채권은 돈하고는 구분되지만 그래도 일정 기간 후에 돈으로 바꿀 수 있다는 점에서 역시 돈의 일부분으로 취급할 수 있다.

앞에서 카드를 돈으로 생각하지 않았을 때 뜻밖의 위기를 맞은 것처럼 돈 구실을 할 각종 증서와 금 등을 돈으로 생각하고 있어야만 경제의 실상을 제대로 이해할 수 있다.

돈에는 또 중앙은행이 금으로 바꿔 주는 돈과 바꿔 주지 않는 돈이 있는데, 바꿔 주는 돈을 태환지폐라고 하고 그렇지 않은 돈을 불환지폐라고 한다. 미국 달러는 예전엔 금으로 바꿔 줬지만 지금은 한국 돈과 마찬가지로 금으로 바꿔 주지 않는다. 이 부분은 돈의 가치와 관련해서 앞으로 중요한 이슈가 될 가능성이 있다. 많은 사람들이 왜 돈 대신 금을 들고 있으려고 하는지, 또 왜 최근 금값이 폭등했는지도 연관해서 생각해 볼 필요가 있다.

돈 가운데 국제적으로 인정해 주는 돈과 그렇지 않은 돈이 있다는 것도 알아 두어야 한다. 한때 중국 관광지에서는 한국 돈이 현지 화폐처럼 사용된 적도 있다. 당시 한국 돈의 가치가 높았기 때문에 중국 돈보다 선호될 정도였다.

우리는 외국과 거래할 때 대부분 한국 원화로 지급하지 못하고 달러로 바꿔서 지급해야 한다. 달러는 국제 화폐이고 원화는 국내 화폐이기 때문이다. 유로화도 일부에서는 달러처럼 쓰이나 아직은 달러가 더 보편적으로 쓰인다. 다만 달러화 가치가 떨어질 가능성이 커지고 있어 유로화가 달러를 대체할 가능성이 꾸준히 제기되고 있다. 일본의 엔화나 영국의 파운드화 등은 상거래에서 쓰이지는 않더라도 국제적으로 돈 자체를 거래할 때는 많이 쓰인다.

이처럼 한 나라 돈이 국제적으로 인정받느냐 그렇지 못하느냐는 그 나라의 경제력과 관련이 있고, 또 투자와도 밀접한 관계가 있다. 이 차이가 나라별 안정성의 차이로까지 연결될 수도 있다.

돈에도 값이 있다

우리가 일한 대가나 물건 값을 돈으로 계산한다고 했는데 그 돈에도 값이 있다. 1만 원을 주고 1,000원짜리로 바꿔 달라면 1,000원짜리 열 장을 주는데 무슨 돈의 값을 따로 매기느냐고 할지 모르겠다. 그러나 호주머니에 돈이 있으면 필요할 때 꺼내 아무것이나 살 수 있다. 주가가 폭락했을 때 주식을 살 수도 있고, 집값이 떨어질 때 집을 싸게 살 수도 있다. 그런데 은행에 예금하면 그런 자유가 줄어들게 되며 투자를 통해 돈을 벌 수 있는 기회를 놓칠 수도 있다. 반면 은행은 그런 예금을 모아 삼성이나 현대를 포함한 여러 기업에 대출해 주면서 이자를 받을 수 있다. 결과적으로 은행은 예금을 하는 수많은 보통 사람들 덕분에 돈놀이를 할 수 있는 셈이다. 은행은 사람들이 예금을 하면 일정한 비율로 대가를 지불하는데, 여기서 일정한 비율이라는 것이 금리이고 지불하는 대가가 이자다. 금리는 돈의 값을 매기는 가장 대표적인 지표로 이자율이라고 부르기도 한다.

은행이 예금을 받아서 대출한다고 했는데, 은행이 예금자들에게 적용하는 금리와 기업에 대출할 때 적용하는 금리에는 차이가 있다. 그 차이를 일컬어 예금과 대출 이자의 차이라고 해서 보통 '예대 마진'이라고 부른다. 예대 마진 덕분에 은행이 먹고사는 것이다.

금리와 비슷한 개념으로 (유통) 수익률이란 것이 있다. 채권을 사고 팔 때 적용하는 금리로서, 보통 '액면 가치 + 알파'로 채권 가격을 매겨 거래하기 때문에 이렇게 부른다.

상대적인 개념으로 할인율이 있다. 보통 어음을 거래할 때 쓰는데 어음의 액면보다 적은 금액을 내주므로 할인율이라고 부른다.

앞에서 말한 예금 금리나 대출 금리 외에 또 다른 종류의 금리도 있다. 은행 간 거래에 적용되는 금리, 중앙은행과 시중은행 사이에 적용되는 금리, 사채업자가 쓰는 금리 등이 모두 다르다.

이처럼 다양한 종류의 금리가 투자 상품의 가치나 수익성을 판단하는 잣대 구실도 한다. 금리가 높을 때는 예금만 해 놓아도 이자를 많이 받기 때문에 위험 부담을 안아 가면서까지 주식이나 채권 등에 투자할 필요가 없다. 반면 금리가 0퍼센트에 가깝게 떨어지면 돈을 들고 있어도 별로 소득이 없기 때문에 주식이나 채권에 투자하는 것이 낫다. 금리는 투자는 물론이고 경제를 이해하는 데도 매우 중요한 지표이기 때문에 뒤에서 좀 더 자세하게 다룰 예정이다.

돈에는 또 다른 종류의 값이 있다. 해외여행을 할 때 미국으로 가려면 달러를 바꾸지만 일본으로 간다면 엔화로 바꾸고 중국에 갈 때는 위안화를 가지고 간다. 이처럼 외국에 나가거나 나라 사이에 거래를 하려면 한국 돈을 주고서 미국 돈이나 일본 돈 등 필요한 나라의 돈으로 바꿔야 한다. 이때 바꾸는 비율은 그 나라의 경제 수준이나 돈에 대한 수요와 맞물려 있다. 그래서 다른 나라의 돈과 바꾸는 비율이 그때그때 달라진다. 이 비율을 환율이라고 하는데 이것도 하나의 돈값이라고 할 수 있다. 일부 국가에서는 다른 나라의 돈과 바꾸는 비율을 시장에 맡기지 않고 정부가 직접 결정한다. 이런 환율 제도를 고정환율제라고 부른다.

한편 돈에는 또 다른 형태의 값이 있는데 그것은 물건으로 매기는 값, 다시 말해 물가이다. 돈값이 떨어지면 물건이 비싸지고 돈값이 비싸지면 물건은 상대적으로 싸진다.

3

금리가 경제를 지배한다

돈을 알면 경제를 알 수 있다고 했는데, 돈의 값인 금리를 알면 돈은 물론이고 경제도 더 잘 알 수 있다. 이 때문에 투자자는 물론이고 기업 관계자나 정책 당국자들도 금리의 특성을 명확히 이해할 필요가 있다.

금리는 기본적으로 돈의 가격을 매기는 수단으로 이용되지만 한편으로는 경제 상태를 측정하는 잣대이자 한 나라의 경제를 좌지우지하는 통화정책 수단으로도 이용된다. 금리의 이 두 가지 얼굴은 언뜻 서로 별개인 듯 보이지만 조금 깊숙이 들여다보면 서로 밀접한 관련이 있다는 것을 알 수 있다. 먼저 통화정책 수단으로서의 금리에 대해 알아보자.

이 부분은 중앙은행이나 정부 차원에서 다루는 주제 같지만 실제로 일반 투자자나 기업에 막대한 영향을 주기 때문에 관심을 갖고 주시해야 한다. 특히 금리의 움직임은 때로는 일반인이 쉽게 알 수 없어 약간은 비밀스럽게 보이기도 하지만 실제 내막을 알고 나면 그런 움직임까지도 예측할 수 있다.

중앙은행이 통화정책을 펴는 수단은 크게 금리와 통화량 조절 등 두 가지로 구분할 수 있다. 예전에는 이 두 가지가 모두 중앙은행의 강력한 도구로 사용되었으나 현재는 금리가 가장 중요한 정책 결정 수단으로 이용되고 있다. 한국은행 금통위는 2001년 1월 정례 회의에서 금리를 총통화 대신 통화정책의 목표 변수로 공식적으로 채택했다. 이런 정책 변경이 어떤 의미를 갖는지 살펴보기에 앞서 우선 한국은행이 사용하는 금리 수단을 자세히 알아보자.

정책 금리의 종류

앞에서 금리의 종류를 개괄적으로 언급했는데, 통화정책과 관련해서 사용하는 금리가 별도로 있다. 한국은행은 현재 기준금리와 총액한도 대출 금리 등 두 가지 금리 잣대를 이용해 통화정책 전반을 조정한다.

기준금리는 중앙은행이 시중은행과 거래할 때 기준으로 삼는 금리 수준으로 공정금리라고도 한다. 한은은 2008년 3월 이전에는 콜금리를 정책 목표로 잡았으나 2008년 3월 금통위에서 정책 목표를 기준금리로 바꾸고 그 대상을 1주일물 환매조건부채권RP 금리로 정했다.

현재 기준금리는 공개시장조작을 위해 한은이 매각하는 7일물 RP의 고정 입찰 금리나 사들이는 7일물 RP의 최저 입찰 금리, 대기성 여수신(자금 조정 대출 및 자금 조정 예금) 금리 산정 기준으로 활용하고 있다.[6]

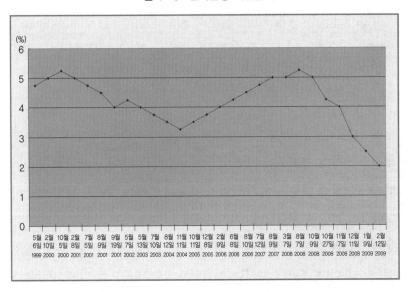

그림 1-8 한국은행 기준금리

그렇다면 실제 이렇게 정한 기준금리는 어떻게 적용될까?

시중에 돈이 모자란다고 판단되면 한국은행은 RP를 사들이는데, 그만큼 한은이 보유하고 있는 돈이 시중은행으로 나가는 것이어서 시중에는 돈이 풀리게 된다. 반대로 시중에 돈이 넘치거나 은행 금고에 돈이 남아돌면 한은은 RP를 매각해 이 자금을 흡수한다. 그대로 놔둘 경우 인플레이션을 부추길 위험이 있기 때문이다.

RP 매각은 한은이 채권을 파는 것이므로 은행 금고에 있던 돈이 한국은행의 금고로 들어가게 된다. 이때 시중금리 수준과는 상관없이 기준금리를 적용한다. 이런 과정을 통해 시중금리를 한은이 의도하는 수준으로 유도하는 것이다.

---

6) 2008년 3월 금융통화위원회 관련 보도자료

표 1-2 총액한도대출 추이

(조 원)

배정 월	94.3	97.2	98.3	01.1	01.10	02.10	07.1	07.7
총한도	8.8	3.6	5.6	9.6	11.6	9.6	8.0	6.5

자료 : 한국은행

총액한도대출은 시중은행에 대해 중소기업이나 지방에 적극적으로 대출을 하라고 장려하기 위해 마련한 제도다. 처음엔 은행들이 중소기업이나 지방에 대출을 하지 않았기 때문에 은행이 대출을 하면 한은이 그만큼의 자금을 지원했다. 여기서 한은이 지원하는 자금의 금리는 은행에 장려금을 주는 차원에서 정하는 것이어서 기준금리보다도 훨씬 낮은 수준이다. 은행으로서는 총액한도대출 명목으로 받은 자금으로 중소기업이나 지방에 대출하면 일반 예금을 받아서 대출한 것보다 예대 마진이 커지는 효과가 있다. 이 때문에 은행은 이익이 나는 대출을 적극적으로 늘릴 것이라고 보고 지원하는 자금을 일정 수준에서 묶어둔 것인데 이것이 바로 총액한도대출이다. 나중에는 지원 수준을 수시로 조절해 시중 통화량을 관리하는 하나의 수단이 됐다. 실제 한은은 중소기업 등에 대출이 너무 나갔다고 판단되면 이 한도를 줄이고, 반대의 경우에는 이 한도를 늘린다.

알아 두어야 할 시중 금리

시중 금융기관에서 적용하는 금리에는 기간에 따라 초단기인 콜금리를 비롯해 단기 금리인 CD 금리, 장기 금리인 회사채 수익률이나 국고채 수익률 등이 있다. 또 증권사 상품인 CMA나 MMF 등의 금리도 있다. 이 가운데 CD 금리는 시중은행이 대출할 때 적용하는 금리의 기준이 되므로 관심을 기울일 필요가 있다. 이 금리를 기준으로 신용도나 대출 조건 등을 감안해 일정 수준의 금리(가산 금리)를 더해서 최종 금리 수준을 정한다. 이 때문에 CD 금리가 올라가면 대출받은 사람은 금리 부담이 커진다고 보면 된다.

3년 이상 회사채 수익률이나 국고채 수익률은 기업들이 투자를 결정하는 데 중요한 참고 자료가 된다. 장기 금리가 높으면 시중의 자금 사정이 좋지 않을 가능성이 크기 때문에 투자가 위축된다고 보면 된다.

국고채 수익률은 부도 위험이 없는 채권에서 얻는 수익률이므로 주식이나 다른 채권의 투자 여부를 판단하는 지표 구실을 한다. 국고채와 회사채의 금리 차이(금리 스프레드라고 부름)를 이용해 시중 자금 사정을 판단하기도 한다. 시중에 자금이 귀해지면 이 격차가 벌어진다. 기업들의 신용이 불안해질 때도 격차가 벌어진다.

단기 금리는 장기 금리보다는 낮게 형성되는 것이 정상이다. 장기간 대출을 해줄 경우 신용도에 영향을 받을 가능성이 아무래도 크기 때문이다. 그러나 자금 시장에 교란 요인이 생기면 일시적으로 단기 금리가 장기 금리보다 높게 형성되는 금리의 역전 현상도 생긴다. 이런 현상이 나타나면 경제가 매우 불안한 상태로 보아야 한다. 투자자로서는 위기이자 기회라고 생각하고 상황을 종합적으로 판단해 신속하게 대응해야 할 것이다.

종합적인 금리 정보는 한국은행 경제통계시스템에 들어가면 쉽게 구할 수 있다. 경제통계시스템에서는 콜금리와 국채(3년), 회사채(AA-급), 통안증권(364일물), 국고채(5년) 등의 주요 금리와 금융 상품인 MMF(7

일), CD(91일물), CP(91일물), CMA(180일 기준), 단기 채권형(180일), 장기 채권형(1년) 등의 금리 추이가 나와 있다.

금리를 내리면 돈이 풀린다

한은이 기준금리를 내리면 이론적으로 통화량을 늘리는 것과 비슷한 효과가 있다. 기준금리가 낮아진다는 것은 은행의 입장에서 보면 돈이 필요할 때 한은에 적은 이자만 주고도 돈을 빌려 올 수 있다는 이야기가 된다. 이 때문에 은행은 금리가 내려가면 적극적으로 대출을 늘리려고 한다. 만약 금리가 높은 장기 채권이 있다면 저금리의 단기자금을 빌려서 금리가 높은 장기 채권을 사들여 차익을 내려고 한다. 금통위에서 단기 금리만 내려도 이런 과정을 통해 장기 금리까지 내려가게 한다. 이때 금리를 내린다는 말은 채권 가격 상승과 같은 의미로도 쓰인다. 반대로 금리 인상은 채권 가격 하락을 의미한다.

금리가 내려가면 기본적으로 채권에 대한 수요가 종전보다 늘어나는 것은 물론이고, 만기가 긴 채권을 낮은 금리로 할인한다고 할 때 현재가치가 높아지는 효과도 생기기 때문이다.

금융기관들이 경쟁적으로 장기 채권을 사들이면 장기 채권의 금리가 내려갈 것이다. 그러면 은행들은 채권 투자의 이점이 사라졌다고 생각해 다음 단계로 대출을 늘리게 된다. 은행이 대출을 늘리는 만큼 시중에는 자금이 풍부하게 돌아가고, 시중에 자금이 풍부해지면 기업들은 투자와 고용을 늘릴 것이므로 경제를 활성화하는 효과가 생긴다.

여기서 우리는 '금리 인하 → 채권 가격 상승 → 시중 자금 풍부 → 투자 확대 → 경제 활성화'라는 또 하나의 공식을 생각할 수 있다.

증권시장에서는 중앙은행이 금리를 내리는 것이 호재로 작용한다. 경기가 활성화될 것이라는 기대감 때문에 우선 투자 심리가 살아날 수 있다. 아울러 시중에 유동성이 풍부해지므로 증권시장으로도 여유 자금이 들어와 수요를 확대하는 효과도 있다. 반대의 이유로 금리를 올리는 것은 증시에서는 악재로 해석된다. 그렇지만 이런 것은 모두 금융시장이 정상적으로 작동될 때에 한해서 그렇다. 금융시장이 정상적으로 작동하지 않으면 아예 효과가 나타나지 않거나 이론과는 다른 방향으로 효과가 나타날 가능성도 있다는 것을 항상 염두에 두어야 한다. 금리와 관련한 추가적인 내용은 뒤에 채권을 설명하면서 다시 다룰 예정이다.

4

경제를 실제로 움직이는 통화량

　돈의 값인 금리는 경제를 좌지우지하는 중요한 변수일 뿐 아니라 경제 흐름을 이해하는 수단이기도 하다. 그렇다면 금리의 실물인 돈은 경제와 관련해서 어떤 역할을 할까? 단순히 금리가 힘을 발휘하는 데 보조적인 역할만 하는 것일까?

　그렇지는 않다. 금리가 중요하기는 하지만 금리를 움직였을 때 효력이 나타날 수 있는 것은 실물인 돈이 움직이기 때문이다. 돈이 돌지 않는다면 아무리 금리를 움직여도 효과는 나타나지 않으며, 이때 금리는 거울 속의 허상과도 같은 존재일 뿐이다.

　이 점에서 돈에 대해 새롭게 알 필요가 있다. 우선 통화량이 경제와 어떤 관계에 있는지부터 보자.

　돈이 풀리면(통화량이 늘어나면) 경제가 잘 돌아가는 효과가 있다. 돈이 들어오면 사람들은 물건을 사려 하고, 수요가 늘어나는 만큼 기업은 물건을 더 많이 만들려고 하기 때문이다. 게다가 시중에 돈이 풀렸다고 판단되면 기업은 돈을 쉽게 얻을 것으로 보고 투자도 확대한다. 따라서 고용이 늘어나고 월급이 나가는 만큼 또 새로운 소비 수요가 생긴다.

돈이 일정 수준 이상으로 풀리면 물가가 올라갈 위험이 커진다. 물가가 지나치게 오르면 여러 가지 부작용이 생기므로 통화량을 적정 수준에서 통제할 필요가 있다.

반대로 돈을 거둬들이면(통화량이 줄어들면) 경제는 숨고르기 단계로 들어간다. 돈이 줄어들면 사람들은 그만큼 소비를 줄이며, 기업들은 경기가 식을 것으로 보고 생산량과 투자를 축소하고 인력 구조 조정에 들어가 고용도 줄인다. 통화량을 적정 수준 이하로 줄이면 경기가 위축되어 심하면 침체에 빠질 수도 있다.

이처럼 통화량은 경기 흐름을 예측하는 잣대가 될 수 있다. 기업이나 투자자 입장에서는 투자를 할 것인지 말 것인지를 판단하는 중요한 기준이 된다.

통화량과 유동성

그렇다면 통화량 정보는 어떻게 구할 수 있을까?

돈의 종류가 상당히 다양하기 때문에 어떤 돈을 기준으로 할 것인지, 또 어떤 형태의 돈을 포함할 것인지에 따라 통화량은 달라진다. 이 때문에 통화량을 모든 사람이 보편적으로 이해할 수 있게 하려면 하나의 기준이 필요하다. 그 기준을 배우기 전에 우선 돈과 관련해서 많이 쓰이고 있는 '통화'와 '유동성'이란 개념부터 살펴보자.

'통화'는 말 그대로 거래할 때 보편적으로 사용할 수 있는, 정부가 발행한 종이돈이나 동전 등을 말한다. 현금과 같은 효력이 있는 요구불예금도 통화의 개념에 포함된다. '유동성'은 통화와 대비되는 개념인데 경제학적으로는 필요한 시기에 자산을 현금으로 바꿀 수 있는 정도를 나타낸다.

예를 들어 CMA나 MMF와 같은 단기 금융 상품에 투자하여 이런 상품을 바로 현금으로 바꾸어서 쓸 수 있는지를 따질 때 쓰는 용어다. 현금으로 바꿀 수 있으면 유동성이 있다고 하고, 반대로 현금으로 바꾸기 어렵다면 유동성이 떨어진다고 한다. 이 기준으로 보면 화폐가 가장 유동성이 높고 채권은 유동성이 떨어진다고 할 수 있다.

그런데 최근에는 이 단어를 그냥 화폐라는 개념으로 쓰거나 돈이 흘러가는 정도를 나타내는 의미 등으로 확대하여 사용하고 있다. 단어의 뜻을 보면 명확히 구분을 해줘야 하지만 이미 중앙은행을 비롯한 금융권에서 구분 없이 사용해 그런 의미가 굳어진 상태이므로 그대로 따라가는 수밖에 없다.

이제 본격적으로 통화량 계산 방법을 배워 보자.

통화량 계산 기준은 세계적으로 거의 비슷한데, 한국은 2006년에 유동성 지표라는 기준을 만들어 함께 쓰고 있다. 통화와 유동성 지표에는 다음과 같은 다섯 가지가 사용된다.

- **현금통화M0** : 한국은행처럼 화폐 발행권을 가진 중앙은행이 직접 발행한 지폐나 동전을 들 수 있다. 이것을 현금 통화라고 하며 외국에서는 M0라고 부른다.

- **협의의 통화M1** : 엄격하게 분류했을 때 현금과 같은 정도의 이용 가능성을 가진 지불 수단을 말한다. 현금 통화와 함께 은행의 요구불 예금, 수시 입출이 가능한 저축성 예금도 포함된다. 미국에서는 현금 통화에 수표 계좌, 여행자 수표 등을 더하는데, 이는 수표 계좌가 있으면 누구나 개인 수표를 발행할 수 있기 때문이다. 한도 내에서 결제를 할 수 있는 데빗 카드Debit Card도 포함된다.

- **광의의 통화M2** : 총통화라고 하며, M1에다 언제든 원하면 현금으로 인출할 수 있는 저축성 예금까지 포함한 개념이다. 저축성 예금이라도 소유자가 마음만 먹으면 해약해서 현금으로 사용할 수 있기 때문이다. 실제로는 M1에다 만기 2년 미만의 정기 예금이나 적금 부금 또는 실적 배당형 상품과 금융채, 투신사나 증권사의 저축성 상품, 종금사 발행 어음 등을 더해 산출된다. 미국에서는 M1에다 10만 달러 미만의 저축성 예금과 개인용 머니마켓 상품 들을 포함하는데 인플레이션을 예측하는 핵심 경제지표로 매우 중요하게 취급된다.

- **금융 기관 유동성Lf** : 종전에 M3로 분류하던 것을 2006년에 기준을 바꾸며 새로 이름을 붙였다. M2에다 만기 2년이 넘는 저축이나 금융채, 증권사 예수금, 생명보험 회사나 우체국의 보험 계약 준비금, 농협 등의 보험이나 공제 등을 포함한다. 미국에서는 M3 계산 때 M2에 장기 저축 상품과 금융기관 MMF 등을 더한다. 그러나 2006년에 그린스펀이 물러나면서 M3 통계 자체를 없애 버렸다.

- **L(광의의 유동성)** : 금융기관 유동성에다 정부나 지방정부, 공공기관, 기업이 발행한 모든 채권이나 RP, 기업 어음 등 모든 금융 상품을 더한 개념이다.

왜 통화량을 보아야 하나

시장 기능을 중시하는 이코노미스트들은 금리만 조절하면 통화량은 자연히 따라서 움직인다고 믿는다. 그래서 금리를 경제정책의 가장 중요한 잣대이자 수단으로 삼고 있다.

그런데 시장 기능이 제대로 작동하지 않을 때도 있다. 그런 상황에서는 금리를 내려도 돈이 돌지 않을 수가 있다. 만성적으로 돈이 부족하거나 동맥경화에 걸린 것처럼 돈 흐름 자체가 꽉 막히면 이런 사태가 생길 수 있다. 실제로 위기가 생겨 재무 건전성이 위협받을 것 같으면 은

표 1-3 통화 및 유동성 지표별 구성 내역

			L(광의 유동성) (말잔 : 2,268.9)ᵖ
		Lf(금융기관 유동성) (평잔 : 1,863.9)ᵖ (말잔 : 1,846.3)ᵖ	정부, 기업 발행 유동성 상품 등 (말잔 : 422.6)
	M2(광의 통화) (평잔 : 1,436.3) (말잔 : 1,425.9)	예금 은행 및 비은행 금융기관 기타 예수금 등 (평잔 : 427.6) (말잔 : 420.4)	(좌 동)
M1(협의 통화) (평잔 : 323.7) (말잔 : 330.6)	정기 예적금 등 2년 미만 금융 상품 (평잔 : 1,112.6) (말잔 : 1,095.3)	(좌 동)	(좌 동)
결제성 예금 (평잔 : 300.5) (말잔 : 307.2)	(좌 동)	(좌 동)	(좌 동)
현금 통화 (평잔 : 23.2) (말잔 : 23.4)	(좌 동)	(좌 동)	(좌 동)

2008년 12월 말 현재 기준, 단위 : 조 원

표 1-4 통화 지표와 유동성 지표의 포괄 범위 비교

통화 지표[1]	**M1**	= 현금 통화+요구불 예금+수시 입출식 저축성 예금
	M2	= M1+정기예·적금 및 부금*+시장형 상품+실적 배당형 상품*+금융채*+기타 (투신 증권 저축, 종금사 발행 어음) * 만기 2년 이상 제외
유동성 지표	**Lf** (종전 M3)	= M2+M2 포함 금융 상품 중 만기 2년 이상 정기 예적금 및 금융채 등+한국 증권금융(주)의 예수금+생명보험 회사(우체국 보험 포함)의 보험 계약 준비금+농협 국민생명공제의 예수금 등
	L	= Lf+정부 및 기업 등이 발행한 유동성 시장 금융 상품(증권회사 RP, 여신 전문 기관의 채권, 예금보험공사채, 자산관리공사채, 자산 유동화 전문회사의 자산 유동화 증권, 국채, 지방채, 기업 어음, 회사채 등

주 : 1) 예금 취급 기관 대상 : 중앙은행, 예금은행, 종합금융회사, 투자신탁,
신탁회사, 상호저축은행, 신용협동기구, 우체국 예금 등
자료 : 한국은행

행들은 돈줄을 틀어쥐고 풀지 않는다. 이런 때는 중앙은행이 아무리 금리를 낮춰도 돈이 돌지 않는다. 제법 큰 기업이 부도를 내거나 금융기관 가운데 어느 한 곳이 위기에 봉착해도 비슷한 사태가 벌어진다. 때로는 돈이 너무 풀려서 경제가 위험에 빠질 수도 있다. 우리는 이미 IT 버블 붕괴나 카드 사태 등으로 그런 경우를 겪었다. 이런 이유로 일반 투자자나 정책 결정자는 금리와 함께 통화량의 움직임도 반드시 관심을 두고 지켜보아야 한다.

5

금리냐 통화량이냐

돈이 경제의 거울이라고 했는데, 금리는 돈의 거울쯤 된다. 금리가 경제를 움직이는 것은 거울 속의 거울이 현실을 움직이는 것이나 마찬가지다. 무슨 공상과학 소설이나 추리 소설의 한 대목처럼 들릴지도 모르지만, 금리나 돈은 경제를 이해하거나 투자를 하려면 반드시 알아야 하는 중요한 대상이자 개념이다. 그렇다면 실체가 있는 돈의 총량인 통화량과 추상적 개념인 금리 가운데 어느 것이 더 중요할까?

금리를 선택한 한국은행

과거 한은은 통화량으로 경제를 운용했다. 1960년대 이후 한은은 직접 통화량을 조절하면서 경제정책을 조율했다. 당시에는 여러 통화 지표 가운데 M2를 기준으로 통화정책을 집행했다. 인플레이션 타기팅 Inflation Targeting을 통화정책의 목표로 삼은 미국의 연준FRB이 지켜보고 있는 지표와 같은 것이다. 그런데 외환위기를 맞으면서 한은의 정책 수단이 깨졌다. IMF의 구제 금융을 받으면서 한은은 IMF 측과 협정을 체결하여 통화정책의 목표 변수를 본원통화(M0 개념)와 총통화(M3)로 변경했다. 동시에 IMF의 권고를 수용하여 공개시장조작금리(RP를 사거나 팔면서 적용하는 금리)를 35퍼센트로 맞췄다. 초고금리 정책으로 많은 부작용이 나타나자 한은은 몇 달 뒤 금리 목표를 점차 하향 조정했는데 이와 함께 M3를 통화정책의 목표 변수로 정하여 2000년까지는 통화량도 관리했다.

결과적으로 1998년부터 2000년까지는 금리와 통화량이 모두 한은의 정책 목표이자 수단이었던 셈이다. 그런데 금통위는 2001년 1월 정례회의에서 금리(콜금리)를 총통화(M3)를 대신할 통화정책의 목표 변수로 공식 채택했다. 이 원칙은 이후 계속 이어지고 있다. 다만 2008년 3월부터 콜금리 목표를 RP 금리 목표로 수정했을 뿐이다.

2001년 당시 금통위는 인플레이션 타기팅 시스템을 계속 유지할 것, 콜금리를 통화정책 운용 목표 변수로 계속 활용할 것, 통화 총량 지표인 M3는 감시 지표로 활용할 것 등을 의결했다. 금리가 명실상부한 통화

표 1-5 한국의 통화정책 목표 변천 추이

통화량(M2) →	통화량(M0, M3) 및 금리 →	금리(콜금리) →	금리(RP 금리)
외환위기 전	IMF 체제	2001년 1월	2008년 3월

정책 수단으로 등장한 것이다.

한은이 통화량 대신 금리를 정책 목표이자 수단으로 삼게 된 것은 통화량 지표가 들쭉날쭉해서 신뢰할 수 없다는 이유에서다. 기업은 물론이고 개인 투자자들도 외환위기 이전과는 비교가 되지 않을 정도로 금리에 민감하게 반응하기 때문에, 금리를 조금만 움직여도 시중 자금이 이리저리 쏠리므로 M2나 M3 모두 변동 폭이 너무 커졌고 유효성도 떨어졌다는 것이다.

이 같은 한은의 설명은 얼핏 들으면 타당성이 있어 보이지만 바뀐 환경에 적극적으로 대처하기보다는 소극적으로 대응했다는 느낌이다. 한은의 이 같은 자세는 결과적으로 국내 금융시장에 엄청난 유동성 과잉 사태를 초래하고 그로 인해 국가적으로 크나큰 대가를 치르게 만들었다. 그 이유를 보기 전에 통화량이 어떻게 늘어나는지에 대해 먼저 배울 필요가 있다.

누구나 돈을 만들 수 있다

원래 돈(은행권)은 한국은행에서만 발행할 수 있다. 한은이 1억 원을 발행했다면 시중에는 1억 원만 있어야 한다. 그런데 누군가 그 1억 원을 예금하면 은행은 그 예금 가운데 일정액(지불준비금)만 남기고 대출을 해 준다. 가령 지불준비금을 10퍼센트 두어야 한다면 은행은 9,000만 원까지 대출을 할 수 있다.

대출받은 사람은 그 돈을 바로 사용하는 것이 아니므로 일단 은행에 예금한다. 은행은 새로 들어온 예금 9,000만 원 가운데 또 일정액(900만 원)만 남기고 대출을 해 준다. 두 번의 과정만으로 은행은 1억 7,100만 원만큼을 대출했다. 세 번, 네 번 계속 그런 과정을 반복하면 은행이 대출하는 돈은 계속 늘어난다. 한은에서는 1억 원만 찍어서 내보냈는데 은행을 돌면서 실제 돌아가는 돈은 1억 원이 훨씬 넘는다. 이렇게 돈이 늘어나는 것을 신용 창출이라고 한다.

예전에는 이 같은 신용 창출이 주로 은행을 통해서만 이루어졌다. 그런데 이제는 사정이 달라졌다. A라는 사람이 5,000만 원짜리 약속어음을 발행했다고 하면 그것은 돈은 아니지만 돈이나 마찬가지로 실제 상거래에서 쓰일 수 있다. B라는 회사에서 1억 원의 회사채를 발행했다고 하면, 그 회사채 역시 현금은 아닌데 현금처럼 돌아다닌다.

은행이 아니더라도 각 경제 주체가 돈 기능을 하는 신용을 계속 만들어 낼 수 있다. 그래서 경제에는 실질적으로 한은에서 만들어 낸 돈보다 훨씬 많은 양의 돈이 돌아간다. 그것이 어떤 결과를 낳는지 살펴보자.

2008년 12월 평균 잔액 기준으로 현금 통화는 23조 2,000억 원에 불과하다. GDP가 900조 원이 넘는 나라에서 돌아다니는 현금이 그리 많은 것 같지는 않다. 그런데 요구불 예금을 포함한 M1은 323조 7,000억 원이나 된다. 같은 시기에 M2는 1,436.3조 원이고 Lf는 1,863.9조 원이나 된다. 민간에서 상상을 초월할 정도로 많은 돈을 만들어 내는 셈이다.

이번엔 민간에서 만들어 내는 돈이 일정 기간 동안 얼마나 빨리 늘어나는지를 보자.

2004년부터 2008년까지 M1은 5.5퍼센트만 늘어난 데 반해 M2는 54.5퍼센트나 늘었다. 불과 4년여 만에 이처럼 많은 돈이 늘었다는 것은 경제에 심각한 버블이 생길 수밖에 없음을 의미한다. 한은에서는 이렇게 늘어나는 신용을 내생적 통화라고 부른다. 통화 시스템 속에서 자

표 1-6 통화 및 유동성 지표 총량 추이

(단위: 조 원, %)

		2004년	2005년	2006년	2007년	2008년 8월	9월	10월	11월	12월
평잔	M1(협의 통화)[1]	306.8 (8.3)	332.9 (8.5)	330.1 (-0.8)	312.8 (-5.2)	304.5 (2.2)	307.1 (2.7)	310.6 (4.2)	316.3 (5.5)	323.7 (5.2)
	M1-MMF	258.2 (4.5)	273.9 (6.1)	296.6 (8.3)	303.9 (2.4)	304.5 (2.2)	307.1 (2.7)	310.6 (4.2)	316.3 (5.5)	323.7 (5.2)
	M2(광의 통화)	929.6 (4.6)	994.0 (6.9)	1,076.7 (8.3)	1,197.1 (11.2)	1,386.1 (14.7)	1,395.7 (14.5)	1,404.0 (14.2)	1,426.2 (14.0)	1,436.3 (13.1)
	Lf(금융기관 유동성)	1,260.5 (6.1)	1,348.8 (7.0)	1,454.9 (7.9)	1,603.5 (10.2)	1,810.5 (11.8)	1,831.3 (12.2)	1,845.7 (11.9)	1,859.3 (11.4)	1,863.9 (p10.4)
말잔	M1(협의 통화)[1]	321.7 (7.6)	332.3 (3.3)	371.1 (11.7)	316.4 (-14.7)	307.5 (4.8)	315.2 (3.7)	315.9 (3.9)	322.9 (5.2)	330.6 (4.5)
	M1-MMF	267.2 (1.1)	301.8 (12.9)	330.3 (9.5)	316.4 (-4.2)	307.5 (4.8)	315.2 (3.7)	315.9 (3.9)	322.9 (5.2)	330.6 (4.5)
	M2(광의 통화)	954.7 (6.3)	1,021.4 (7.0)	1,149.3 (12.5)	1,273.6 (10.8)	1,394.0 (15.3)	1,392.4 (13.5)	1,411.4 (13.4)	1,427.9 (13.3)	1,425.9 (12.0)
	Lf(금융기관 유동성)	1,295.8 (7.1)	1,391.6 (7.4)	1,538.3 (10.5)	1,691.6 (10.0)	1,821.2 (12.4)	1,827.7 (11.3)	1,841.4 (10.6)	1,856.8 (10.5)	1,846.3 (p9.1)
	L(광의 유동성)	1,518.9 (7.3)	1,653.2 (8.8)	1,839.0 (11.2)	2,051.1 (11.5)	2,233.4 (13.3)	2,232.8 (12.1)	2,247.9 (11.5)	2,270.9 (11.5)	2,268.9 (p10.6)

주: 괄호 안은 전년 동기 대비 증감률(퍼센트)
1) 2005년 11월 21일부터 익일 환매 제도가 적용된 법인 MMF 제외,
2007년 3월 22일부터는 미래 가격 제도가 실시된 개인 MMF도 제외
자료: 한국은행

생적으로 생겨나는 통화이기 때문에 통제할 수 없다는 것인데, 결과적
으로 통화 당국이 돈의 값인 금리로 경제를 재고 조율하면서부터 경제
의 실상을 놓칠 가능성이 커졌고, 그 때문에 경제의 위험을 제대로 감지
할 수 없게 됐다고 할 수 있다. 이제부터 그 문제점들을 사례를 통해 짚
어 보고 어떻게 대응해야 할지를 생각해 보자.

6

유동성을 알면 경제 위기가 보인다

이제까지 경제를 이해하는 데 가장 중요한 금리와 통화에 대해 기본
적인 내용들을 보았다. 평상시 경제를 이해하는 데는 이 정도만 해도
충분할 것이다. 그러나 잃지 않는 투자를 하려면 경제 시스템에 어떤
위험이 일어날 수 있는지도 알아야 한다. 이제부터 통화 지표를 이용해
위기를 미리 예상하고 대처하는 연습을 해 보자.

통화증가율 그래프의 비밀

그림 1-9의 그래프는 한국은행의 경제통계시스템을 이용해 광의의
통화M2와 금융기관 유동성Lf을 전년 동기와 대비해 증감률로 나타낸 것

그림 1-9 통화 증가율 추이

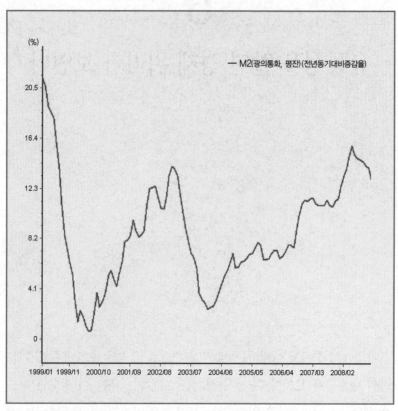

자료 : 한국은행

이다. 그래프에서 갑자기 위로 솟은 부분은 통화량이 급격히 늘어난 때
를 나타낸다. 또 급격히 떨어진 부분은 금융 경색이나 신용 경색이 나
타나고 있는 구간이라고 보면 된다.

외환위기 이전의 한국은 만성적인 자금 부족 상태가 지속됐다. 그 때
문에 사실 이 그래프가 특별한 의미를 갖지는 못했다. 당시는 통화량을
정책의 목표로 삼아 경제 사이클에 적절히 맞춰 갈 수 있었다. 그러나
외환위기가 지나고 금리를 통화정책의 목표 변수로 사용하면서 통화량

은 관심권 밖으로 서서히 멀어져 갔다. 그래서 통화 증가율 그래프는 위기와 교묘하게 맞아떨어지는 모습을 보여 주고 있다.

우선 외환위기가 수습되면서 급격히 떨어졌던 통화 증가율은 2002년 들어 가파르게 늘어났다. 이는 당시 카드 회사를 통해 시중 유동성이 급격히 늘어나는 것과 맞아떨어지고 있다. 특히 2002년 연말에는 대선도 있었다. 그래프를 볼 때 통화 당국이 시중 유동성을 넘치도록 풀어 놨다는 것이 그대로 드러난다.

통화 증가율은 2002년 12월을 정점으로 급격히 감소한다. 노무현 전 대통령이 신용 없는 사람들에게 카드를 남발해 가며 자금을 빌려 줬다고 지적하면서 과격할 정도로 자금 회수가 이뤄지던 상황을 나타내는 것이다. 당시 금융 당국은 카드사에 대출해 줬던 85조 원 가운데 35조 원 가량을 1년도 안 되어서 회수했다. 시중 자금난이 얼마나 심해졌는지는 당시 상황을 아는 사람은 모두 기억할 것이다.

급감하던 통화 증가율은 2003년 12월을 저점으로 다시 상승세로 돌아섰다. 경제가 비로소 숨을 쉬게 된 것이다. 그런데 통화량은 고삐 풀린 망아지처럼 통제가 안 되고 늘어났다. 2006년부터 부동산 거품론이 강하게 제기되면서 통화 당국도 긴축 정책에 동참해야 한다는 주장이 강하게 제기됐지만 이 그래프는 통화 당국이 전혀 동조하지 않았음을 보여 준다. 부동산 거품을 잡으려는 정부의 의도와 달리 한은은 통화량이 늘어나는 것을 전혀 통제하지 않았다고 할 수 있다. 이는 인플레이션 억제라는 중앙은행의 가장 큰 목표와도 거리가 있는 것이다. 이 점에선 한은이 통화량 목표를 포기한 것이 바람직한 선택이었다고는 보이지 않는다. 어찌됐건 통화량이 급격히 늘어나면 경제 위기가 생긴다는 것을 이 그래프는 설명하고 있다.

통화량 그래프로 위기와 투자 적기 판단하기

통화 증가율 그래프는 이 책에서 가장 중요한 부분 가운데 하나라고 할 수 있다. 이 그래프로 경제 위기가 다가오고 있음을 감지할 수 있기에 투자와 관련해서도 매우 유용하게 쓸 수 있기 때문이다. 지금까지 어떤 경제학자도 통화 증가율과 경제 위기의 상관관계를 분석하려고 시도조차 하지 않았다. 그렇기 때문에 이 그래프가 어떤 의미를 갖는다고 제3자의 의견을 들어서 설명할 수는 없다. 또 그래프의 어느 지점에서 위기가 폭발하는지에 대해서도 추가 연구가 필요하다.

분명한 것은 이 그래프의 정점은 투자 재산을 모두 잃을 수도 있는 대형 위기가 발생하는 시점과 맞물려 가고 있다는 점이다. 2002년의 카드 사태 때나 2007년부터 시작된 금융 위기가 모두 그렇다. 이런 점에서 그래프의 정점이 오기 전에 위험 회피에 나서는 것이 바람직하다고 할 수 있다.

필자가 짐작하기로는 그래프가 바닥에서 올라오기 시작해 4분의 3 정도(종전 곡선 기준)에 이를 때부터 위험을 피하기 시작하는 것이 적절하다. 실질적으로 그 수준이 되면 경제의 각 부문에서 조금씩 위험을 경고하는 소리가 나오기 시작한다. 통화 당국이나 정책 당국 역시 그래프가 정점에 가기 전에 그 수준에서 통제를 시작할 필요가 있다.

투자자들은 이 그래프를 커다란 투자 사이클을 판단하는 데도 사용할 수 있다. 그래프의 저점에서 4분의 3이 되는 지점부터 정점을 통과해 다시 4분의 3 정도까지 내려오는 구간을 경제의 위험이 최고조로 높아지는 시기로 보면 된다. 이 구간에서는 위험을 최대한 회피하는 전략이 필요하다. 반대로 그래프가 내려가다가 중간 수준부터 저점을 확인하고 상승하는 구간은 시장의 위험이 크게 낮아지는 구간으로 볼 수 있다. 이 구간에서는 조금은 공격적으로 투자를 해도 좋을 것이다. 이것은 시가총액이 GNP의 70퍼센트 수준까지 내려올 때, 다시 말해 경제가 아주 어려울 때 투자하는 워런 버핏의 자세와도 맥을 같이한다.

월가에는 '연준에 맞서지 말라Don't fight the Fed'는 격언이 있다. 중앙은행과 맞서 위험을 자초할 필요는 없다는 이야기이다. 그렇지만 중앙은행의 잘못으로 위기가 온다면 적절히 피하고, 또 그것을 기회로 삼아 적극적인 투자에 나설 필요는 있을 것이다.

그래프를 구하는 방법

통화 증가율 그래프는 전문가뿐 아니라 일반인들도 무료로 쉽게 구해 볼 수 있다. 다만 어디서도 이 그래프를 그대로 제공해 주지는 않으며 한국은행도 이 그래프를 이용한 자료를 거의 내지 않았다. 이 때문에 통화 증가율 그래프를 검색한다고 해서 이런 형태의 그래프가 떠오르지는 않을 것이다. 그래프를 찾는 방법은 다음과 같다.

● 한국은행 홈페이지에 접속한다.
● 홈페이지에서 '경제통계시스템'으로 들어간다.
● 경제통계시스템에서 '통화 금융'을 클릭한다.
● 통화 금융 중 M2와 Lf를 체크한다(말잔의 경우 특이성이 발생할 수도 있으므로 평잔을 체크한다).
● 검색 주기는 '월'로 하고 기간과 데이터 개수를 적절히 잡는다. 가령 1998

년 이후면 1년에 12개월이 있으므로 130개 정도 데이터를 잡으면 원하는 기간을 볼 수 있다. 외환위기 이전에는 한은이 직접 통화량을 관리했기 때문에 의미가 없으므로 볼 필요가 없다.

- 조회를 클릭한다. 이때 증가율이 아닌 통화량 통계가 나온다.
- 자료를 '전년 동기 대비 증감률'로 변환한다. 검색 원자료를 누르면 바꿀 수 있다.
- 변환이 되었으면 증가율이 나올 것이다. '차트로 보기'를 클릭하면 그래프가 나온다.

이렇게 나온 그래프를 해석하면 된다. 그래프 선상의 각 시기에 어떤 상황이 벌어졌는지를 찾아 대입하다 보면 자연스레 미래의 움직임이 그려질 것이다.

7

유동성 위기는 반복된다

비장의 무기인 통화 증가율 그래프도 같은 국면이 더 이상 반복되지 않는다면 의미가 없겠지만, 유감스럽게도(?) 통화 증가율의 급등락은 앞으로도 계속 반복될 것이다. 이런 면에서 이 그래프를 잘 활용한다면 다가오는 위기를 기회로 바꿀 수 있을 것으로 본다. 그렇다면 왜 이런 유동성 위기가 반복되는 것일까?

이혼하는 부부 같은 은행과 기업

필자가 아는 한 기업의 자금 담당자는 언젠가 은행과 기업의 관계를 이혼하는 부부와도 같다고 털어놓았다. 사이가 좋을 때는 속까지 내줄 것 같다가도 관계가 소원해지면 언제 봤냐는 듯이 원수처럼 돌아서는 게 꼭 이혼하는 부부를 닮았다는 것이다. 실제로 자금 사정이 나아지면 은행들은 돈을 써 달라고 세일을 하러 다닌다. 아파트 단지마다 당신네 아파트가 얼마니 얼마를 대출해 주겠다는 전단을 경쟁적으로 뿌리기도 한다. 그런데 막상 유동성 문제가 생기면 은행들은 신규 대출을 중단하는 것은 물론 기존 대출마저 회수하느라 혈안이 된다. 지난 2008년에 있었던 엔화 대출 조기 상환 요구는 그중에서도 대표적인 경우다.

모 중소기업은 지난 2008년 초 한 시중은행에서 5년 만기로 1억 엔을 대출받았다. 당시 이 회사는 10억 원의 담보까지 제공한 상태였다. 그런데 은행은 엔화가 폭등하자 대출한 지 6개월 만에 조건을 바꿔 1년마다 대출 원금의 20퍼센트를 상환하라고 요구했다.

당시 일부 은행들이 단기로 엔화 자금을 빌려다가 장기로 대출을 한 뒤 나중에 엔화가 폭등하자 그 부담을 고객에게 전가하려고 해서 벌어진 일이었다.

비슷한 상황은 수없이 반복된다. 특히 위기가 생기면 금융기관들이 대부분 과도하게 반응해 충격을 키우곤 한다. 실제로 외환위기 이후 시장이 살아나면서 투신사들은 과거의 부실을 거의 털어내고 안정적 성장을 할 수 있는 발판을 마련했지만 BIS 비율을 맞추려는 은행들이 한꺼번에 자금을 빼내면서 유동성 위기를 맞기도 했다. 이후 경쟁적으로 카드사 채권을 인수하던 은행권은 정부가 카드 남발을 문제 삼자 한꺼번에 자금 회수에 나서 카드사들을 유동성 위기에 몰아넣기도 했다. 한편 참여정부 때 과도하게 풀린 돈을 건설 업체나 중소기업에게 안겨 주다시피 하던 은행들은 2007년 금융 위기를 맞자 다시 BIS 비율을 관리한다며 대출금 회수에 나서기도 했다.

상승장의 마지막은 포기하라

이런 모습이 되풀이 될 때는 어떻게 대응해야 할까?

한 중소기업은 은행 측이 저리의 엔화 자금을 빌려 준다며 소개해 준 부동산을 샀다가 낭패를 당한 적이 있다. 당시 부동산 가격이 하늘 높은 줄 모르고 치솟고 있었지만 엔화 자금은 거의 이자를 내지 않아도 됐다. 조금만 잡고 있으면 부동산 값이 올라서 대출금을 갚고도 거액의 차익이 떨어질 것으로 생각하여 그렇게 덥석 물었는데, 그것이 정점이었다.

세계적 금융 위기로 엔화는 폭등했고 부동산 값은 절반 이하로 폭락했다. 결국 이 중소기업은 부채가 배로 늘어나고 부동산 값이 폭락해 양쪽으로 거액의 손해를 봐야 했다.

엔화 대출만 그런 것이 아니었다. 2007년 주가가 한창 뜰 때에는 증권사는 물론이고 저축은행에서도 주식 담보 대출을 받아 가라는 유혹이 쇄도했다. 이때 주식을 담보로 대출받아 주식을 더 샀던 사람들도 걷잡을 수 없는 상태에 몰렸다. 주가가 떨어지고 담보 가치가 하락하자 금융기관은 담보로 잡은 주식을 헐값에 팔아넘겼다.

이처럼 금융기관들이 돈을 쓰라고 할 때는 부동산이건 주식이건 시장의 정점에 도달하고 있는 것으로 판단해야 한다. 이런 때는 가능하면 시장을 떠나거나 최대한 빠른 시간 내에 빠져나갈 수 있도록 준비하는 것이 최선의 방책이다.

그러나 돈이 넘칠 때 빠져나오기란 여간 어려운 일이 아니다. 아줌마 부대들이 밀고 들어오고 여기저기서 어떤 종목이 좋다고 하면 주가가 조금은 더 갈 것처럼 보이기 때문이다. 실제로 2006년에 좋았던 장이

2007년에도 쉬지 않고 상승할 수 있었던 것 역시 그동안 머뭇거리던 투자자들이 대거 몰려들어 펀드에 가입했기 때문이다. 특히 2007년 7월 2,000포인트를 넘었던 코스피가 8월에 1,600선까지 내려왔다가 재차 오름세로 돌아서자 그동안 펀드 가입을 미뤘던 투자자들은 막차라도 타자며 몰려들었다.

그러나 잠시 2,000을 넘었던 주가는 수직으로 곤두박질하기 시작했다. 이때 개별 종목에 투자했던 사람들은 어느 정도 손실을 감수하며 빠져나올 수 있었지만 운용 회사를 믿었던 펀드 가입자들은 고스란히 주가 하락의 타격을 받아야만 했다.

금융 위기 와중에 인기를 끌던 금 펀드 역시 마찬가지였다. 달러화가 폭락하자 투자자들은 대안 투자의 하나로 여겨지던 금 펀드로 몰려들었다. 그런데 금도 정점이 걱정될 때였다. 잠깐 동안 상승세가 이어져 순식간에 금 관련 펀드는 20~30퍼센트의 수익을 냈다. 하지만 펀드의 속성상 3개월에서 6개월 정도에 중도 환매하면 이익은 고스란히 떼이게 된다. 투자자들은 6개월이 속히 지나가기를 고대했지만 금값의 폭락이 그보다 빨리 왔고, 결국 붐의 막바지에 투자했던 사람들은 대안 투자에서도 대규모 손실을 봤다.

이처럼 주식이건 부동산이건 아니면 금과 같은 대안 투자 상품이건, 투자자들은 값이 오를 때는 돈을 넣고 싶은 유혹을 참지 못한다. 이럴 때 빠져나오거나 적어도 단기간에 빠져나올 수 있도록 준비하라고 하는 것은 고양이에게 고기를 주고 먹지 말라고 하는 것이나 비슷할 것이다. 그렇지만 투자의 대가 피터 린치Peter Lynch는 단호하게 말한다. "주식 투자에서 성공의 열쇠는 빠져나올 것을 두려워하지 않는 데 있다"고.

떠밀려서 살 때가 기회

금융기관들이 자금을 풀면 시장이 좋아보이므로 누구나 투자를 하려고 한다. 반대의 경우에는 돈 구하기가 쉽지 않으므로 모두가 투자를 꺼린다. 그런데 이런 때가 진짜 투자의 기회다.

과거 서울시의 고위 공직자들은 두 번의 횡재, 그것도 공식적으로 인정되는 횡재를 경험했다. 첫 번째는 잠실 아시아선수촌 아파트에서 나왔다. 이 아파트는 아시안게임에 대비해 지어져 동간 거리가 넓고 쾌적하다고 소문이 났다. 그런데 당시는 정치적 격변기였던 데다 경제도 어려웠기 때문에 분양이 제대로 될 리 만무했다. 서울시는 남는 아파트를 고위 공무원들에게 할당하다시피 팔았는데 그렇게 떠안긴 아파트가 시간이 지나면서 금덩어리로 변했다.

목동 시영 아파트도 비슷하다. 1980년대 중반에 분양됐는데 당시만 해도 교통 여건도 좋지 않았기 때문에 미분양이 널렸다. 서울시는 이때도 공무원들을 중심으로 떠맡기다시피 아파트를 넘겼다. 마지못해 이곳에 들어간 공무원들 역시 아파트 붐이 일면서 쾌재를 불렀다.

외환위기 때 분양된 타워 팰리스도 마찬가지다. 타워 팰리스는 삼성이 야심을 갖고 내놓은 작품이었지만 외환위기가 닥치자 수요가 뚝 떨어져 결국 삼성 임원들에게 물량이 돌아갔다. 잘 알다시피 외환위기가 풀리면서 타워 팰리스 입주자들은 부동산 갑부가 됐다.

주식도 모두가 어렵다고 할 때 들어가면 대부분 좋은 결과를 낸다. 지난 2008년 10월 하순의 경우를 보자. 당시 주가가 급락하면서 코스피가 세 자릿수로 떨어졌다. 시장 분위기는 참담했고 언론은 마치 나라가 망하는 것처럼 보도했다. 증시 전문가들은 바닥을 예측하는 게 힘들다고 했다. 그런데 거기가 바닥이었다. 주가는 이내 반등해 2주 만에 코스피 기준으로 20퍼센트 이상 뛰었다. 종목별로는 배로 뛴 것도 허다했다. 당시 장부 가치의 4분의 1 수준에서 거래되던 종목들도 쉽게 찾아볼 수 있을 정도였으니 당연했다. 가치 투자 전문가나 재야의 고수들은 이렇게 좋은 장이 없다고 했다. 모두들 가치를 무시하고 팔기에 여념이 없었으니 좋은 주식을 주울 수 있을 때였다.

이처럼 금융기관이 돈을 쓰라고 권하러 다니면 투자자들은 시장을 떠나야 한다. 차라리 놀러 다니는 게 나을 수도 있다. 그러다가 모두들 아우성을 칠 때 돌아오면 된다. 5년, 10년치 장사를 한꺼번에 할 수 있는 기회인 것이다.

8

그린스펀의 폰지 게임

한국에서는 통화 증가율 그래프를 이용해 경제 위기가 다가오는 것을 알 수 있다. 그렇다면 미국에서도 유사한 지표를 찾을 수 있을까? 그럴 수 있다면 미국의 위기도 예상할 수 있고 적절하게 대비할 수 있을 것이다. 통화량은 미국에서도 경기에 상당한 영향을 미친다. 특히 통화 공급이 과도하게 늘어날 경우 경제가 위기에 빠진 역사적 경험도 그래프에 명확히 드러난다.

한국에서는 광의의 통화를 의미하는 M2 증가율 그래프가 위기를 진단하는 데 유용하게 쓰였는데 미국에서는 M2보다 폭넓은 통화 개념인 M3 증가율 그래프가 더 유용한 것으로 분석되고 있다. 이는 민간의 신용 창출 능력이 한국보다 훨씬 뛰어나기 때문으로 보인다. 미국의 여러 통화 지표들을 비교해 보면 왜 그런지를 당장 알 수 있다. 각 지표의 규

표 1-7 미국의 통화량

구 분	금 액	비 고
M0	7,239억 달러	현금 통화
M1	1조 3,745억 달러	M0+수표 계좌 등
M2	6조 6,917억 달러	M1+저축성 예금 등
M3	10조 1,540억 달러	M2+MMF 단기 RP 등

2005년 말 기준

모에서 천문학적 차이가 나기 때문이다.

미국에도 한국과 마찬가지로 M0부터 시작해 M1, M2, M3 등의 통화
지표가 있다. 미국에서도 중앙은행이 발행한 현금 자체는 그리 많지 않
지만 민간에서 창출하는 신용이 기하급수적으로 늘어나고 있음을 볼
수 있다. 이처럼 중앙은행이 공급하는 신용보다는 민간에서 창출되는
신용이 압도적으로 많기 때문에 이런 것을 모두 합쳐야 실제 미국의 금
융 시스템을 제대로 이해할 수 있다.

이 지표들이 한국에서처럼 다가오는 위기를 설명해 줄 수 있을까?

통화 증가율은 미국에서도 유용

미국의 M3 증가율 그래프를 보면 레이건 행정부와 아버지 부시가 대
통령으로 있을 때는 지속적으로 하락한 것으로 나타났다. 이 시기에 미
국 경제는 내실을 다졌지만 결과적으로 경제가 나빠진 것처럼 보여 아
버지 부시는 민주당의 클린턴이 들고 나온 경제 이슈에 밀려 패배했다.
당시 클린턴은 '바보야, 문제는 경제야It's the economy, stupid'라는 구호로

그림 1-10 미국의 통화 증가율(M3 기준)

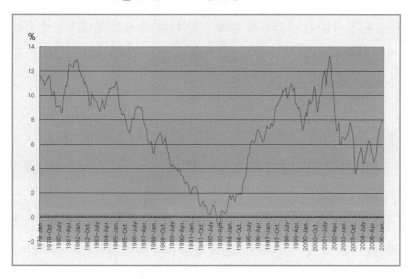

유권자들을 끌었다.

　클린턴이 집권하면서부터 M3 증가율은 추세를 바꿔서 지속적으로 늘어났다. 미국 사람들이 거품인데도 불구하고 클린턴 전 대통령에게 환상을 갖고 있는 것도 이런 이유에서다. 클린턴 집권 후반기에 수그러들 것 같았던 M3 증가율은 롱텀 캐피털 매니지먼트Long-Term Capital Management 사건이 발생하면서 다시 한 단계 높은 수준으로 올랐다가 IT 버블이 꺼지기 직전인 2000년 급격히 줄어들었다. 결과적으로 연준이 무분별하게 풀어놓은 돈이 IT 버블을 만들고 또 붕괴시킨 주범이라고 해석할 수 있는 것이다.

　버블이 꺼지면서 급격히 하락하던 M3 증가율은 2003년 이후 다시 장기간의 상승 곡선을 그리기 시작했다. 모르는 사람들은 그린스펀Alan Greenspan이 경제를 살려 냈다고 떠들어 댔다. 그렇지만 실상은 M3 중가율이 과도하게 높아지면서 경제 시스템에 감당하기 어려운 거품이 형성된 것이었다. 이 거품이 한꺼번에 꺼지면서 세계 경제가 동시에 위기를 맞게 되었다. 이처럼 유용한 지표인데도 연준은 2006년 2월을 끝으로 M3 지표의 공표를 중단했다.

그린스펀, 버냉키의 눈을 가리다

미 연준은 공식적으로 2006년 2월에 M3 지표 공표를 중단했다. 그 결정은 이보다 앞선 2005년 10월에 이뤄졌다. 앨런 그린스펀 전 의장이 2006년 2월에 퇴임했고 2006년 2월에 벤 버냉키Ben Bernanke가 연준 의장으로 취임했으니 이는 그린스펀이 내린 결정이다.

의도했던 것이건 아니건 간에 그린스펀은 후임자인 버냉키의 눈을 가린 셈이 됐다. 유용한 통화 지표를 상실한 버냉키는 나중에 두 눈을 멀쩡히 뜨고서 서브프라임 모기지 부실이 촉발한 금융 위기를 받아들일 수밖에 없었다.

그린스펀은 왜 이런 결정을 내렸을까? 그린스펀의 연준은 M3 발표를 중단하면서 다음과 같은 자료를 냈다.

M3는 경제활동과 관련해 더 이상의 어떤 추가적인 정보를 전해 주는 것으로 보이지 않는다. 이미 그런 정보는 M2에 내재돼 있고, M3는 오랜 기간 통화정책 과정에서 어떤 역할을 해오지 않았다. 따라서 연준은 M3에 포함되는 데이터를 수집하고 또 공표하는 데 드는 비용이 그것이 주는 이익을 초과하고 있다는 결론을 내렸다.[7]

연준의 결정에 대해 시장 전문가들은 즉각 반발했다. 골드머니닷컴 GoldMoney.com의 제임스 터크James Turk 회장은 "대답은 간단하다. 연준이 진실을 숨기고 싶은 것이다. 연준은 달러를 팽창시키고 있다는 사실을 숨기고 싶어 한다"고 했다. 인플레이션이 나타날 수밖에 없는 통화정책을 펴면서 그것을 감추려고 이 같은 일을 벌였다는 것이다. 그러면서 그는 연준이 자충수를 뒀다고 공박하며, "M3 보고를 제거함으로써 연준은 제 발등을 찍었다. 연준의 실수는 단지 달러가 금이라는 안전한 투자 대상으로 더욱 서둘러서 달음박질하게 할 뿐"이라고 말했다.

실제로 국제 금값은 2006년부터 폭등했다. 이 정도는 그래도 점잖은 비판이었다. 드레즈너 클라인워트Dresdner Kleinwort의 글로벌 전략가였던 앨버트 에드워드Albert Edward는 연준의 결정을 일컬어 그것이 거대한 폰지 게임이며 디플레이션적인 파멸로 갈 것이라고 다음과 같이 경고했다.[8]

연준은 거품이 생긴 뒤에야 강타를 가하고는 했는데 그게 폰지 게임Ponzi game이 됐다. 이제는 계속 부풀다가 와해돼 버릴 것이다. 지금 우리는 마지막 게임을 하고 있다. 미국은 이제 와해돼서 침체에 빠질 수밖에 없는 위험에 직면했으며 그렇게 될 경우 주가는 장기간 하락하여 아마 45퍼센트 정도는 떨어질 것이다.

영국 〈텔레그래프Telegraph〉지의 국제 비즈니스 담당 부장인 엠브로

---

7) 연준은 2006년 3월에 M3 발표를 중단하면서 M3에 포함된 여러 지표 가운데 MMF 자료는 메모 형태로 공개하겠다고 밝혔다.
8) 앨버트 에드워드는 영란은행Bank of England 출신으로 드레즈너 클라인워트를 거쳐 나중에 소시에테 제네랄Société Générale에 합류했다.

즈 에번스-프리처드Ambrose Evans-Pritchard는 연준의 저금리 정책이 거대한 불균형을 만들어 냈고, 결국 이 같은 그린스펀의 정책은 미래 세대의 번영을 강탈하는 것이라고 비판했다.

결과적으로 이들의 경고는 적중하여 세계는 금융 위기로 빠져들었다. 불행하게도 미국에서는 더 이상 M3 지표가 나오지 않는다. 그렇다면 앞으로 미국 경제가 맞게 될 또 다른 위기를 어떻게 내다볼 것인가.

새로운 무기, 월가의 금리 그래프

미 연준은 M3 지표를 더 이상 공표하지 않지만 M1과 M2는 여전히 공표하고 있다. 이런 지표들이 더 이상 경제를 제대로 설명하지 못하는데도 말이다. 게다가 금융 위기로 미국 정부와 연준이 직접 금융기관 역할을 하면서 자금을 공급하고 있기 때문에 금융 시스템이 정상화될 때까지는 과거의 통화 지표가 더 이상 의미를 갖기 어려울 것이다. 그렇다고 그냥 앉아 있을 수만도 없는 노릇이다. 이미 세계 경제는 동시화됐고 미국의 움직임은 즉각 전 세계에 영향을 미칠 것이기 때문이다. 이런 점에서 새로운 위기 예보 지표의 발굴은 절실하다.

M3를 대신해 임시로 미국 연준의 기준금리fed fund rate를 역이용해 보면 어떨까? 통화정책 수단으로 사용하는 것을 뒤집어 위기 진단 지표로 해석해 보자는 것이다. 연준의 기준금리에는 목표금리target rate와 실질금리가 있는데 목표금리만 보면 된다. 기준금리를 보려는 것은 M3 공표를 중단한 그들의 고약한 의도를 거꾸로 읽어 보자는 차원에서다.

최근 10여 년 동안 연준의 목표금리 그래프를 보면 재미있는 결과를

그림 1-11 연준 기준금리 그래프

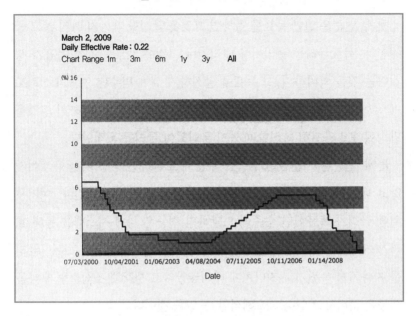

그림 1-11 연준 기준금리 그래프

얻을 수 있다. 이 그래프를 보면 연준은 2000년 5월 금리를 6.5퍼센트로 올린 뒤 몇 달 동안 움직이지 않았던 것을 볼 수 있다. 그 전에 연준은 한두 달에 한 번씩 금리를 지속적으로 올렸다. 그러다가 8개월여 만인 2001년 1월 3일 갑자기 금리를 내리기 시작했다. 2006년 7월에도 연준은 목표금리를 5.25퍼센트에서 고정시켰다. 그 이전에는 2개월에 한 번씩 기준금리를 올렸는데 이번에는 1년 이상 전혀 움직이지 않았다. 그러다가 2007년 9월부터 갑자기 금리를 내리기 시작했다. 이것만 보아도 무언가 이상한 기미를 감지할 수 있을 것이다.

이번에는 그래프의 바닥을 보자. 연준은 기준금리가 거의 바닥에 도달한 2002년 1월부터 2004년 6월까지 약간의 조정은 있었지만 장기간 초저금리를 유지했다. 그래프의 이 두 가지 측면을 보고 우리는 확실한

두 가지 정보를 얻을 수 있다.

첫째, 연준은 일단 목표를 정하면 그것을 달성할 때까지 쉬지 않고 움직인다. 목표금리를 올리거나 내리거나 그것은 새로운 정책 목표가 생겼다는 것을 의미하며, 그 목표를 달성하기 전에 멈추면 연준의 신뢰도에 금이 갈 수도 있다. 그래서인지 연준은 일단 목표를 정하면 그것을 달성했다고 완전히 확신할 때까지 끊임없이 금리를 움직인다.

둘째, 연준은 기준금리가 목표 수준에 도달하면 상당 기간 움직이지 않고 내버려 둔다. 그러다가 갑자기 금리를 올리거나 내린다. 여기서 일단 금리가 목표했던 수준에 도달하면 연준은 경제 시스템을 통해 효과가 제대로 나타나는지 관찰한다고 볼 수 있다. 다른 한편으로는 금리를 지나치게 올렸거나 지나치게 내려놓았다고 생각해 조심스럽게 다음 행동을 준비하고 있다고도 해석할 수 있을 것이다.

이러한 정보를 바탕으로 우리는 두 가지 전략을 택할 수 있다. 우선 금리가 낮은 수준에 머물고 있을 때는 경제가 활발한 성장을 준비하고 있는 단계이며, 금리가 올라가기 시작할 때 본격적으로 상승세를 탄다고 예상할 수 있다. 그래프로 볼 때 이때는 투자의 적기라고 할 수 있다. 특히 금리가 상승 곡선을 탈 때는 투자 이익을 최대한 누릴 시점이라고 보아도 무방하다. 반대로 금리가 정점에서 횡보할 때는 경제의 위험 상황이 점점 더 커지고 있는 시기라고 보아야 한다. 이때는 도망갈 준비를 해야 한다. 물론 약간의 상승 여력이 있을 수는 있다. 이 시기에 시장 전문가나 언론은 온갖 미사여구를 써 가면서 경제가 잘 돌아간다고 떠들어 댈 것이며 마지막 투자자들이 몰릴 가능성이 크기 때문이다. 그러나 그 마지막 이익까지 챙기려다가는 위험이 극도로 커진다고 할 수 있다. 마지막 이익은 나중에 들어오는 사람들에게 넘겨주는 것이 좋다.

그러지 않을 경우에는 얻었던 이익마저 순식간에 모두 날려 버릴 수 있다. 정리하면, 미 연준이 금리 인상을 시작하면 투자의 적기가 왔다고 생각하고 미 연준이 금리 인상을 멈추면 도망갈 준비를 하라는 것이다.

그래프가 횡보를 하던 2000년 후반이나 2007년 중반에 생겼던 사태를 우리는 이미 경험해 본 적이 있다. 이처럼 월가 전문가들이 투자 참고 자료로 쓰는 지표를 뒤집으면 위험을 회피하는 기준으로 삼을 수 있다.

채권왕의 금리 해석

채권왕으로 일컬어지는 핌코PIMCO의 빌 그로스Bill Gross는 조금 다른 각도에서 연준의 기준금리를 해석한다. 그는 지난 15년을 분석해 보니 연준의 목표금리가 명목 GDP 성장률보다 높을 때는 주식이나 주택 같은 자산 가격이 떨어졌다고 한다. 그래서 연준이 명목 GDP 성장률보다 1퍼센트 포인트 낮은 수준에서 기준금리를 정하는 것이 최선의 방책이라고 제시하기도 했다.

이처럼 연준의 기준금리는 미국의 경제 상황이나 정책을 재는 가장 중요한 지표가 된다. 다만 기준금리를 특정 시점에서 보는 것은 의미가 없고 추세를 함께 봐야 한다. 연준 사이트에서는 그때그때 기준금리를 제시하고 있지만 그래프는 나오지 않는다.

❖ 미국 기준금리 그래프 구하기
연준의 통화정책을 실질적으로 집행하는 뉴욕 연방준비은행의 사이트에서 얻을 수 있다. 기준금리 그래프는 이 사이트에서 'Dynamic chart(다이내믹 차트)'를 클릭하면 된다. 보통 6개월간 그래프가 먼저 뜨는데 추세를 알려면 all(올)을 클릭하면 된다. 2000년 이후 그래프를 볼 수 있다. 이때 1일 유효 이자율이나 고점, 저점이 함께 나오면 분간이 어려우므로 다른 것은 지우고 'target rate(목표금리)'에만 체크하면 깨끗한 그래프를 볼 수 있다.

사이트 주소는 다음과 같다.

http://www.newyorkfed.org/markets/omo/dmm/fedfundsdata.cfm

9

외환과 환율 그리고 국가의 위기

통화량과 금리가 경제의 중요한 지표이자 정책 수단이지만 개방 경제에서는 환율이나 외환 역시 그에 못지않게 중요한 위치를 차지하고 있다. 특히 외환 관리를 잘못할 경우 국가 자체가 부도를 내는 엄청난 위기를 부를 수도 있기 때문에 역시 제대로 이해해 둘 필요가 있다.

한국은 1997년에 외환위기를 맞았다. 외국에서 빌려온 빚의 만기가 돌아오는데 그것을 제때 갚을 능력이 없었던 것이다. 기업이 빚을 갚지 못하면 부도를 내고 파산하는 것처럼 나라 역시 돈이 없어 빚을 갚지 못하면 부도를 낼 위기에 봉착하게 된다. 폐쇄 경제에서는 이런 생각을 할 필요가 없었지만 지구촌이 된 지금은 언제나 이런 상황을 예상해야 위험을 피할 수 있다.

나라가 부도를 내는 것과 같은 극단적인 상황은 금리로는 설명이 되지 않는다. 외환 보유액이 얼마나 있는지, 또 각국의 환율이 어떻게 변하는지를 보아야 알 수 있다. 이제부터 외환 보유액과 환율이 경제나 투자와 관련해 어떤 역할을 하는지, 또 그것이 위기 상황에서 어떻게 변하는지를 알아보자.

한국 외환 사정의 변화

1997년 외환위기를 만났을 때 한국의 외환 보유액은 34억 달러에 불과했다. 당시 한 달 평균 수입액이 120억 달러에 달했기 때문에 그 돈으로는 채 열흘도 버티기 힘들었다. 결국 한국은 국제통화기금IMF에 구제금융을 신청했다. IMF에서 돈을 빌려오면서 한국은 상당 기간 내정 간섭까지 받아야 했다. IMF와 자매 기관인 세계은행은 한국에 대해 초고금리를 유지하라고 하면서 가혹할 정도의 구조 조정을 요구했다. 수많은 사람들이 실직자로 내몰리고 많은 기업들이 도산한 것도 이런 이유에서다.

어렵게 외환위기를 극복한 한국은 이후 절치부심하고 달러를 모았다. 외환 보유액은 2008년 3월엔 2,642억 달러까지 올라갔다. 1997년과 비교하면 격세지감을 느낄 정도로 늘어났다. 이 정도의 달러를 모으기 위해 한국 정부는 엄청난 규모의 채권을 발행했다. 매년 그 채권의 이자를 지불해야 하는 일 때문에 재정 운용의 제약을 받을 정도였다. 이런 면에서 한국의 외환 보유액은 흔히 말하는 국부 펀드SWF, sovereign wealth fund가 아니라 국가 부채 펀드sovereign debt fund라고 불릴 수도 있는 것이다.

이처럼 달러를 모았는데도 한국은 2008년 11월께 또 한 번의 위기에 직면했다. 어떻게 그런 일이 일어난 것일까?

그해 한국이 위기를 맞을 것이란 소문이 나돌면서 외국인은 주식을 마구잡이로 팔아 버리고 한국을 떠났다. 외국인들이 주식 매도 자금을 빼 나가면서 은행들은 외화 자금이 달리게 되고 한은에 손을 벌렸다. 결국 11월이 되자 외환 보유액은 다시 2,000억 달러 밑으로 떨어졌다. 그래도 1997년에 비하면 여전히 많은 금액이라고 할 수 있었다. 게다가 한국 정부는 미국과 원화를 주고 달러를 받아 오는 통화 스왑 계약까지 체결했다. 그런데도 외국에서는 한국이 금융 위기를 맞을 가능성이 있다는 이야기가 계속 나돌았다. 왜 그랬을까?

순 대외채권을 살펴라

여기에는 외환 보유액으로는 다 설명이 되지 않는 문제가 내재돼 있었다. 어느 나라나 마찬가지지만 외국과 거래를 하다 보면 줄 게 있고 또 받을 것도 있다. 줄 것은 대외채무이고 받을 것은 대외채권(외환 보유액 포함)이라고 한다. 받을 것에서 줄 것을 빼고 남은 것을 순 대외채권이라고 하는데 문제의 한 부분은 여기에 있었다.

2006년 1분기 말만 해도 한국은 1,303억 달러나 되는 거대한 규모의 순 대외채권을 가지고 있었다. 줄 것보다 받을 게 월등히 많았으니 탄탄한 나라였다. 그런데 그 많던 순대외채권이 썰물 빠져나가듯 줄어들기 시작했고, 2008년 3분기 말이 되자 한국은 대외채권보다 대외채무가 250억 달러나 많은 나라가 됐다. 순식간에 빚더미에 올라선 것이다.

문제는 은행에 있었다. 2008년 3분기 말 기준으로 은행들은 외국과의 거래에서 단기자금 부족액이 1,076억 달러나 됐다. 장기자금 부족액도 302억 달러였다. 은행들이 앞뒤 가리지 않고 외국에서 장단기자금을 빌려다가 국내에 돈을 풀어 놓은 셈이었다. 이 여파로 한국은 실물경제는 양호한데도 국가 전체가 풍전등화의 상황으로 몰렸다. 다행히 미국과 통화 스왑 계약을 체결하는 등의 조치로 위기를 넘겼지만 앞으로도 외환 과부족은 경제에 심각한 영향을 줄 수 있다는 점에서 추이를 지켜볼 필요가 있다.

환율이 오르면 한전 주가는 떨어진다?

외환 보유액이나 순 대외채권은 위기를 판단하는 지표로 쓰이지만 환율은 평상시 투자 지표로 매우 유용하다는 점에서 눈여겨볼 필요가 있다. 환율이 오르내리는 것에 따라 수출입 단가가 달라질 뿐 아니라 개별 기업의 실적이나 재무 상황에도 영향을 미치기 때문이다.

여기서 환율이 오르는 것은 달러 가치가 올라가는 것이고 반대는 원화 가치가 떨어지는 것을 의미한다. 한국의 환율은 1달러를 받기 위해 원화를 얼마나 줘야 하느냐로 계산하기 때문이다. 원화가 기준이 아니라 달러가 기준이다. 환율이 올라가면 원화 가치는 떨어진다. 그만큼 수입하는 물건 값이 올라가는 효과가 있다. 반대로 수출하는 물건의 가격도 올라가 수출 기업의 이익이 늘어난다. 환율이 올라가면 삼성전자나 현대자동차 등 수출주의 이익이 급증하고 이 때문에 이들 기업의 주가에 긍정적인 영향을 미친다.

그렇지만 원유를 비롯한 수입 물가가 오르기 때문에 국민경제에는 부담이 된다. 업종별로 수입품 가격을 바로 원가에 전가할 수 있는 정유사들은 매출이 늘어나는 효과가 있지만 원가에 전가하는 것이 쉽지 않은 곡물 가공 업체들의 경우 일시적으로 실적에 부정적인 영향을 받을 수도 있다.

도시가스나 전력 회사도 정부가 국내 판매 가격을 통제하기 때문에 수입 원가가 높아지더라도 즉각 판매가에 전가하기가 쉽지 않으므로 역시 실적이나 주가에 부정적인 영향을 받을 수 있다. 지난 2008년 한국전력의 이익이 급감하면서 애널리스트들이 목표 주가를 끌어내린 것도 이런 이유에서다.

한편 연말 환율은 그해 실적에 직접 영향을 미치기 때문에 기업들은 연말 환율에 민감하게 반응한다. 외화 부채나 외화 자산을 연말 환율을 기준으로 계산하므로 이날 환율이 어떻게 변하느냐에 따라 이익이 늘기도 하고 줄기도 하기 때문이다.

지난 2008년에는 10월부터 급등했던 환율이 12월에 접어들자 갑자기 떨어졌다. 외환위기 가능성이 해소됐기 때문인데도 항간에서는 연말 환율 관리 차원에서 정부가 기업을 도와주려고 달러를 대량으로 푼 것이 아니냐는 분석이 제기되기도 했다.

달러 가치가 떨어지면 한국 돈을 조금만 주고도 종전과 같은 양의 물건을 수입할 수 있다. 계산대로라면 달러 가치가 오르면 수입품 가격도 따라서 오르고, 달러 가치가 떨어지면 수입품의 가격도 따라서 떨어져야 한다. 그런데 달러 가치는 떨어지는데도 수입 물가가 오른 경우도 있다. 말이 되는 이야기냐고 할 수도 있겠지만 실제로 그런 일이 있었다.

지난 2008년에 프랑스 와인은 환율이 오를 때도 올랐지만 나중에 환율이 떨어지는데도 계속 높은 가격을 유지했다. 어떻게 이런 일이 일어난 것일까? 이것은 한국이 달러를 기준으로 모든 환율을 정하기 때문이다. 다시 말해 유로를 바꿀 때도 원화와 유로를 바로 바꾸는 게 아니고 달러를 매개로 바꾼다는 이야기이다.

달러는 떨어지더라도 유로화가 그것보다 큰 폭으로 오르면 국내에서는 유럽 물건을 비싼 가격에 사야 한다는 계산이 나온다. 어찌 됐든 2008년에는 연말에 환율이 안정을 찾았는데도 유로화가 상대적으로 비쌌기 때문에 프랑스 와인 판매가 줄고 칠레산 와인 판매가 급격히 늘었다.

❖ 순 대외채권 확인 방법

외환의 수급 문제는 한국은행의 경제통계시스템을 통해 점검할 수 있다. '환율 / 외환' 쪽으로 들어가면 외환 보유액은 확인할 수 있지만 순 대외채권은 '국제 수지 / 무역' 쪽으로 클릭해 들어가야 확인할 수 있다.

10

다시 생각하는 달러화의 미래

　한국은 외환 거래를 거의 달러로 하고 있다. 게다가 경제의 가장 큰 부분을 수출에 의존하고 있는데 이 역시 상당 부분 달러로 결제한다. 그런 만큼 달러의 위상이 어떻게 될 것인지를 예상하는 것은 한국 정부는 물론이고 기업이나 투자자들에게도 매우 중요하다.

　그렇다면 달러의 미래는 과연 어떻게 될까? 한마디로 장기적으로 하락하는 상황을 피하기 어려울 것이다.

끝나지 않은 위기

개인이나 기업이나 빚이 일정 수준 이상으로 늘어나면 벌어서 이자

표 1-8 폭발적으로 늘어나는 미국의 국가 부채

연도	부채 규모
2000년 말	5조 6,740억 달러
2005년 말	8조 1,700억 달러
2007년 말	9조 80억 달러
2008년 말	10조 7,000억 달러

를 갚는 것도 어렵게 된다. 그러다 예기치 않게 병이라도 나거나, 적자가 나면 빚은 더 늘어나고 결국 파산하게 된다. 국가도 마찬가지다. 정부 부채가 어느 정도 이상 늘어나면 세금을 거둬서 이자를 갚아 나가지 못하게 된다. 그러면 이자를 갚기 위해 차입할 수밖에 없고 빚은 점점 늘어간다. 지금 미국이 그렇다.

미국의 연방정부 부채는 2000년 말 5조 6,740억 달러였던 것이 2008년 말엔 그 두 배 가까이 되는 10조 7,000억 달러로 늘었다.[9]

그런 상태인데도 행정부가 다시 경제를 살리기 위해 추가로 천문학적 자금이 필요하다고 하자 미국 의회는 2008년 10월에 정부의 채무 한도를 11조 3,000억 달러로 상향 조정했다. 이 수치 자체는 큰 의미가 없을지도 모른다. 미국 정부가 대對테러 작전을 수행하면서 별도의 주머니를 차고 있어서 실질 부채 규모가 완벽하게 파악되지 않고 있기 때문이다. 게다가 정부보증기관의 부채에 대해서도 지급보증을 섰기 때문에 잠재적 부채총계는 이미 이 수준을 훨씬 넘어섰다고 보아야 한다.

---

9) 미국 재무부는 TreasuryDirect를 통해 정부 부채를 실시간으로 공개하고 있다. 사이트 주소는 다음과 같다. http://www.treasurydirect.gov/NP/BPDLogin?application=np
이와는 별도로 부채 시계U. S. NATIONAL DEBT CLOCK에서 미국 정부의 부채를 알아볼 수도 있다.

미국 정부는 발행한 채권의 상당 부분을 만만한 정부 산하 연기금에 넘겼다. 미국 정부 채권의 42퍼센트 정도는 연방노년생존보험신탁기금이나 공무원퇴직장애기금, 연방병원보험신탁기금 같은 이름도 생소한 정부 기관이 갖고 있다. 나머지를 일반 투자회사나 외국에서 나누어 가지고 있다.

특히 외국이 가지고 있는 채권만도 2008년 10월 말을 기준으로 2조 8,650억 달러나 된다. 국가별로는 중국이 5,850억 달러로 가장 많고, 다음으로 일본이 5,732억 달러, 영국이 3,384억 달러 등이다. 여기엔 5조 달러에 달하는 패니 메이나 프레디 맥 같은 정부보증기관 발행 채권은 포함이 되지 않았다. 이 채권들까지 포함한다면 미국은 외국에 훨씬 많은 빚을 지고 있는 것이다.

이 때문에 두 가지 불확실한 상황을 내포하고 있다. 하나는 미국 정부의 부채가 통제할 수 있는 수준을 완전히 넘어가는 것이고, 다른 하나는 채권자들이 미국 정부를 공격하거나 시장에 채권을 쏟아내는 것이다. 중국을 비롯한 주요 채권국은 마음만 먹으면 들고 있는 채권을 돌려서 시장을 마비시킬 수도 있다. 국제결제은행BIS은 금융 위기가 불거진 뒤인 2008년 초 발간한 연차보고서에 이런 위험을 경고했다. 거대한 미국의 대외 부채 때문에 외국이 미국 채권을 더 이상 사주지 않거나 대량으로 팔아 치울지도 모르는 위험을 안고 있다는 것이다.

"외국 투자가들은 달러 표시 자산 그 자체로 큰 손실을 입었을 뿐 아니라 자국 통화로 계산하더라도 큰 손실을 입었다. 공공 부문 투자자들이 그렇게 할 가능성은 크지 않지만, (미국 채권으로부터) 갑자기 서로 앞을 다퉈 가며 빠져나갈 가능성을 완전히 배제할 수는 없다." 이 같은 BIS의 지적은 현재 상태에 대한 단순한 우려를 나타내는 수준에 불과하다. 진짜 문제는 미국의 부채가 통제 가능한 선을 완전히 벗어나 눈덩이처럼 불어날 수도 있다는 점이다. 미국의 부채가 추가로 늘어난다면 세계 경제는 부채 폭탄을 안고 살아가는 꼴이 된다. 조지 소로스George Soros와 함께 퀀텀 펀드Quantum Fund를 설립했던 투자의 귀재 짐 로저스Jim Rogers조차 2008년 초 "달러는 심각한 결점이 있는 화폐"라며 "올해 말까지 나의 모든 자산을 달러에서 빼낼 것"이라고 밝힌 바 있다.

미국이 경제정책이나 재정정책을 바꾸는 것만으로는 이런 상황에서 빠져나오는 것은 쉽지 않아 보인다. 그 이상의 정치적 위험을 감내해야 할 것이기 때문에 이 부분은 별도의 연구가 수반돼야 할 것이다.

돌이키기 어려운 달러의 위기

미국은 정부 부채 말고도 또 하나의 부채를 고민해야 한다. 다름 아닌 민간 부채다. 민간 부채는 기본적으로는 미국인들이 외국에서 빚을 얻어 생활하면서 생긴 것이다. 대외적으로 미국은 1976년 이후 단 한 해도 거르지 않고 무역 적자를 내 왔다. 특히 2005년과 2006년 무역 적자가 걷잡을 수 없이 확대되다가 2007년부터 금융 위기 여파로 축소되

표 1-9 미국의 최근 무역 적자

연도	적자 규모
2005년	7,143억 달러
2006년	7,585억 달러
2007년	7,085억 달러
2008년	6,771억 달러

기는 했지만 적자 기조를 개선하기에는 아직 요원한 상태다. 미국이 장기간 소비 위주의 성장을 해 오면서 산업 구조를 서비스 중심으로 바꿔 제조 부문이 심각하게 위축됐기 때문이다.

경제학자들은 장기간의 재정 적자나 무역 적자로 생긴 미국의 천문학적 부채가 만들어 낸 세계적인 문제를 국제적 불균형global imbalance이라고 부른다. 현재는 어느 나라 정부도 이 문제를 풀 마땅한 방안을 갖고 있지 않다. 그저 어떤 계기가 올 때까지 굴러가게 내버려 두고 있다.

최근 금융 위기로 달러화 가치가 떨어졌을 때도 미국의 무역 적자는 개선되지 않았다. 금융 위기를 해소하려면 추가로 자금을 투입할 것이기에 재정 적자는 더 확대될 가능성이 크다. 달러 가치가 폭락해야만 균형을 맞출 수 있다는 결론이 나오기 때문에 이미 여러 곳에서 미국의 신용등급을 내려야 한다고 신용평가 회사에 압력을 가하고 있다.

원칙적으로는 등급을 내리는 것이 타당하다. 그렇지만 썩어도 준치라고 위기에 처해 있지만 미국은 세계 제일의 결제 통화를 찍어 내는 나라다. 게다가 세계 최강국 지위와 함께 가장 큰 소비 시장도 갖고 있기에 신용평가사들도 쉽게 움직이지 못하는 형편이다.

실물경제 자체만 보면 한국의 원화 가치는 올라가야 한다. 그러나 금융 부문의 외화 유동성을 맞추지 못해 최근 금융 위기 와중에 원화가 폭락하는 사태를 빚기도 했다. 원화는 이 국면을 넘어가기 전까지 약세에 머물겠지만, 일단 외환위기 가능성만 소멸된다면 폭등할 가능성이 크다.

11

물가는 부를 갉아먹는 괴물

아프리카의 짐바브웨에서는 한 달 물가 상승률(인플레이션율, inflation rate)이 1,000만 퍼센트가 넘을 때도 있다. 지난 2008년에는 버스를 타려면 1억 짐바브웨달러, 식빵 한 덩어리를 사는 데는 5억 짐바브웨달러를 내야 했다.

제1차 세계대전 직후 독일에서도 이런 일이 있었다. 전쟁에서 패한 독일은 전쟁 배상금을 지불하고 적자 상태의 재정을 꾸려 가려고 돈을 마구 찍어 댔다. 1923년 1월 1달러에 1만 7,000마르크였던 환율이 그해 11월에는 4조 마르크가 됐다. 빵 1파운드를 사려면 2,500억 마르크를 내야 했다. 돈을 수레로 싣고 가야 겨우 먹을거리를 장만할 수 있을 정도였던 셈이다.

이처럼 정부가 통제할 수 있는 수준을 벗어난 극단적인 물가 상승을 일컬어 초인플레이션hyperinflation이라고 한다. 이런 상태에서는 저축을 하는 것이 전혀 의미가 없다. 순식간에 돈의 가치가 사라져 버리기 때문이다.

완만한 물가 상승은 즐겨라

물가가 점진적으로 조금씩 오르면 경제가 활발해진다. 값이 오를 것을 기대한 사람들이 투자를 하거나 물건을 사기 때문에 경제가 잘 돌아가게 된다. 정책 당국자들은 그래서 물가가 정체되는 것보다 조금씩 오르는 상황을 반긴다.

이런 이유에서인지 물건 값은 알게 모르게 조금씩 오른다. 1963년 라면이 처음 나왔을 때는 10원에 팔렸다. 그런데 지금은 싼 것이 650원이나 된다. 45년 만에 65배로 값이 뛴 것이다. 1970년대 초 20원 하던 빵은 지금 600원으로 38년 만에 30배가 올랐다. 이 정도는 약과다.

1960년대 중반만 해도 평당 500원을 밑돌던 서울 말죽거리 주변부의 땅은 지금은 3,000만 원을 줘도 구하기 어려울 정도다. 간단히 계산해 6만 배로 뛴 셈이다.

땅값이 이처럼 뛰면 돈 있는 사람들은 앉아서 돈을 벌 수 있다. 은행에서 빌려 투자할 수 있는 사람들도 마찬가지로 힘들이지 않고 돈을 벌게 된다. 예를 들어 1965년 은행에서 5,000원을 대출받아 말죽거리 땅 10평을 샀다고 가정하자. 그 땅이 평당 3,000만 원이라면 지금 가치로는 3억 원이 된다.

그런데 은행에 갚을 돈은 연리 20퍼센트 복리로 계산하더라도 43년

이면 원리금은 2,540배인 1,270만 원에 불과하다. 원금과 이자를 모두 갚고도 2억 8,730만 원이 남는다. 1년에 한 번 이자를 계산하는 것보다 훨씬 더 많은 이자를 물어야 하는 월 복리로 계산하더라도 원리금 2,530만 원을 갚고 2억 7,470만 원이 남는다.[10] 땅값이 이처럼 뛰는 곳에서는 은행에서 돈을 빌려 땅을 사 두면 앉아서 돈을 번다. 또한 물가가 뛸 때 은행에 돈을 넣고 이자만 받는다면 앉아서 재산을 잃어버리는 결과가 생길 수도 있다. 이자나 연금 등으로 먹고사는 은퇴자들은 물가가 뛰면 피해를 본다.

전체 물가는 안정이 되더라도 특정 부문에서 급격히 돈의 가치가 뛰는 경우도 많다. 1970년대 초 공장 직공들은 한 달 일하고 쌀 3~5말을 살 돈을 받는 경우도 허다했다.

그런데 지금 공장 직공이나 가게 점원 가운데는 한 달 일하고 쌀 다섯 가마는 보통이고 열 가마를 사고도 남을 만큼 월급을 받는 사람도 수두룩하다. 쌀값이 오르지 않으니 농사짓는 땅이 제대로 오를 리 만무하다. 곡창지대라는 호남의 땅값 상승률이 말죽거리 땅값 상승률을 따라가지 못하는 이유이다.

그렇다면 국제 금값은 어떨까? 최근 금융 위기가 진전되면서 금에 투자하는 사람들이 많았는데 금을 사는 것이 장기적으로 괜찮은 장사일까? 지난 2007년 국제 금값이 폭등했지만 1970년 온스당 35달러였던 것이 800달러대로 왔으니 22배 정도 올랐다고 할 수 있다. 국내 부동산에 투자하는 것이 훨씬 나았던 셈이다.

---

10) 연리 20퍼센트 이자율을 월 복리로 계산하면 연간 이자율은 약 21.94퍼센트가 된다.

물가와 투자 기회

물가는 이처럼 지역이나 자산의 종류의 따라서도 상승률이 크게 차이 난다. 이런 물가 상승률의 차이가 투자 기회를 주기도 한다. 적게 오를 상품이나 지역의 자산을 팔아서 많이 오를 상품이나 지역의 자산을 사서 차익을 남기는 것이다. 다만 물가가 안정되고 은행 금리가 그보다 높게 형성된다면 반대의 결과가 나올 수도 있다. 물가가 뛰더라도 금리가 그보다 더 높아도 마찬가지다.

그렇게 많이 오른 양재동 땅도 사채를 얻어서 샀다면 지금 쪽박을 찼을 수도 있다. 그 당시 이자율을 연 30퍼센트로 잡으면 지금까지 원리금은 34만 배가 넘게 불어난 것으로 계산된다. 1960년대나 1970년대에는 사채가 성행했는데 당시 돈 있는 사람들이 땅을 사지 않고 사채놀이를 한 것은 사채 이자율이 물가 상승률보다 월등히 높았기 때문이다. 당시 3부 이자는 보통이었고 4부, 5부 이자도 많았는데 3부만 해도 연간 36퍼센트의 이자를 받는 것이다.

물가는 금리와 경합 관계에 있다고 할 수 있다. 금리가 물가 상승률보다 낮은 경우에는 부동산과 같은 실물에 투자하면 쉽게 돈을 벌 수 있기 때문에 많은 사람들이 부동산에 투자하고 이런 열풍이 다시 물가를 밀어 올려 더욱 가파르게 상승하도록 만든다.

그러나 물가 상승률이 금리보다 낮으면 사람들은 은행에 돈을 넣어두고 이자를 받거나 사채놀이를 하게 된다. 외환위기 직후 금리가 폭등했을 때 부자들이 폭락한 부동산보다는 연리 30퍼센트대의 회사채를 산 것도 이런 이유에서다.

그렇다면 물가가 오를 때 주가는 어떻게 될까? 단기적으로 물가가 오르면 주식시장에는 보통 부정적으로 작용한다. 물가가 오르면 정부가 긴축적인 경제정책을 펼 가능성이 높아지고, 그에 따라 자금이 잘 돌지 않아 경기가 위축될 가능성이 있기 때문이다. 그런데 정부의 긴축 정책은 주가를 떨어뜨리므로 새로운 투자 기회를 불러올 수 있다. 물가 상승률이 우려할 만한 수준이라면 잠시 쉬면서 매수 기회를 노리는 것이 바람직하다.

❖ 말 많은 물가

물가는 정책적으로 중요한 의미를 갖기 때문에 이와 관련해 다양한 용어들이 쏟아져 나오고 있다. 이들 용어들이 경제신문은 물론이고 방송에서도 특별한 설명 없이 사용되기도 하므로 알아 둘 필요가 있다.

물가 상승률과 관련해서 소비자물가지수CPI와 생산자물가지수PPI 등의 용어는 이미 일반적으로 쓰이고 있는데 각각 생산 단계와 최종 소비 단계에서 상품이나 서비스의 값이 전년 또는 전기에 비해 각각 얼마나 올랐는지를 지수로 나타낸 것이다.

- **GDP 디플레이터**: 소비자물가지수나 생산자물가지수에 환율 효과나 임금 효과 등까지 감안한 가장 포괄적인 물가지수로 사후적이며 잠재적인 물가 수준을 나타낸다. 명목 GDP를 실질 GDP로 나눈 뒤 100을 곱해서 산출한다.
- **근원 인플레이션core inflation**: 석유류나 농산물처럼 가격 변동이 심한 품목을 빼고 계산한 소비자물가지수를 말한다. 중앙은행이 보통 물가 안정 목표를 정할 때 기준으로 삼는다. 그렇지만 일반인들이 느끼는 체감 물가와 괴리가 크기 때문에 비판을 받기도 한다.
- **디플레이션deflation**: 물가가 하락하는 상황을 말하며 주로 경기 침체나 경제성장률이 마이너스로 떨어지는 상태를 동반하기 때문에 인플레이션보다 더 좋지 않은 것으로 풀이된다. 일반적으로 이 단계에서는 정부가 과감한 재정·금융정책을 동시에 펴기 때문에 단기적으로

금융 장세가 나타날 가능성이 높다고 보고 대응하는 것이 바람직하다.

- **스태그플레이션**stagflation : 경제적 침체economic stagnation와 인플레이션의 합성어로 경기 침체 속에 물가는 폭등하는 상황을 가리킨다. 주로 전쟁이나 예기치 못한 돌발 변수에 의해 경제가 어려움에 처하면서 물가가 급격히 오르는 상황을 나타내는데 영국의 정치가인 이언 매클로드Iain Macleod가 처음 쓴 말이다.
- **디스인플레이션**disinflation : 물가가 상승하기는 하지만 물가 상승률 자체는 종전보다 하락하는 상태 또는 그렇게 유도하는 정책을 의미한다. 물가 자체가 떨어지는 디플레이션과는 구분되나 디스인플레이션 정책은 결과적으로 디플레이션 국면까지 연결되기도 한다.
- **리플레이션**reflation : 불황기에 디플레이션 상태에서 벗어나기 위해 통화 공급을 늘리거나 감세 정책을 쓰는 등 물가를 약간씩 오르게 하는 재정·금융정책을 말한다. 디스인플레이션과는 반대 국면을 의미한다고 보면 된다. 피델리티Fidelity는 경기가 여전히 저조한 국면인 리플레이션 단계에서는 채권이 매력적인 투자 대상이라고 주장한 바 있다.
- **지플레이션**z-flation : 2003년 UBS의 경제 분석팀이 내놓았던 신조어. 디플레이션도 인플레이션도 아닌 저물가 저성장의 국면을 말한다. 생산성 향상과 경쟁 격화로 기업의 이익 증가율이 낮은 수준에 머물면서 동시에 경제성장률도 낮은 수준에 머물고 물가도 안정되는 상태. 이런 상태에서는 투자자들이 위험을 줄이며 안정적 주식을 선호하기 때문에 내재 가치가 높은 우량주나 전통적으로 이익을 내는 업종이 각광을 받을 것이라는 게 당시 UBS 측의 예상이었다.

❖ 물가 잡는 사람들

정책 당국은 경합 관계에 있는 금리를 이용해 물가를 조절한다. 이 일을 잘한 사람으로는 폴 볼커Paul Volcker 전 미국 연방준비제도이사회 의장을 꼽을 수 있다. 많은 사람들이 한때 앨런 그린스펀을 월가의 경제 대통령이라고 부르기도 했지만 볼커에 비하면 그린스펀은 초라할 정도다.

미국은 제2차 세계대전 이후 세계 최대 강국으로 부상했지만 지미 카터가 대통령을 맡았을 때 헤어나기 어려운 코너에 몰렸다. 경제는 침체에 빠졌고 연평균 물가 상승률이 13.5퍼센트까지 치솟았다. 당시 석유 수출국들은 두 차례에 걸쳐 유가를 폭등시켰다. 이 여파로 1971년에 온스당 40달러였던 금값이 1980년 850달러나 됐고 달러화 가치는 폭락했다.

미국이 위기에 몰리자 소련은 곳곳에서 도전을 했고 일본 기업들은 미국 부동산을 줍다시피 사들였다. 이때 폴 볼커가 해결사로 등장했다. 1979년 말 FRB 의장으로 선임된 볼커는 잠시 탐색 기간을 보내고 연구를 하더니 금리를 끌어올리기 시작했다. 1981년 볼커는 기준금리를 19퍼센트까지 끌어올렸다. 당시 3개월 만기 미국 재무부 증권 금리는 20퍼센트나 됐다.

금리가 올라가자 주가는 폭락했고 여기저기서 아우성이 터져 나왔다. 1982년 미국의 GDP 성장률은 전후 최저 수준인 마이너스1.9퍼센트를 기록했다. 그런데도 볼커는 굽히지 않고 고금리 정책을 고수했다. 볼커가 소신을 고수한 데는 당시 대통령이던 레이건의 지원도 한몫했다.

드디어 미국 경제는 안정을 찾았고 1982년 후반부터 서서히 성장 궤도로 접어들었다. 볼커는 물가가 어느 정도 잡힌 뒤에도 내내 고금리 기조를 이어 갔다. 그가 재임하던 당시 통화 증가율 그래프는 계속 하강 곡선을 그렸다.

한국에서도 비슷한 시기에 비슷한 정책이 취해졌다. 전두환 전 대통령은 2차 석유파동과 정정 불안으로 30퍼센트대로 치솟던 물가를 잡으라는 특명을 내렸다. 신현확 당시 총리를 비롯한 전 내각은 물가 잡기에 총력을 기울였다. 군대에서조차 물가 안정 등을 주요 내용으로 하는 경제 공부를 하지 않은 병사는 잠을 재우지 않을 정도였다.

재계에서는 경제를 살리려면 금리를 내리고 돈을 풀어야 한다고 했지만 대통령과 경제 팀의 의지는 확고부동했다. 선거를 앞두고 있을 때조차 예산을 동결하고 공무원 월급까지 묶었을 정도다. 결국 물가는 잡혔고 이후 한국 경제는 안정을 바탕으로 재도약할 수 있었다.

돈 있는 사람이나 은행 돈 쓰는 기업은 물가가 오르면 돈을 번다. 그러나 대다수 서민들의 부는 줄어든다. 돈 없는 사람들의 주머니에서 부자들의 주머니로 부가 옮겨 가는 셈이다.

정부는 금리를 올리고 돈줄을 묶어서라도 물가를 잡으려고 하지만 목소리 큰 계층의 반발을 사기가 일쑤다. 이를 이겨 낸 정부는 장기적으로 경쟁력 없는 기업을 도태시키고 국민의 저축률을 끌어올려 중산층을 두 텁게 만드는 등 국가 경쟁력을 높였다는 이야기를 듣는다. 반대로 경제를 살린다고 돈을 풀면 경제가 살아나는 것처럼 보이지만 장기적으로 거품 을 만들어 위기를 초래한다.

12
착한 통계 vs. 사악한 통계

경제를 분석하려면 어쩔 수 없이 많은 통계를 다뤄야 하지만, 사실 통계라는 게 다 좋은 것은 아니다. 마크 트웨인Mark Twain이라는 필명으로 잘 알려진 새뮤얼 랭혼 클레멘스Samuel Langhorne Clemens는 "세상에는 세 가지 종류의 거짓말이 있다. 거짓말과 새빨간 거짓말 그리고 통계다 Lies, damned lies, and statistics"라고 통계를 적대시했다.

많은 사람들이 통계의 문제점을 비판할 때 이 문구를 인용한다. 미국의 NBC TV는 정치 불신을 다룬 유명한 드라마 〈웨스트 윙The West Wing〉(미국 대통령의 집무실인 오벌 오피스와 참모들의 사무실이 있는 곳이 백악관 건물의 서쪽 날개 편에 있다고 해서 붙여진 이름)에서 '거짓말, 새빨간 거짓말 그리고 통계'라는 에피소드를 넣기도 했다.

이런 이야기가 나오는 것은 통계가 정확한 경제 분석을 위해 만들어지기도 하지만 때로는 사람들의 눈을 가리기 위해 악용되기 때문이다. 월가의 금융기관은 영업을 위해 기초 통계를 바탕으로 자신만의 통계를 수없이 만들어 내고 있다. 그 많은 통계 중에서 어떤 것을 받아들이고, 어떤 것을 버려야 할까? 어떻게 착한 통계와 거짓 통계를 가려낼 수 있을까?

착한 통계를 찾아라

경제 분석에서 가장 중요한 작업 가운데 하나가 좋은 통계를 찾는 것이다. 어떤 데이터로 분석하느냐에 따라 정반대의 결과가 나올 수도 있기 때문이다. 경제를 예리하게 분석하기로 유명한 마크 파버는 기본적으로 통계를 잘 믿지 않는다. 그는 거짓말하는 통계와 거짓말하지 않는 통계를 가려 써야 한다고 주장한다.

파버가 말하는 착한 통계란 전기 사용량이나 기차 선적량 같은 가장 기초적인 통계나 수치들이다. 이런 통계들은 거짓말을 하지 않는다. 그런 기초 자료를 바탕으로 경제를 파악해야 제대로 볼 수 있다는 이야기다. 명동의 사채 금리로 경제를 보는 것과 맥이 통한다고도 할 수 있다.

파버는 가공한 통계를 적대시한다. 비율로 표현되는 통계가 여기에 속한다. 가령 증가율을 계산할 때 분모나 분자 가운데 하나만 조절해도 비율이 다르게 나올 수 있다. 특히 전년 대비 증가율의 경우 전년도 수치가 작으면 다음 해는 수치가 아주 조금만 변해도 증가율이 높게 나오는 효과가 있다.

이런 생각은 실제로 매우 중요한 결과를 낳는다. 가령 미국의 국가 부채가 11조 1,269억(2009년 3월 말 기준) 달러라는 이야기와 GDP의 78 퍼센트라는 이야기는 엄연히 다르게 다가온다. 11조 1,269억 달러라면 굉장히 많다는 것을 바로 알 수 있지만, GDP의 78퍼센트라면 10~20퍼센트 더 늘어도 상관없겠다고 생각할 수도 있다.

통계나 데이터 등을 보려고 월가 금융기관들이 가장 많이 쓰는 단말기는 블룸버그다. 한국에도 이미 많은 금융기관들이 블룸버그 단말기를 들여놓고 있다. 그 단말기로 거래까지 하기 때문에 대개는 두 개의 모니터로 구성돼 있다.

거기에서는 헤아릴 수 없이 많은 정보들이 쏟아져 나온다. 세계 각지의 고급 금융 정보는 물론이고 사건 사고 기사까지 쉴 새 없이 튀어나온다. 클릭을 해서 들어가면 세계 각국 거래소에서 거래되는 주식이나 채권 통화의 값과 거래량은 물론이고 석유나 금, 철강, 원면, 곡물, 가축 등 모든 상품의 정보도 떠오른다. 가격 차이가 발생하는 것도 나타나 차익거래를 할 수도 있다.

블룸버그가 아니라도 통계를 볼 수 있는 곳은 많다. 미국 연방준비제도이사회나 국제통화기금 사이트에도 역시 통계가 가득하다. 한국은행 사이트에 들어가도 수많은 통계 자료가 쏟아져 나온다. 가장 많이 쓰는 통계만 간추려 놓았다는 게 100개(100대 통계 지표)나 된다. 숨이 막힐 지경이다.

그런데 그토록 엄청난 자료를 가지고 누구도 미국이 빚더미에 눌려 금융 위기를 맞는 것을 막지 못했다. GM이나 포드 같은 거대 자동차 회사가 망할 때까지 상황이 그렇게 심각한 줄도 모르고 주식을 사고팔았다. 한국에서는 주요 은행들이 가계 부채가 눈덩이처럼 부풀어 오르는데도 마구잡이로 돈을 퍼냈다.

앞에서 언급했듯이 1970년대 청계천의 상점 주인은 명동 사채업자가 이자를 더 달라고 하는 이야기만 듣고도 경제가 어려워질 것을 알았는데, 오늘날의 전문가들은 첨단 장비를 놓고 그토록 많은 통계 자료를 보고도 경제가 어려워지는 것을 몰랐다. 무엇이 문제일까?

호박에 줄긋기

'호박에 줄 긋는다고 수박이 되느냐'는 이야기가 있다. 블룸버그 단말기로 쏟아지는 정보를 갖고도 세계 경제가 어떻게 돌아가는지를 모른다면 그야말로 호박에 줄 긋는 격이다. 그들은 비싼 돈을 들여 산 정보, 남들은 접할 수 없는 정보를 들먹이며 전문가 행세를 하지만 실상은 전문가 흉내를 낼 뿐이다.

이런 사람들을 위해 피터 린치가 한 이야기가 있다. "프로 투자가들은 핵심을 놓치고 있다. 그들은 앞을 다투어 다른 프로 투자가들이 무엇을 하고 있는지를 알아내기 위해 브리지나 샤크, 마켓워치, 로이터 등의 정보 서비스를 구매한다. 그러나 기업에 대한 숙제(기업 분석)를 마치지 않는다면 이 엄청난 소프트웨어는 한 푼의 가치도 없다. 자신 있게 이야기 하건대 워런 버핏 같은 대가는 이런 장치를 이용하지 않고도 엄청난 수익률을 올렸다."

잘못된 데이터를 가지고 씨름하는 것보다 하나라도 제대로 된 정보로 제대로 판단하라는 이야기다. 피터 린치는 여기에 덧붙인다. "숫자에 대한 잘못된 신념은 별을 헤다가 길가 웅덩이에 수없이 빠진 고대 그리스의 철학자 탈레스의 경우처럼 유해한 것이다."

투자자가 꼭 보아야 할 통계

통화량과 통화 증가율 추이, 회사채 수익률, CD·CMA 등 시중 금리, 주가지수, 물가지수, 각종 채권 발행액 및 잔고, 신용카드 이용 금액 추이, 재정 지출 추이, 환율, 외환 보유액 및 순 대외채권, 실질 국가 부채 규모 등.

13
채권을 알면 경제가 보인다

　옛날 주택가 골목에는 "채권 파세요. 채권이오" 하며 외치고 다니는 사람들이 있었다. 자그마한 서류 가방을 들고 다녔기 때문에 그들이 들고 다니는 가방을 '채권 가방'이라고 부르기도 했다. 채권을 사러 다니는 사람들이 겉으로 보기엔 고생을 하며 다니는 듯 비치기도 했는데 사실 그런 것만은 아니었다. 채권을 만지던 사람들은 대부분 큰돈을 벌었다.

채권에는 경제와 재테크의 이치가 담겨 있다

대신증권의 양재봉 창업자나 전 세종증권(현 NH증권) 회장이던 김형

진 씨 등은 채권으로 돈을 벌었다. 거기에는 어떤 비밀이 있는 것일까?

채권에는 다양한 의미가 숨어 있다. 경제도 들어 있고 금리도 들어 있고, 복리나 물가도 숨어 있다. 한마디로 경제의 거의 모든 것이 담겨 있다고 할 수 있다. 그러니 채권을 잘 알면 경제도 잘 알고, 재테크도 잘 하는 게 당연하다.

채권은 그 자체가 투자의 대상이기도 하지만 경제정책의 수단이기도 하다. 특히 채권 가격은 경제의 동향을 나타내는 중요한 지표로 활용되고 있다. 그러므로 경제를 제대로 이해하기 위해서는 채권에 대해 반드시 알아두어야 한다. 그렇다면 채권이란 무엇인가?

자동차를 사려면 채권을 사야 한다. 흔히 공채라고도 하는데 채권 중에서 지역개발공채라는 것이다. 집을 살 때도 마찬가지로 채권을 사는데, 이것은 국민주택채권이라고 한다. 원래 채권이란 돈을 빌려 줬다는 권리 증서로서 대부분 의무적으로 사므로, 그저 세금처럼 생각된다. 그래서 자동차나 집을 등록하면서 돈을 내고 받은 채권을 만기까지 들고 있는 사람은 흔치 않다. 대부분 자동차 판매점이나 법무사 사무실에서 계산해 주는 대로 일정액을 내고 돌아선다. 이때 채권 값을 다 내는 것은 아니고 그 채권을 현재가치로 계산해서 싸게 넘기고 차액만큼만 지불한다. 아니면 처음에 채권 값을 다 냈다가 나중에 할인해서 판 대금을 돌려받기도 한다.

어쨌든 정부는 이렇게 조달한 자금으로 도로를 내거나 국민주택을 지어 서민들에게 임대해 주기도 한다. 채권이 경제정책에서 차지하는 한 부분이라고 할 수 있지만 사실 이것은 채권의 여러 가지 기능 가운데 극히 일부분에 지나지 않는다.

중앙은행의 큰 칼

경제 운용의 핵심적 역할을 맡고 있는 중앙은행은 채권을 가지고 통화량이나 금리를 조절한다. 한국은행도 마찬가지다. 한국은행은 이런 목적으로 환매조건부채권RP, Repurchase Agreements과 통화안정증권(보통 '통안증권'으로 불림)을 수시로 발행하거나 사들이면서 시중 금리를 조절한다. 이를 공개시장조작이라고 한다.

예전에는 한국은행이 통화량을 직접 통제했으나 이제는 통화정책의 목표를 금리로 바꿔 금리 수준이 유지되도록 하는 데 초점을 맞추고 있다. 한국은행의 금융통화위원회가 목표금리를 정해 놓으면 한국은행은 시중 금리가 목표금리에 근접하게 유지되도록 통화량을 조절하게 되는데 이때 쓰이는 수단이 바로 통안증권과 RP이다. 여기서 목표금리는 과거에는 하루짜리 콜금리였으나 지금은 7일물 RP 금리로 바뀌었다.

한국은행이 통안증권이나 RP를 매각 혹은 배정하면 시중 자금이 한국은행으로 들어가게 된다. 시중의 돈 사정이 안 좋아지고 금리는 오르고 주가에는 부정적인 영향을 준다. 반대로 통안증권이 만기가 됐는데도 그것을 다시 발행하지 않거나 RP를 중도에 사들이면 한국은행이 돈을 푸는 것을 의미한다. 이 경우 시중 자금 사정이 넉넉해지고 금리는 내려가며 주가는 올라가는 효과가 있다.

그런데 중앙은행이 돈을 풀어도 시중에는 돈이 돌지 않을 수도 있다. 은행들이 몸을 사려서 돈을 들고도 대출해 주지 않으면 이런 일이 생긴다. 지난 2008년에는 한국은행이 돈을 풀었다고 했는데 실제 기업들은 자금난을 겪었다. 자금이 한국은행과 시중은행 사이에서만 오갔기 때문이다.

이럴 때는 한국은행도 나름대로 고민을 한다. 금통위에서 금리 목표치를 제시해 줬는데 은행들이 돈을 풀지 않고 쌓아 두다 보면 금융권 내부에서는 금리가 금통위가 제시한 목표 이하로 떨어질 수도 있기 때문이다. 기업들은 자금난과 고금리로 아우성을 치는데도 한국은행은 어쩔 수 없이 금융기관의 여유 자금을 환수하게 된다. 결과적으로 금융기관이 건실하지 못할 때 이런 정책의 괴리가 생긴다고 할 수 있다.

한국은행이 통안증권이나 RP를 사고파는 것이 평상시에는 크게 이슈가 되지 않는다. 그러나 경제가 급박한 때는 다음 상황을 판단하기 위해 주시할 필요가 있다. 한국은행과 시중은행 사이에서 통안증권이나 RP 거래가 급증하고 있다면 은행 시스템에 문제가 있다고 보아도 될 것이다. 통안증권이나 RP 거래 정보는 한국은행 사이트에서 '공개시장조작'으로 들어가면 확인할 수 있다.

미국에서는 FRB의 공개시장위원회FOMC가 한국의 금통위와 같은 역할을 하고 뉴욕 연방준비은행이 한은처럼 채권을 사고팔면서 공개시장조작을 한다. 그래서 FRB 산하 12개 지역 연방준비은행 가운데 뉴욕 연방준비은행이 가장 중요하다.

한국의 국가신용도 지표

흔히 '외평채'라고 불리는 외국환평형기금채권은 환율의 급격한 변동을 막아 경제를 안정시킬 목적으로 발행된다. 그런데 이 외평채가 외국에서는 한국의 대표적인 국채로 간주되어 한국 경제의 안정성을 따지는 지표가 되기도 한다.

각국의 국채는 상환 능력에 따라 미국 국채 금리를 기준으로 가산 금리가 붙어 거래된다. 예전에는 국채를 발행할 때 가산 금리가 한 번 붙는 것으로 끝났으나 부도 위험을 파생 상품으로 만들어 거래하는 시장이 열리면서 이제는 상시적으로 각 나라의 부도 위험을 거래하고 있다. 신용 부도 스왑CDS, credit default swap 프리미엄이 그것이다. CDS 프리미엄이 올라가면 외국인들이 한국 경제에 대해 부정적으로 보고 있음을 의미하며 이 프리미엄이 떨어지면 한국 경제에 대해 긍정적으로 본다는 것을 말한다.

제2의 외환위기 가능성이 고조되던 지난 2008년 10월에는 이 가산 금리가 699bp[11](미국 국채 금리+6.99퍼센트)까지 올라갔다. 한국 경제가 한창 좋을 때의 가산 금리는 70bp 정도였는데 이것이 699bp까지 뛰었다는 이야기는 투자자들이 한국 경제를 극도로 위험하다고 판단했다는 것을 말한다.

한편 2008년 말 기준 채권 발행 잔액은 국고채가 239.3조 원으로 가장 많았고 회사채가 149.8조 원, 통안채 126.9조 원 등이다. 또 산금채 49.5조 원, 국민주택채권 44.9조 원 등으로 집계됐다. 2008년 기준 연간 발행액은 통안채가 1,513.9조 원으로 가장 많았고, 다음으로 회사채(527.6조 원), 국고채(520.5조 원), 산금채(265.2조 원) 등이 뒤를 이었다.

---

11) bp : 베이시스 포인트basis point라고 부르며 100분의 1퍼센트를 의미한다. 국제 금융시장에서 금리나 수익률을 나타낼 때 기본으로 쓰는 단위이다.

14

채권 종류마다 사연이 있다

채권에는 국고채를 비롯한 여러 종류의 국채와 도시철도채권이나 상수도공채와 같은 지방채, 일반 기업이 발행한 회사채, 금융기관이 발행한 금융채, 토지공사나 한국전력 같은 특수 법인이 발행한 특수채 등이 있다. 최근엔 카드사나 할부 금융사 등 여신 전문 할부 금융기관이 발행한 채권을 여전채로 구분하기도 한다. 국채나 공채는 국내에선 부도 위험이 거의 없다는 이유로 한데 묶어서 국공채로 부르기도 한다.

국채 : 모든 채권의 가격을 산정하는 기준이 된다는 점에서 특별한 의미를 갖는다. 국채 중에서도 특히 발행 물량이 많아 전체 채권 가격을 산정하는 기준이 되는 것을 지표 채권 또는 지표물이라고 한다. 과거에는 3년 만기 국채가 이 역할을 맡았지만 지금은 5년 만기 국채가 지표

채권 구실을 하고 있다.

금융채 : 과거에는 산업은행이나 장기신용은행 등 특수한 목적으로 설립된 은행들이 발행하는 것이 전부였으나 최근에는 일반 시중은행도 은행채를 발행해 자금을 조달하고 있다. 각 은행이 앞다퉈 가며 은행채를 과도하게 발행하여 경제에 부담을 주기도 했는데, 일부 은행은 예금을 기준으로 대출이 얼마나 되는지를 나타내는 비율인 예대 비율이 140퍼센트에 이르기까지 했다. 정상적 은행이라면 예대 비율이 60~70퍼센트 수준에서 유지되는데 이처럼 예대 비율이 높아진 것은 힘들여 예금을 받는 대신 채권을 발행하여 쉽게 단기자금을 끌어들였기 때문이다. 채권을 발행해 자금을 조달하는 것이 쉽기는 하지만 반대로 자금이 쉽게 빠져나갈 수도 있어 비상시에는 위험을 초래할 수 있다.

2008년부터 2009년에 이르기까지 은행들이 반강제적으로 증자를 할 수밖에 없었던 것도 이런 이유에서다. 당시 외국 전문가들은 한국의 은행들이 위기에 처한 것으로 보고 이를 국가적 위기로 연결시켜 언급하기까지 했다.

특수채 : 대부분 정부가 보증하는 것으로 간주돼 일반 회사채에 비해 낮은 금리로 발행된다. 그러나 일부 기관은 부채 비율이 감당할 수 없을 정도로 높아져 장기적으로 문제가 부각될 소지가 크다. 미국에서는 패니 메이나 프레디 맥 등 정부 보증 모기지 업체가 과도하게 차입 경영을 하다가 전 세계를 금융 위기로 몰아넣기도 했다.

여전채 또는 카드채 : 카드 회사나 할부 금융사는 주로 회사채를 발행해 자금을 조달한다. 이 때문에 신용이 경색되면 추가 자금 조달에 어려움을 겪을 수 있다. 이 기관들의 채권 발행 잔고가 적정 수준인지를 항상 점검해야 한다.

회사채 : 과거에는 회사들이 채권을 지나치게 많이 발행해 국가 경제에 부담을 주기도 했지만 외환위기 이후 개별 기업별로 부채 규모를 통제하고 있어 예전보다는 위험이 크게 줄어든 편이다. 반대로 우량 회사채가 나오지 않아 시장에서는 아쉬워하는 실정이다.

이자 지급 방식에 따른 분류

채권은 이자 지급 방식에 따라 이표채와 순할인채, 복리채 등으로 구분한다. 채권에 투자하려면 이런 분류가 어떤 의미를 갖는지 꼭 알아둬야 한다.

이표채는 채권에 정기적으로 이자를 지급한다는 것을 명기한 것으로 대부분 회사채가 여기에 해당된다. 순할인채는 채권을 발행할 때 액면가에서 미리 이자를 제공하고 나서 할인해 파는 채권으로, 만기까지 지급 이자가 없어 무이표채라고도 부른다. 만기에 액면에 적힌 금액만큼 지급한다. 복리채는 중도에 이자를 지급하지 않고 채권에 표시된 이자율로 만기까지 재투자하는 개념으로 이자를 계산해 만기가 되면 원금과 이자를 한꺼번에 상환한다. 국민주택채권이나 각종 공채가 여기에 속한다.[12]

---

12) 듀레이션duration : 채권을 처음 발행할 때는 만기 개념이 적용되지만 이미 발행한 채권의 가격은 만기까지 남은 기간(잔존 기간)과 이자 지급 방법 등을 함께 감안한 가중평균 만기로 계산한다. 이를 전문 용어로 '듀레이션'이라고 한다. 이자 지급이 없는 순할인채의 경우는 잔존 기간이 그대로 듀레이션이 된다.

채권 값과 신용도

앞에서 보았듯이 채권은 발행 기관이나 만기, 이자 지급 방법 등이 모두 다르다. 이런 차이가 채권의 값을 좌우한다. 채권의 가격은 만기가 길면 길수록 싸지고(금리가 높아지고), 만기가 짧을수록 비싸진다(금리가 내려간다). 기간이 길수록 불확실성이 커지고 예상치 못한 사태가 발생해 원리금을 상환하지 못할 가능성도 커지기 때문이다. 이런 이유로 낮은 금리로 자금을 빌려다가 높은 금리로 대출해 많은 차익을 남기려는 금융기관들이 단기로 차입해 장기 대출을 하는 모험(?)을 감행하기도 한다. 그러다가 자신은 물론 국가 경제까지 위기로 몰아넣기도 한다.

외환위기 때 종금사가 단기로 외화를 차입해 장기로 대출하다가 자금 회전이 막혀 도산하고 국가를 위험에 빠뜨렸는데 2008년에는 은행들이 똑같은 일을 벌였다. 미국에서도 다수의 은행과 헤지 펀드들이 단기자금을 빌려 장기로 운용하다가 자금 회전이 안 돼 금융 위기를 초래했다. 시중 자금이 남아돌 때는 이런 방법이 아주 수월하며 마진도 좋은 장사이지만 자금 흐름이 막히면 흑자 도산으로 가는 외길이기도 하다.

채권 가격 산정에 빼놓을 수 없는 게 신용도다. 신용도는 신용평가 회사가 공표하는데, 발행할 때뿐 아니라 발행 이후에도 정기 또는 수시로 낸다. 금융시장에서 거래되는 채권은 반드시 등급이 있어야 하므로 등급 체계를 알아 둘 필요가 있다. 신용등급은 각 평가 회사와 대상(금융기관 등)에 따라 다소 차이가 있으나 보편적으로 쓰이는 것만 소개한다.

세계 신용평가 시장은 미국의 무디스와 스탠더드 앤드 푸어스S&P, 유럽의 피치Fitch 등 3사가 대부분을 점유하고 있고, 각 나라별로 별도의 국내 평가 회사들이 있다. 등급 체계는 크게 S&P 방식과 무디스 방식

표 1-10 채권 신용등급 구분

S&P 방식	무디스 방식	비고
AAA AA+, AA, AA- A+, A, A- BBB+, BBB, BBB-	AAA Aa1, Aa2, Aa3 A1, A2, A3 Baa1, Baa2, Baa3	투자 적격
BB+, BB, BB- B+, B, B-	Ba1, Ba2, Ba3 B1, B2, B3	투자 부적격 매우 투기적
CCC+, CCC, CCC- CC	Caa1, Caa2, Caa3 Ca	잠재적 부실 극도로 투기적
D		부도 상태

장기채 기준, 단기채엔 별도의 등급 체계가 있음

으로 구분할 수 있다. 피치의 분류 기준은 S&P 방식과 유사하다.

S&P 기준 BBB- 이상, 무디스 기준 Baa3 이상을 투자 등급(투자 적격 등급)이라고 하고 BB+이하(Ba1 이하)를 투기 등급이라고 한다. D는 부도 상태를 의미한다. 한국에선 S&P 방식이 보편적으로 사용되고 있다. 단기 상품에 대해서는 별도로 등급을 언급하기도 하고 금융기관에 대해 또 별도의 등급 체계를 내놓는 곳도 있다.

금융기관이나 연기금 가운데 상당수는 투자 등급 이상만 투자할 수 있도록 내부 규정을 만들어 놓고 있다. 이 때문에 정크본드라고도 불리는 투기 등급 채권은 별도로 거래되기도 한다. 정크본드는 쓰레기 같다는 의미에서 붙은 이름이다. 지금은 정크본드 대신 고수익 채권이라는 이름으로 불리기도 한다. 위험도가 높은 대신 이자율이 높기 때문이다. 일반적으로 정크본드는 위험이 크다고 하지만 BBB- 등급과 BB+ 등급의 부도 위험 차이를 명확히 구분하기는 다소 모호한 부분이 있다. 또 평가 회사들이 중소기업보다 대기업에 높은 등급을 부여하는 경향이 있다. BBB-의 대기업보다 BB+의 중소기업의 부도 위험이 실제로는 더 낮을 수도 있다는 이야기다. 이런 이유로 정크본드를 전문적으로 투자하는 사람들도 있다. 외형상으로는 투자 위험이 높은 것 같지만 실제 재무분석을 제대로 할 줄 아는 사람에게는 투자 등급 채권보다 나은 물건들을 쉽게 찾을 수 있기 때문이다.

15

복리의 마술

한국 경제사를 들여다보면 수시로 '사재기'란 단어가 나온다. 연탄 값이 폭등할 조짐을 보일 땐 연탄 사재기가 있었고, 나라가 위험에 처하거나 곡물 파동이 났을 땐 라면 사재기도 있었다. 달러가 부족하다 싶으면 어김없이 달러 사재기를, 밀가루 값이 오른다 싶으면 밀가루 사재기를 했다. 심지어 2008년 기름 값이 폭등하자 기름 사재기를 하기도 했다.

사재기, 왜 하는 것일까?

그렇게 라면이나 연탄을 사다가 쌓아 두고, 기름까지 쌓아 둔 사람들은 떼돈을 벌었을까?

지난 1975년에 가장 많이 쓰던 연료인 연탄이 한 장에 10원이었다. 지금은 450원이니 38년 만에 45배가 오른 셈이다. 당시 80킬로그램 쌀 한 가마 값은 대략 1만 원 정도였는데 지금은 17만 원 내외라고 하니, 간단히 계산해도 17배가 올랐다. 사재기 재료로 특히 많이 등장했던 라면은 당시 한 봉지에 40원이었다. 지금은 650~800원 정도이니 16~20배 정도 오른 셈이다.

그렇다면 당시에 돈을 은행 정기예금에 넣었다면 어떻게 되었을까? 연리 10퍼센트 복리로 계산하면 원리금은 25배로 늘어나게 된다. 이자를 연 2회 계산한다고 가정하면 27배로 늘어나며, 매달 이자를 계산한다고 하면 29배로 늘어난다. 계산을 단순하게 하기 위해 금리를 10퍼센트로 잡았는데 당시 금리는 이보다 훨씬 높았다. 2000년대 들어서 금리가 낮아졌지만 평균 금리는 이보다는 높게 나올 것이다. 만약 당시 사채시장에서 일반적으로 통용되던 금리인 3부 이자로 계산하면 결과는 엄청나게 달라진다. 3부 이자를 연리로 계산하면 연 36퍼센트 이자가 된다. 이처럼 높은 이자율로 34년간 복리로 계산하면 원리금은 3만 4,699

표 1-11 1975년과 2009년의 물가 및 복리 차이

	1975년 초	2009년	차이
연탄 1장	10원	450원	45배
쌀 80kg	1만 원	17만 원	17배
라면 1봉지	40원	650~800원	16~20배
연리 10% 정기예금	1만 원	25만 원	25배
3부 이자 사채	1만 원	3억 4,699만 원	3만 4,699배

배로 늘어난다. 매달 원리금을 계산한다고 하면 17만 배가 넘는다.

시간이 흐르면서 원리금이 이처럼 급격히 늘어나는 것은 이자에 이자가 계속해서 붙기 때문이다. 월 단위로 이자를 계산한다고 할 때 첫 달에는 '원금＋이자'만 붙지만 두 번째 달에는 '원금＋이자＋이자＋(이자의 이자)'가 붙는다. 두 번째 달까지 따지면 두 달치 이자와 첫 달 이자에 대한 이자가 붙는다는 이야기다. 셋째 달에는 '원금＋이자＋이자＋이자＋(이자＋이자)의 이자＋(이자의 이자)의 이자'가 된다. 간략히 말하면 원금에 세 달치 이자와, 두 달치 이자의 이자와 한 달치 이자의 이자를 합한 것만큼 원리금이 늘어난다.

다시 설명하면 첫 달에는 순수 원금만이 원금이 되지만 두 번째 달에는 순수 원금과 첫 달치 이자를 합한 것이 원금이 되며, 셋째 달에는 순수 원금에 두 달치 이자와 한 달치 이자의 이자를 합한 것이 원금이 되는 식이다. 이처럼 원금의 이자와 함께 이자의 이자까지 계속 불어나는 원리금 계산법을 복리법이라고 한다.

반면 원금에다 정해진 기간과 이자율을 곱해 단순히 더하는 방식의 원리금 계산법을 단리법이라고 부른다. 단리법은 계산은 간단하지만 이자에 대한 이자를 계산해 주지 않기 때문에 실제로는 거의 복리법을 사용한다. 같은 기간이라도 이자를 연 1회 계산하는 것, 연 2회 계산하는 것, 매달 계산하는 것에 따라 시간이 지나면서 원리금이 엄청나게 차이 나는 것을 알 수 있다.

이처럼 복리는 시간이 지나면서 이자의 이자가 끊임없이 불어나 거의 마술처럼 원리금이 부풀게 된다. 기간이 짧을 때는 모르지만 10년 20년으로 길어지면 원리금은 걷잡을 수 없이 커지기 때문에 사재기로는 도저히 따라갈 수 없게 된다.

금리가 바닥일 때는 모르지만 10퍼센트 이상으로 유지될 때라면 사재기로 버는 이익은 거의 무시할 정도로 작아진다. 특히 사재기를 해야 할 정도로 정치·경제 상황이 불안할 때 금리는 10퍼센트를 훨씬 웃도는 게 일반적이다. 그런데도 사재기를 한다면 산수만 알고 수학은 모르기 때문일 것이다.

실생활과 복리

채권 거래에 사용되는 복리가 일반의 예상과 달리 엄청난 위력을 발휘하는 것을 보았다. 우리는 복리의 세상에서 살면서 그 위력을 느끼지 못하고 있다. 연금이나 보험 등을 가입할 때 장기 수익률을 제대로 따져 보지 못하는 것도 아마 그래서일 것이다.

연금의 경우 강제로 드는 것도 있지만 보험은 자발적으로 드는 게 많다. 보험의 수익률을 어떻게 정하느냐에 따라 가입자들의 이해는 크게 엇갈릴 수 있다. 그런데도 이에 대해 제대로 알고 있는 사람도 많지 않고 이의를 제기하는 경우는 더더욱 없다.

이제 좀 더 현실적인 계산을 해 보자.

30세인 직장인이 매달 10만 원씩 30년간 적금을 부으면 얼마나 목돈을 만들 수 있을까? 이자율은 국채와 회사채의 중간 수준으로 잡아 연 6퍼센트 월 복리로 계산했다. 연리 6퍼센트는 장기적으로 볼 때 그다지 높은 수준은 아니며 일반인들도 평균적으로 그 수준의 상품은 찾을 수 있을 것으로 보고 잡은 것이다.

매달 10만 원씩 1년이면 120만 원이 들어가며 30년이면 3,600만 원을 붓게 된다. 이렇게 할 경우 이자는 총 1억 95만 원 정도가 붙어 60세가 됐을 때 원금과 이자를 합해서 1억 3,695만 원을 받게 된다는 계산이 나온다. 이 계산은 세금을 감안하지 않은 것이지만 비과세 저축을 활용하고 중간에 고금리 상품으로 적절히 갈아탄다면 충분히 얻을 수 있는 결과이다.

이것이 노후를 대비해 가입하는 보험이나 연금 등이 적절한지를 따져 보는 잣대가 될 수 있을 것이다. 보험에 가입하는 대신 이런 식으로 적금을 들었다가 만기에 원리금을 받아서 다시 고금리 예금으로 저축한 뒤 이자를 받아 가며 노후를 즐길 수도 있다.

복리 계산에 흔히 등장하는 72의 법칙이란 복리로 원금이 두 배가 되는 데 걸리는 기간을 계산하는 간단한 방법이다. 72를 금리로 나누면 대략 원금이 두 배가 되는 데 걸리는 기간이 나온다. 만약 연 12퍼센트 복리로 계산한다면 72를 12로 나눠서 나온 값인 6년 정도가 원금이 두 배 되는 기간인 셈이다.

복리 계산을 역으로 하면 나중에 받을 돈이 현재 얼마나 되는지를 환산할 수도 있다. 이를 현재가치 환산이라고 하는데 채권 가격 계산이나 M&A 등에서 많이 쓰인다. 특히 채권의 현재 가격을 제대로 계산할 줄 알면 이를 하나의 업으로 삼을 수도 있다.

채권 중개인은 5년이나 10년씩 장롱에 묵혀 둘 채권을 현재가치로 환산해서 싸게 사 비싸게 팔 수 있고 정부 입찰에 나서는 사람들에게 대여해 주면서 수수료를 받을 수도 있다. 이처럼 채권과 이에 관한 복리 계산법은 경제를 이해하는 데뿐 아니라 재테크와도 밀접한 관련이 있다.

예금이나 적금의 원리금 계산은 복잡한 것 같지만 실제로 공식을 따지면 그렇게 어렵지 않다. 또 지금은 예금이나 적금의 원리금을 쉽게 계산해 주는 모델이 나와 있으므로 인터넷에서 누구나 무료로 이용할 수 있다. '복리표'를 이용해서 현재가치나 미래가치를 따져 볼 수도 있다. 복리표는 교과서에도 나오고 인터넷에서도 찾아볼 수 있다.

❖ 알래스카가 헐값이라고?

미국은 남북전쟁이 끝난 뒤인 1867년 러시아에게서 알래스카를 720만 달러를 주고 사들였다. 오늘날 당시 러시아 왕가가 알래스카를 헐값에 팔았다고 비웃는 사람들이 많다. 그러나 당시 러시아 왕가는 이 협상을 이끈 대표단에 장사를 잘했다며 보너스까지 지불한 것으로 알려졌다. 반면 미국에서는 이 협상을 주도했던 당시 국무장관 윌리엄 시워드William Seward가 거래에서 실패했다는 이유로 지탄을 받았다. '시워드의 바보 같은 짓Seward's folly'이라는 말이 아직도 이어지고 있을 정도다. 그렇다면 러시아 왕가가 밑지는 장사를 했을까, 아니면 미국의 시워드가 진짜 '바보 같은 짓'을 한 것일까?

지금으로서는 1867년에 주고받은 720만 달러가 정확히 얼마의 가치를 지니는지 알기가 어렵다. 이를 지금 가치로 환산하기 위해 연 10퍼센트 이자율로 운용했다고 가정해 본다.

이 돈을 연 1회 복리로 계산하면 지금 원리금은 5조 4,336억 7,663만 달러에 달한다. 그런데 금리가 10퍼센트가 아니라 15퍼센트라면 원리금은 2,995조 달러에 달한다. 이 정도면 알래스카가 아니라 미국을 모두 사고도 남을 만한 천문학적 금액이다. 그런데 역사적으로 보면 1867년 이후 지금까지 평균 금리는 15퍼센트 쪽에 가깝다고 할 수 있다. 알래스카에서 금광이 발견됐든 석유가 나왔든 금리를 따진다면 러시아 왕가 쪽이 장사를 잘했다고 할 수 있다. 문제는 그 돈을 그처럼 생산적인 데 사용하지 못했다는 것이다.

2부

투자의 맥을 잡아라

대부분의 사람들은 미래를 알고 싶어 한다. 아마 주식이나 펀드에 투자했던 사람이라면 한 번쯤은 그런 생각을 해 봤을 것이다. 몇 년 뒤까지는 아니더라도 단 며칠 뒤에 일어날 일만 알아도 대박을 낼 수 있을 것이라고.

　그런 수요가 있기에 시장 전문가들은 앞으로 시장이 어떻게 움직일 것인지 수시로 전망을 내놓는다. 한국에도 많은 투자를 하고 있는 미국 GMO 펀드의 제러미 그랜덤Jeremy Grantham 회장은 세계의 투자자들에게 어떤 때는 무조건 주식을 팔라고 했다가 또 어떤 때는 이제 주식을 사 모을 때라며 강력하게 매수를 권한다. 한국의 증시 전문가들은 코스피가 900에서 반등해 1,500까지 갈 것이라거나, 아니면 1,250에서 조정을 받을 것이라는 등 주가를 예상하기도 한다. 그런가 하면 삼성전자나 LG전자가 저평가됐으니 사라거나, 어떤 회사의 주가가 고평가됐으니 더 이상 사지 말라는 이야기를 하는 애널리스트들도 있다. 이들은 무엇을 보고 이런 말을 할 수 있는 것일까? 어떤 특별한 비결이라도 있는 것일까? 그러한 능력은 전문가들만의 전유물인가?

1장

시장의 흐름을 보는 법

1
큰 장은 돈이 만든다

　1부에서는 주식시장이 실물경제와 실제로 다르게 움직이고 있다는 것을 확인할 수 있었다. 일반적인 예상과 달리 경제가 하락하는 국면에서 주가가 큰 폭으로 뛰거나, 반대로 경제는 좋은데 주가가 떨어진다면 거기에는 어떤 외부적 힘이 작용하고 있다고 생각할 수 있다. 그 힘이 무엇인지를 알면 앞으로 시장이 어떻게 움직일지 예상해 큰 이익을 낼 수도 있을 것이다.

　이번 장에서는 각각 시장의 큰 흐름과 작은 흐름을 분석하고 그런 흐름 속에서 어떻게 방향을 잡고 투자할 것인지를 알아본다. 이를 통해 제러미 그랜덤 회장 정도까지 가지는 못하더라도 나름대로 시장을 보는 기준을 정립할 수 있을 것이다.

한국 증시의 큰 흐름

주식을 사건 부동산을 사건, 투자를 하는 사람들은 모두 큰 장이 서기를 기다린다. 소위 꾼이라고 하는 사람들은 작은 장에선 적당히 현상 유지나 하다가 큰 장에서 한 번에 크게 번다고 한다. 더 큰 부자들은 평소에는 아예 주식을 거들떠보지도 않다가 큰 장에서 대박을 내어 일반 투자자와 차이를 벌린다고 한다. 주가가 안심해도 좋을 만큼 빠졌을 때 뭉텅이로 산 뒤 잊고 지내다가 주가가 전반적으로 회복됐을 때 팔아서 큰 폭의 차익을 낸다는 것이다.

실제로 증시에서 잘나가는 대가들은 대체로 큰 장에서 한몫씩 챙겨 거부가 되거나 거의 재벌 반열에 들기도 했다. 미래에셋의 박현주 회장이나 에셋플러스자산운용의 강방천 회장, FWS투자자문의 박상운 사장 같은 이들이 대표적이다.

어떤 이들은 외환위기가 수습될 무렵 주가가 치솟을 때 큰 기회를 잡았고, 지난 2005년 말부터 한동안 지속된 상승장에서 다시 한 번 재산을 크게 불렸다. 부자들의 재산이 불어난 것을 그래프로 그려 보면 아마도 상당 부분은 이런 주기와 맞아떨어질 것이다. 반대로, 주식을 늘 들여다보는 사람들은 대부분 자잘하게 벌다가 한 번씩 크게 물려서 다시 원점으로 돌아가곤 한다. 지난 2008년 말 하락장에서는 소위 슈퍼개미라고 불리는 거액 투자자들도 큰 손실을 입었는데 대부분은 시장에 붙어서 지내던 사람들로 알려졌다.

어쨌든 증권가의 고수라고 하는 사람들은 큰 장이 서는 것을 '10년 주기설'이니 '19년 주기설'이니 하며 읊어 댄다. 그들의 이야기를 들으면 나름 그럴듯하다.

그렇다면 실제 한국 증시의 큰 흐름은 어떻게 나타났을까?

종합주가지수(현 코스피)는 트로이카 붐을 타고 급등해 1989년 4월 1,000을 넘어섰다가 1990년대 들어서 거품이 빠지면서 급락했다. 이후 정부가 외국인 투자를 허용한 데 힘입어 반등한 주가는 1994년 1,000 고지에 안착하는 것처럼 여겨졌다.

그러나 기아, 한보, 대농 등 주요 그룹들의 잇단 도산과 연이어 닥친 외환위기의 여파로 1998년 6월 277.37까지 곤두박질했다. 그 뒤 금융 시장이 안정되면서 수직으로 치솟은 주가는 때맞춰 불어 준 바이 코리아 열풍과 IT 바람을 타고 2000년 1월 1,066.18까지 치솟았다. 1년 반 만에 네 배로 뛴 셈이다.

IT 버블이 꺼지면서 다시 급락했던 주가는 2002년 4월 900대 중반까지 회복됐다가 카드 대란을 만나 다시 한 번 500대 초반으로 추락하며 고난의 세월을 보냈다. 거기서 바닥을 다진 주가는 2005년부터 상승세로 돌아서 지난 2007년 사상 최고치를 51번이나 갈아치우는 신기록을 세우며 처음으로 코스피 2,000 시대를 열었다.

이렇게 주가가 치솟을 때면 시장에는 활기가 넘친다. 음식점도 붐비고 신문이나 방송은 연일 분위기를 띄우는 기사들을 쏟아 낸다. 그렇다면 주가가 떴을 때 경제도 좋았을 것 같은데 실상은 그렇지 않았다. 주가는 떴지만 국민들은 경제가 나빠졌다고 정권마저 바꿔 버린 적도 있다.

돈과 주가의 관계

과거 기록을 볼 때 주가는 경제지표나 국민들이 피부로 느끼는 체감 경기와 따로 움직였다. 주가를 끌어올리는 다른 힘이 있다는 것이다. 그 힘은 다름 아닌 돈이다.

경제원론에서는 돈이 물가를 좌우한다고 가르치는데 사실 주가도 경제가 좋건 나쁘건 상관없이 증시에 돈이 넘치면 올라가고 돈이 마르면 떨어진다. 시중 자금 흐름과 주가 추이를 비교하면 쉽게 알 수 있다.

금융기관 유동성Lf을 기준으로 한 통화 증가율(전년 동기 대비)을 보면 외환위기 이후 주식시장에 큰 장이 섰던 1998년과 1999년에는 두 자릿수나 되는 높은 수준을 유지했다. 그러다가 주가가 하락하기 시작한 2000년에는 5퍼센트를 넘나들 정도로 이 수치가 급격히 낮아졌다.

2002년에는 길거리에서 카드를 발급해 주는 등의 조치로 가계 소비에 엄청난 거품이 생겼고 주가도 급속도로 회복됐는데 당시 통화 증가율은 다시 두 자릿수로 돌아섰다. 그러나 통화 증가율은 2003년에 접어들어 정부의 카드 회사 여신 축소 등의 여파로 다시 급락해 5퍼센트대 초반으로 떨어졌는데 이때 카드대란과 함께 주가가 폭락했다. 2003년 말 바닥까지 떨어졌던 통화 증가율은 이후 쉬지 않고 늘어나 2007년 다시 두 자릿수가 되었다. 이 시기에는 주가도 지속적으로 상승 곡선을 그렸다. 이처럼 주가의 큰 움직임은 돈줄이 풀렸다가 조여지는 것에 맞춰 움직인다.

돈이 주가를 끌어올리는 양상은 미국에서도 똑같이 나타났다. 뉴욕 증시의 다우지수가 장기적으로 완만한 상승 곡선을 그린 것처럼 보이지만 사실 1990년대 초반만 해도 2,000대를 겨우 넘어서 간신히 3,000대에 진입할 정도였다. 그때까지만 해도 미국의 주가는 그다지 크게 움직이지 않았다.

레이건에 이어 아버지 부시가 대통령으로 재직할 때까지만 해도 미국 금융정책의 큰 기조는 고금리를 바탕으로 하는 보수적인 통화 관리였다. 물가 상승을 억제하려고 돈을 묶어 놓았기 때문에 기업들은 허리

그림 2-1 통화 증가율(위)과 코스피 장기 추이

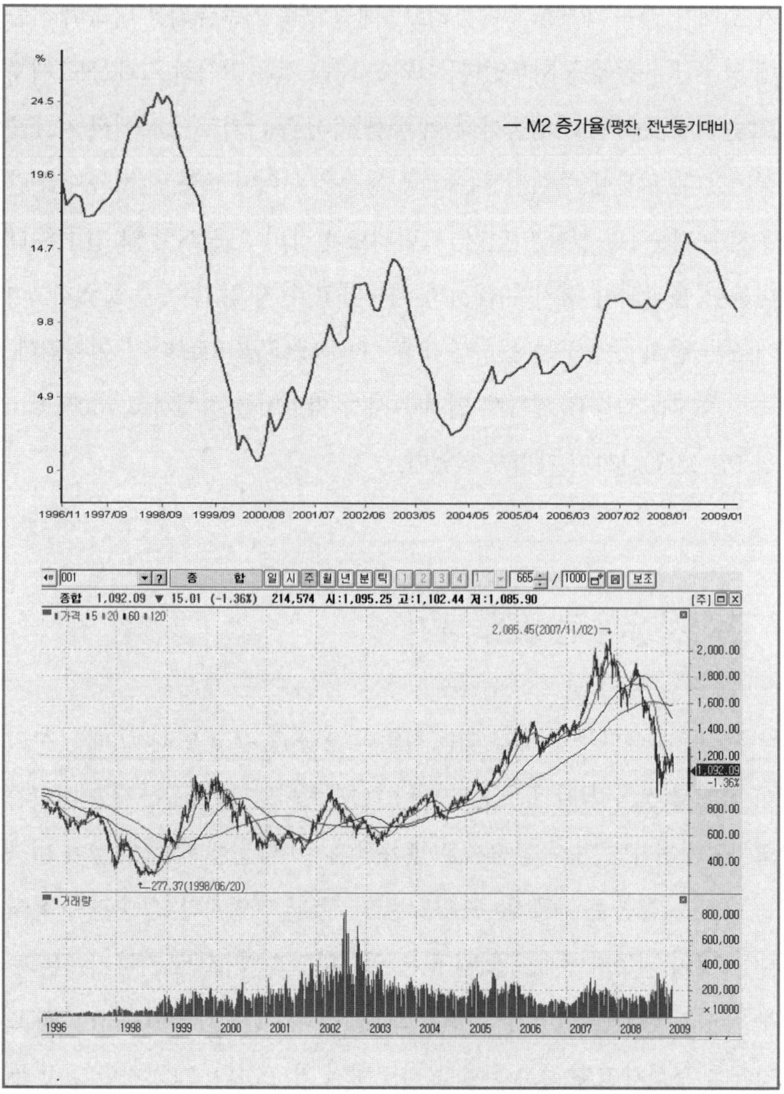

띠를 동여매며 내실을 다져야 했다. 돈이 귀하니 주가가 오르는 게 쉽지 않았다. 그런데 1993년 클린턴이 대통령에 취임하면서 미국 연준 FRB은 금리를 낮추고 돈을 풀기 시작했다. 경제에 불이 붙는 것을 보고 금리를 올리려던 연준은 1998년 헤지 펀드인 롱텀 캐피털 매니지먼트가 초래한 금융 위기를 수습하려고 3개월 연속 기준금리를 내리며 시중에 엄청난 유동성을 퍼부었다. 이익을 내는 것은 고사하고 매출도 제대로 올리지 못하던 기업들까지 이 틈을 타서 무더기로 증시에서 자금을 끌어갔다. 덕분에 주식시장은 고공 행진을 이어가 1999년 처음으로 다우지수 기준 1만 선을 넘었다. 그런데도 시장의 불을 꺼야 할 연준은 IT 버블이 붕괴되며 경기가 급격히 식는다고 쉬지 않고 돈을 풀었다. 이 기조는 잠시 주춤하는 듯하다가 9 · 11사태를 빌미로 다시 이어졌다. 뉴욕 증시는 상승을 거듭해 연거푸 사상 최고치를 경신하고 2007년 10월 1만 4,000선까지 가볍게 넘었다.

주식시장의 큰 흐름 타기

주가를 들여다보면 오를 때는 한없이 오를 것 같고 또 내릴 때는 한없이 떨어질 것처럼 여겨진다. 그러나 대개는 어느 정도 올라가면 내려가고, 또 내려가면 다시 상승세로 돌아선다. 이 때문에 주가 흐름이 변하는 순간을 알면 큰돈을 벌 수 있을 것만 같다. 그렇지만 그 순간을 짚어내는 것이 전문가에게도 쉽지 않은 일이다. 그렇다고 포기하기에는 너무 구미가 당기는 일이기도 하다. 그래서 많은 전문가들이 주가 그래프 자체를 분석하기도 하고 환율을 비교해 보기도 한다. 그렇지만 일반 투자자들이 이해하기에는 어렵고 제대로 맞지 않는 것이 보통이다.

투자자들의 궁금증을 풀어줄 만한 대안이 하나 있다. 시중 자금 흐름이 주가의 큰 흐름을 좌우한다는 가정 아래 자금 흐름을 추적하는 방법으로 접근해 보는 것이다. 물론 이 방법은 단기 투자가 아닌 장기 투자를 위한 것이다. 앞에서 통화 증가율 그래프를 이용해 경제 위기가 다가오는 것을 예측할 수 있었는데 이 개념을 연장하여 증시 움직임과 비교해 보자.

단순한 생각으로는 돈이 풀리면 주가가 오르기 때문에 통화 증가율 그래프가 올라갈 때 주가도 오른다고 생각할 수 있다. 그러나 두 그래프는 한 방향으로 움직이지 않는다. 그보다는 통화 증가율 그래프가 저점에서부터 올라가기 시작해 전체 상승 구간의 중간을 넘어설 즈음부터 주식시장에 위험이 고조되는 것으로 볼 수 있다. 반대로 통화 증가

그림 2-2 통화 증가율로 본 주식시장의 위험 구분

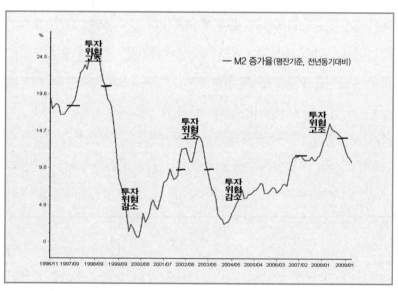

율 그래프가 정점에서부터 2분의 1 정도 하락한 시점부터는 증시의 위험이 상당히 줄어든다. 통화 증가율 그래프의 '∩' 구간에서는 주가가 약세를 보일 가능성이 높다고 보고, 반대로 '∪' 구간에서는 강세를 예상할 수 있다는 말이다.

물론 주가를 결정하는 데는 다른 여러 가지 요인이 있을 수 있다. 전쟁이나 천재지변 또는 정부의 정책 등도 주가에 영향을 줄 수 있다. 그렇지만 이런 돌출 변수가 없을 때 통화 증가율 그래프는 주가의 장기 추세를 예상할 수 있는 하나의 길잡이가 될 것이다.

통화 증가율 그래프의 정점 부근에서는 주식 시장의 위험이 오히려 커지는 데 이것은 경제와 증시가 상반되게 움직이는 것과 같은 맥락에서 이해할 수 있다. 증시가 경제를 앞서서 움직이고 있는 만큼 증시의 고점이 경제의 고점보다 먼저 오기 때문이라고 볼 수도 있다. 이는 또 통화 증가율이 높아지는 것이 반드시 증시 자금의 증가를 의미하는 것은 아님을 말해 준다. 채권 관련 상품이 급격히 늘어나 통화 증가율이 높아지는 것으로 해석할 수 있을 것이다.

2

수급은 모든 재료에 우선한다

존 F. 케네디 전 미국 대통령의 아버지인 조지프 P. 케네디는 주식과 영화 사업 등으로 큰돈을 벌었다.

그런데 어느 날 구두닦이가 주식 전문가라도 되는 양 주식에 투자하라고 이야기하는 것을 듣고 황급히 사무실로 돌아와 보유하고 있던 주식을 모두 팔았다.

그는 시중의 모든 돈이 증시로 몰려 더 이상 지탱하기 어려운 지경에 이르렀다고 본 것이다. 그가 주식을 판 직후 주가는 수직으로 떨어졌다. 주가가 떨어지는 데서 그치지 않고 아예 시장이 붕괴했다. 대공황의 시작이었다.

지난 2007년 한국에서도 비슷한 상황이 벌어졌다. 중국 주식이 폭등하면서 중국 펀드에 가입하지 않는 사람은 바보 취급을 당했다. 주식을 전혀 모르는 은행의 창구 직원들이 중국 경제를 설명하며 펀드를 팔아 댔다. 그것이 막차였다.

시장이 과열될 때는 돈이 과도하게 쏠리는 현상이 나타난다. 그럴 때면 구두닦이는 물론이고 이발사나 아이 업은 아주머니까지 주식 이야기를 하고, 주식으로 돈 벌었다는 사람들의 이야기가 곳곳에서 들려온다. 신문이나 방송에서는 전문가들의 긍정적 전망이 넘친다. 주식에 관심 없던 사람들이 주식 이야기를 하는 것도 이와 무관하지 않다. 무엇이 이들을 열광하게 만드는 것일까?

증권시장에는 '수급은 모든 재료에 우선한다'는 아주 오래된 격언이 있다. 여기서 '수급'이란 돈의 다른 표현이라고 할 수 있다. 재료는 주가를 움직이게 하는 갖가지 정보를 말한다. 기업의 이익이 늘어났다거나, 어느 기업의 오너가 여배우와 모종의 관계라는 등 주가에 영향을 미칠 만한 모든 이야기를 증시에서는 '재료'라고 부른다.

돈이 말랐을 땐 아무리 좋은 실적이 나와도 주가가 올라가지 못한다. 하루 이틀 상한까지 올랐다가도 곧 기세가 꺾이고 만다. 그러나 증시에 자금이 넘치면 전혀 이익을 내지 못하는 기업의 주가도 상한까지 솟구치는 일이 다반사다.

아예 작정하고 돈을 몰아가려고 부도를 냈던 전력이 있는 기업이나 부도 직전의 부실기업을 헐값에 인수해 우회 상장을 꿈꾸는 세력들도 나온다. 그런데도 투자자들은 곧 물릴 수도 있다는 것도 모르고 부나방처럼 뛰어든다.

돈 번 사람들의 이야기가 많이 나오면 증시에서 멀어질 준비를 하고, 우회 상장 기사가 많이 나올 때는 증시가 과열됐다고 생각해야 한다.

어떤 돈을 주시할 것인가

돈은 증시의 움직임과 떼려야 뗄 수 없는 중요한 요소이다. 돈을 들고 와서 주식을 살 사람이 있어야 주가가 올라가기 때문이다. 그래서 시장이 어떻게 움직일 것인지를 판단하려면 먼저 자금 흐름부터 잘 살펴야 한다.

예전에 투자자들은 증시 주변 자금 동향을 보고 매수 여력이 있는지를 판단했다. 증시 주변 자금은 고객들이 주식을 사려고 맡겨 둔 예탁금과 주식을 외상으로 산 것을 뜻하는 신용 잔고, 주식을 사고 돈을 갚지 않은 미수금 등을 종합한 것이다. 개인이 주식을 사려면 자금을 예탁금으로 넣어 두어야만 했던 때는 이 지표가 상당한 의미를 가졌다.

그림 2-3 증시 주변 자금 동향

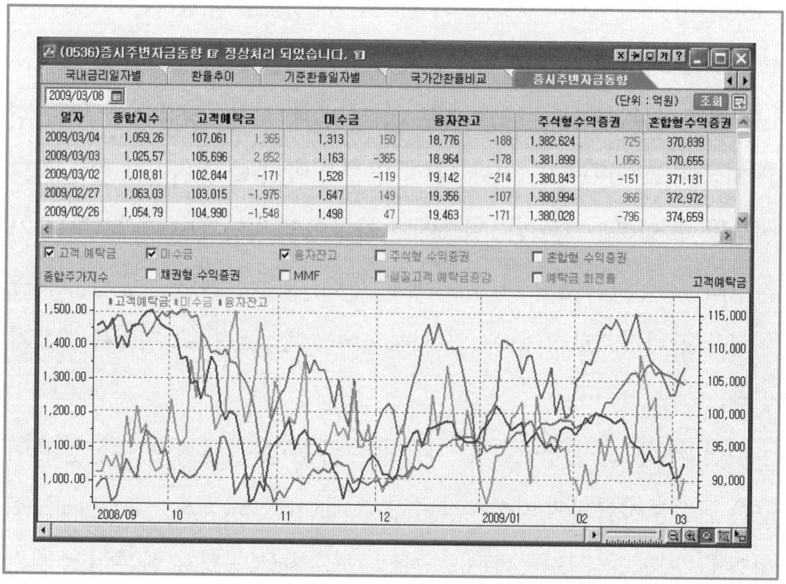

그러나 지금은 CMA나 MMF 자금으로도 바로 주식을 살 수 있기 때문에 이 상품들의 잔액까지 종합적으로 관찰해야 증시의 매수 여력이 충분한지를 알 수 있다.

그보다 더 중요한 것은 기관투자가와 외국인의 움직임이다. 예탁금과 상관없이 거래할 수 있는 이들의 비중이 커졌기 때문이다. 최근에는 증시에 대기하고 있는 자금 자체는 늘 풍부한 편이다. 대기하고 있는 자금을 실제 매수로 연결시키는 촉매 구실을 하는 것이 기관이나 외국인으로 이들이 함께 사면 증시는 확 살아난다. 반대로 이들이 함께 팔 때는 개인들이 버텨 내기가 버겁다. 기관과 외국인이 함께 파는 날은 낙폭이 커질 수 있다고 생각하고 대비해야 한다.

외국인이나 기관은 해외 증시를 따라가는 경우가 많으므로 매일 장 시작 전에 유럽이나 미국 증시의 결과를 먼저 확인할 필요가 있다. 최근에는 외국인의 움직임을 보기 위해 '한국 관련 펀드 자금 동향'을 보기도 한다. 이 자료가 외국인의 움직임을 그대로 반영하는 것도 아니고, 수시로 언론에 나오기 때문에 별도로 찾아볼 필요는 없다.

기관들의 움직임은 주식형 펀드의 설정 추이에도 영향을 받는다. 펀드 자금이 늘어나는지 여부로 기관이 살 것인지 팔 것인지를 어느 정도 예상할 수 있다는 말이다. 펀드에서 자금이 빠져나가면 기관들은 주가가 싸더라도 마음대로 사지 못한다. 특히 적립식 펀드는 증시의 매수 여력을 장기적으로 키울 수 있다는 점에서 관심을 두고 지켜볼 필요가 있다.

주식형 펀드의 설정 추이나 자금 유출입 동향, 적립식 펀드 설정 추이 등은 금융투자협회의 자본시장 주요 통계http://www.kofia.or.kr/sta-tistics/로 확인할 수도 있다. 각 증권사는 매일 증시 자금 동향은 물론이고 기관이나 외국인 매매 동향을 발표한다. 인터넷이나 홈 트레이딩 시스템을 통해서도 쉽게 볼 수 있다. 경제신문에도 증시 자금 동향이나 기관 외국인 동향은 매일 나온다. 다만 이런 자료를 실전에 활용하려면 당일 움직임만 보지 말고 추세를 함께 보아야 한다. 기관이나 외국인 매매 동향은 장중에도 실시간으로 나온다. 거래를 할 때는 이들이 엇갈리게 움직이는지, 또는 한 방향으로 가는지를 보고 이후 시장의 추세를 예상해 볼 수도 있다.

한편 몇 년 전부터 증시의 큰 손으로 등장한 국민연금은 연말이나 연초에 1년 매매 계획을 발표하기 때문에 대형주에 투자하려면 관심을 기울일 필요가 있다. 국민연금이 주식 편입 비율을 늘리겠다고 하면 주가가 떨어질 때마다 이들이 들어와 받쳐 줄 가능성이 있기 때문이다.

돈을 움직이는 힘

시중에 돈은 넘치고 기관투자가나 외국인도 늘 대기하고 있지만 돈은 어느 때는 움직이고 또 어느 때는 움직이지 않는다. 돈을 움직이도록 하는 요인이 있는 것이다. 그것을 아는 것은 증시 주변에 돈이 얼마나 있는지를 아는 것 못지않게 중요하다.

사람들은 돈 벌 욕심에 시장 상황이 웬만하면 주식을 사려고 한다. 돈은 있는데 투자를 하지 않는다는 것은 투자자들을 망설이게 할 정도로 전망이 불투명하거나 아예 움직이지 못할 정도로 어둡다는 이야기다. 이것을 '탐욕과 공포가 증시를 지배한다'고 표현하는 사람도 있는데, 시장에 공포가 넘칠 때는 금리가 어떻게 움직일지를 생각해야 한다.

투자자들이 망설일 때 당국은 불안감을 없애려고 금리 인하라는 방법을 쓴다. 금리를 내리면 투자자는 돈을 싼 값에 빌릴 수 있고 부담이 줄어든 만큼 돈을 펑펑 쓴다. 어떤 때는 사람들의 눈을 멀게 할 만큼 효과가 큰데, 그것이 중앙은행의 힘이라고도 할 수 있다.

당국은 때때로 각종 경제정책을 내세워 투자를 부추긴다. 세금을 깎아 주는 것도 중요한 변수가 된다. 신도시 건설 계획을 발표하거나 신기술 개발을 지원하는 등으로 위험 부담을 줄여 주면서 돈 벌 기회를 제공하기도 한다. 당연히 관련 업계가 움직이고 거의 동시에 증시도 움직인다. 정부의 정책 발표를 눈여겨봐야 하는 것은 이런 이유에서다. 이런 때 증시는 순간적으로 뛰지만 경제는 그보다는 늦게 불이 붙는다. 실물경제에 불이 붙을 때쯤이면 먼저 들어간 투자자는 이미 한몫을 챙기고 나올 준비를 하기 때문에 그때 증시에 들어가는 것은 위험하다.

어떤 조치는 투자 심리를 위축시키거나 아예 얼어붙게 만들기도 한다. 금리를 올리거나 시중은행의 대출을 규제하는 것 같은 조치는 전반적인 자금 흐름을 위축시키므로 투자자들은 순간적으로 긴장한다. 이런 조치의 영향으로 일부 부실기업이 부도라도 내면 시장 분위기는 급속히 냉각된다. 주식의 문외한들은 시장이 과열될 때 들어가 정부가 이런 조치를 내리기 직전에 주식을 산다. 큰 장에서 막차를 타는 것이다.

주가가 단지 수급에 의해 조정을 받을 때는 참고 기다리면 회복된다. 그러나 정책 변경과 같은 외부 요인에 의해 주가가 떨어질 때는 낙폭도 크지만 조정 기간이 오래 걸릴 수도 있다. 긴축 정책이 막바지에 도달할 때쯤 경제에 대한 부정적인 뉴스가 넘친다. 그러면 상당수의 일반 투자자들은 증시를 떠나려고 하는데 사실은 이때가 주식을 사야 할 때이다.

3

시장의 큰 흐름 따라가기

바다에는 잔물결이 일다가 큰 파도가 치기도 한다. 항공모함이나 유조선과 같은 커다란 배들은 웬만한 파도는 그냥 헤치고 나간다. 다만 태풍이나 해일이 일면 그런 배들도 피해야 한다. 마찬가지로 시장에도 큰 흐름과 작은 흐름이 있다. 작은 흐름보다는 큰 흐름이 의외로 잘 보인다. 그런데도 대부분의 투자자들은 작은 흐름에는 잘 대처하면서 큰 흐름을 제대로 타지 못해 낭패를 보곤 한다. 뻔히 보이는데도 당하는 것은 무슨 까닭일까? 혹시 기존 이론에 문제가 있는 것은 아닐까?

여기서 잠시 우리의 투자 상식을 다시 한 번 점검하고 가자.

문제 1. 장기적으로 주식보다 채권의 수익률이 높다. (Yes / No)
문제 2. 펀드는 장기 투자를 해야 높은 수익률을 낼 수 있다. (Yes / No)

첫 번째 문제는 사실 투자론에서는 거의 고전과 같이 여겨지는 것이다. 전설적 종목 선정의 대가인 피터 린치는 《이기는 투자Beating the Street》라는 책에서 '채권에서 탈출하라'고 주장했다. 장기적으로 주식의 수익률이 채권의 수익률을 월등히 앞선다는 것이다. 1926년에 10만 달러를 투자해 1989년까지 보유했다고 가정할 때 미국 장기 국채에 넣었다면 160만 달러, 주식에 투자했다면 2,550만 달러가 됐을 것이란 게 그의 설명이다.

두 번째 문제도 이미 언론을 통해 수없이 접했을 내용이다. 지난 2007년 주가가 한창 치솟을 때 미래에셋 디스커버리 주식형 펀드의 누적 수익률이 700퍼센트가 넘는다는 기사가 뭇 투자자들의 눈길을 끈 바 있다. 또 프랭클린 템플턴 투신운용은 지난 1999년 1월에 설정한 그로스 주식형5의 10년 누적 수익률이 290.66퍼센트로 나타났다고 밝힌 바 있다. 이런 사례를 들지 않아도 펀드에 장기간 묻어 두면 높은 수익률을 낼 수 있다는 게 그동안 일반인들의 믿음이었다.

그런데 이런 이야기들은 이론일 뿐 실제로는 딱 맞는다고 하기 어렵다. 장기간이라고 할 때 기간을 얼마나 잡느냐에 따라 답이 전혀 달라질 수도 있기 때문이다.

최근 금융 위기로 세계 주요 증시의 지수가 대부분 10년 전 수준으로 돌아갔다. 평균보다 훨씬 더 운용을 잘한 일부 주식형 펀드는 이런 상황에서도 여전히 높은 수익률을 유지하고 있지만 대부분의 주식형 펀드는 채권 수익률을 밑도는 저조한 성적을 냈다.

주가가 조금씩이라도 꾸준히 오르거나 떨어졌다가 다시 오른다면 펀드에 장기로 묻어 두는 것이 수익률을 높이는 지름길일 것이다. 그렇지만 금융 위기로 수익률이 절반으로 꺾이고, 또 그런 사태가 수시로 발생한다면 무조건 장기 투자를 고집하는 것이 능사는 아닐 것 같다. 특히 펀드매니저가 자주 바뀌면서 수익률이 급격히 떨어지는 일부 펀드에 장기적으로 투자하는 것은 오히려 독이 될 수도 있다.

그렇다면 투자를 잘한다는 강남 부자들은 최근 어떻게 움직였을까?

강남 부자들이 채권을 산 이유

주가가 사상 최고치로 치솟던 지난 2007년 하반기부터 강남 부자들 가운데 일부는 주식에서 돈을 뺐다. 그 돈을 굴릴 데를 찾고 있던 이들은 마침 2008년 중반부터 쏟아져 나온 고금리 채권에 집중 투자했다. 당시 회사채 수익률은 AA-급 기준으로 8퍼센트대를 오가고 있었고 일부 금융기관들까지 8퍼센트대의 장기 채권을 발행할 때였다.

주식은 하루만 상한가까지 오르더라도 15퍼센트의 수익률이 나는데 강남 부자들은 왜 1년을 참아야 8퍼센트대 중반의 이자를 받을 수 있는 채권을 샀을까? 보통 사람들에게는 이런 행동이 쉽게 납득이 가지 않았을 것이다.

그런데 몇 달 뒤인 2009년 초 이들이 채권에서 떼돈을 벌었다는 이야기가 들렸다. 금리가 8퍼센트대 중반이라면 6개월이 지나 봤자 4퍼센트 전후의 이자를 받을 수 있을 것 같았는데 어떻게 떼돈을 벌었다는 이야기가 나올 수 있었던 것일까?

바로 일반인들이 생각하는 것과는 다른 계산법 때문이었다. 채권의 수익률 계산법은 일반이 생각하는 이자 계산과는 다르다. 채권을 사서 만기까지 들고 있다가 원리금을 받는다면 처음 살 때 정해진 금리대로 이자를 받는 것이 맞다. 그런데 시장에서 거래되는 채권의 가격은 금리를 기준으로 할인하는 식으로 계산한다. 이 때문에 채권을 살 때와 팔 때 금리가 어떻게 되느냐에 따라 채권 가격은 일반의 예상보다 크게 변할 수 있다. 가령 3년 만기 채권의 금리가 8퍼센트라면 처음 채권을 거래할 때의 값은 만기에 받을 수 있는 원리금의 80퍼센트가 안 되는 수준이다. 구체적으로 3년 뒤 원리금을 합쳐서 100만 원을 받을 수 있는 채권의 현재가치는 8퍼센트 금리로 따지면 79만 4,000원이 된다. 그런데 금리가 내려가면 채권 값은 뛴다. 8퍼센트였던 채권 금리가 1년 뒤 6퍼센트로 떨어지고 만기까지 2년 남았다면 100만 원 짜리 채권의 현재가치는 89만 원이 된다. 이렇게 되면 89만 원에서 79만 4,000원을 뺀 9만 6,000원의 차익이 생긴다. 투자 원금이 79만 4,000원이므로 수익률은 12퍼센트가 넘는다(여기서는 금리를 연 1회 계산하는 것을 가정했는데 반년 또는 분기마다 계산하면 차익은 더 커진다. 정기적으로 이자를 지급하는 회사채의 계산은 약간 다르지만 원리는 마찬가지다).

당시 채권 수익률이 높게 나온 것은 2008년 12월 채권 금리가 수직으로 떨어졌기 때문이다. 금융 위기로 치솟던 시중 금리는 미국 정부가 거액의 자금을 풀고 다른 나라들이 일제히 따라가면서 수직으로 하락했다. 한국은행도 5.25퍼센트이던 기준금리를 2008년 10월부터 연말까지 네 번이나 내려 3퍼센트로 낮춘 바 있다. 덕분에 그해 12월 한 달 동안 채권 투자 수익률은 만기에 따라 7퍼센트(1년 이하)에서 18퍼센트(10년 만기)까지 나왔다.

금리가 높을 때(채권 값이 쌀 때) 금리가 내려갈 것을 예상하고 채권을 사면 단기간에 많은 차익을 남길 수 있다. 특히 만기가 긴 채권일수록 수익률은 높아진다.

그림 2-4 2008년 채권 금리 추이

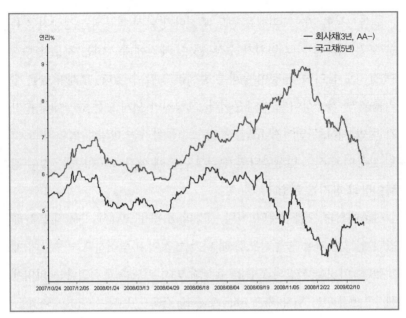

펀드도 갈아타라

지난 2007년 9월에 언론은 국내에서 판매되는 대표적 중국 펀드의 1년 수익률이 100퍼센트가 넘었다고 대대적으로 보도했다. 그런데 그 후 1년 반 정도가 지나도록 언론에는 중국 펀드 수익률에 대한 기사가 거의 올라오지 않았다. 보도를 해 봤자 좋아할 사람보다 싫어할 사람이 더 많을 정보였기 때문이다. 만약 어떤 투자자가 그처럼 수익률이 높다는 이야기가 나왔을 때 중국 펀드에서 빠져나와 채권 펀드에 가입했다면 어땠을까? 남들이 어떻게 보건 간에 그는 지금껏 의기양양해할 것이 틀림없다. 이 이야기는 전통적 투자 이론에 젖어 있는 사람들에게 의미하는 바가 크다.

　주식시장이 10~20퍼센트 정도 빠졌다가 다시 회복되는 정상적 흐름을 보일 때라면 피터 린치가 주장했듯이 채권에 투자하는 것보다 주식에 장기로 묶어 두는 것이 올바른 자세라고 할 수 있다. 그래야 높은 수익률을 낼 가능성이 크기 때문이다. 그렇지만 세계 모든 증시에서 주가가 절반 이하로 떨어져 10년 전 지수로 돌아가는 상황이 벌어지고, 그런 상황이 수시로 발생한다면 주식형 펀드에 장기로 묶어 두는 것이 정답이라고 하기는 어렵다.

　미국에서는 오래전부터 이런 시장의 흐름을 고려해 수동적으로 해왔던 펀드 투자를 능동적으로 해 나가는 것이 바람직하다는 주장이 제기됐다. 이것을 시장의 흐름을 예상해 먼저 펀드를 움직인다는 의미에서 '선행적 펀드 투자Proactive fund investing'라고 부른다.

　새로운 논리를 주장하는 사람들은 사서 묶어 두는 기존의 펀드 투자로는 더 이상 높은 수익률을 유지하기 어렵다고 주장한다. 그래서 펀드 내에서 종목을 갈아타는 것은 물론이고 때로는 현금으로 인출하는 것까지 적극적으로 생각하라고 권한다. 주가가 폭락하고 금리가 치솟을 때는 현금을 들고 있는 게 수익률을 지키는 비결이기 때문이다(금리가 올라가면 채권 값도 떨어지기 때문이다).

　결국 주식이나 채권은 물론이고 주식형 펀드 투자도 시장의 흐름을 따라 적절히 맞춰 줄 필요가 있다. 이것이 새로운 시대가 요구하는 투자 요령이다. 최근 국내 증시에서 수수료가 싸고 주식처럼 투자할 수 있는 ETF나 펀드 내에서 주식형과 채권형을 갈아탈 수 있는 카멜레온 펀드 등이 나오는 것도 이런 시대적 흐름을 반영한 것이라고 할 수 있다.

4

작은 장에서 파도타기

주가는 한 방향으로만 움직이지 않는다. 큰 폭으로 오르는 날도 바닥까지 떨어졌다가 오르기도 하고, 바닥으로 떨어지는 날에도 순간적으로 상한까지 치솟기도 한다. 그뿐이 아니다. 대세 하락기라고 생각했는데 1주일 정도 빠졌다가 다시 며칠 동안 폭등하는 일도 많다. 그런가 하면 대세 상승기에도 며칠씩 조정을 받는 일이 다반사다. 시장이 안정될 때는 일정 가격대를 중심으로 너울처럼 오르락내리락하는 종목도 생겨난다.

이처럼 주가는 종목에 따라 다양한 특성을 보여 준다. 이 같은 주가의 움직임을 잘 이용하면 저점에서 사고 고점에서 파는 방식으로 약세장에서도 꾸준히 차익을 낼 수도 있다.

우량주로 파도타기

회사원인 정갑돌 씨는 단기 투자자다. 그렇지만 그의 머리는 복잡하지 않다. 그가 보는 종목은 딱 다섯 개뿐이다. 다른 회사에는 신경을 쓰지 않는다. 거래를 많이 하지만 웬만한 뉴스는 무시해 버린다. 그가 뽑은 종목에 미치는 영향은 별로 크지 않다고 보기 때문이다.

정 씨가 보는 종목 가운데 하나는 증권주다. 주가는 6만 2,000원을 중심으로 상하 10퍼센트 정도 움직인다. 주가가 5만 6,000원 선에 근접하면 부담 없이 산다. 5만 5,000원 밑으로 떨어지면 기분이 좋아 더 많은 양을 산다. 그러다가 6만 7,000원이 되면 매도 주문을 낸다. 주가가 더 뛸 수도 있지만 그 이상은 남의 것이라고 생각한다. 이렇게 한 사이클이 돌면 정씨는 15퍼센트 정도의 차익을 챙긴다. 그런 사이클이 1년이면 세 번 정도 온다.

또 한 회사는 부동산을 대량으로 보유한 서비스 회사다. 이 회사는 평소에도 부동산 가치는 주가에 거의 반영돼 있지 않아 주가가 싼 편이다. 그래도 일정한 가격대에서 크게 벗어나지 않고 움직인다. 역시 상하 가격차는 15퍼센트 내외로 잡고 있다. 배당도 꾸준하다. 정 씨는 지금은 잔잔한 마진을 챙기고 있지만 언젠가 이 회사의 부동산 가치가 반영되면 두세 배 뛰는 것은 우습다고 확신한다.

이처럼 상장 주식들 가운데는 일정한 가격대를 중심으로 주가가 움직이는 종목이 많다. 그런 종목들은 대부분 내재 가치가 확실해 하루 이틀 가격대를 벗어나더라도 이내 본래 가격을 회복한다. 대신 유행을 크게 타지 않기 때문에 주가가 하늘 높이 치솟는 일도 없다. 정 씨가 이런 주식을 고르는 노하우가 있다.

파도타기 대상 종목의 조건

- 업력이 오래된 우량주라 한다. 장기간 관찰을 통해 회사의 능력과 주가 수준까지 검증할 수 있기 때문이다. 재무적으로 안정적이며 일정 수준의 매출액과 이익을 꾸준하게 내야 하는 것은 물론이다. 조금이라도 부실 징후가 보이면 무조건 피한다.
- 거래량이 충분해야 한다. 아무리 좋은 회사라도 예상치 못한 외부 충격을 받으면 일시적으로 주가가 크게 움직일 수 있다. 아무리 내용이 좋아도 거래량이 받쳐 주지 못하면 원할 때 이익을 실현할 수 없다는 단점이 있다.
- 영업이 경기에 크게 영향 받지 않아야 한다. 실적 등락이 심하면 주가가 예상하고 있는 가격대를 벗어날 가능성이 크기 때문이다.

싸게 사서 비싸게 팔아라

우리 속담에 '아저씨 떡도 싸야 사먹는다'는 말이 있다. 삼성전자가 아니라 그 이상 좋은 주식이라도 주가가 절대적으로 싸지 않으면 매수할 필요가 없다는 이야기다. '주식 투자의 기본은 싸게 사서 비싸게 파는 것'이란 말은 아무리 강조해도 지나치지 않다. 일반 투자자들이 실패하는 주된 이유 가운데 하나는 싸게 사지 못하고, 또 비싸게 팔 수 있을 때까지 기다리지 못하기 때문이다. 증권가의 루머로 사는 주식들은 대부분 이런 부류에 해당한다.

루머를 듣고 샀어도 좋은 회사라는 확신만 있다면 일시적으로 가격이 떨어지더라도 기다리면 된다. 그러나 대부분은 주가가 바닥을 헤매면 조바심을 내면서 쩔쩔매다가 겨우 본전 가까이 가면 적당히 손실을 감수하고 팔아 버린다. 그러나 그렇게 팔아 버린 주식은 본전을 넘어서 한참 뛰어오르기도 한다. 머피의 법칙이라고나 할까? 이런 점에서 자신이 확신할 수 없는 종목은 거들떠보지도 말고 좋은 주식이라면 기다릴 줄도 알아야 한다. 좋은 주식을 선택했다고 하더라도 얼마나 싸게 사서 얼마나 비싸게 파느냐, 또 매수에서 매도까지의 기간을 어느 정도나 가져가야 할 것인지가 문제다.

개인 투자자들도 자기만의 투자 스타일을 갖춰야 한다. 싸게 사서 비싸게 파는 방법에는 단기간에 작은 차익을 먹고 안전하게 빠져나오는 것(단타)과 약간 위험을 부담하더라도 장기간에 걸쳐 충분한 이익을 실현할 수 있을 때 매각하는 것(장타) 두 가지가 있다.

어느 방법을 선택하든 거기에 맞는 매수 매도 시기가 있다. 어느 주식이 좋은지 나쁜지를 파악하는 것 못지않게 그 주식을 제때 사서 제때 파는 방법도 익혀야 한다. 다만 두 가지 가운데 한 방법을 택해야 한다. 둘 다 하려다간 낭패를 본다. 처음에 장기 투자를 겨냥해 들어간 사람이 단기로 움직이는 주가를 들여다보면 결국 손해를 보고 나온다. 반대로 단기로 치고 빠지겠다며 들어갔다가 물리는 사람이 의외로 많다. 대부분 자기가 산 주식에 빠져들어 처음 투자할 때의 자세를 버리고 무조건 기다리기 때문이다. 이런 사람들을 위한 증시 격언이 있다.

'주식과 사랑에 빠지지 말라.'

그래프에 답이 있다

신문을 보고 주식을 사면 실패할 가능성이 적지 않다. 증권사에서 추천하는 종목을 사도 역시 재미 보기가 쉽지 않다. 그런 정보에 대해 추

그림 2-5 삼성전자의 60분봉, 일봉, 월봉 그래프

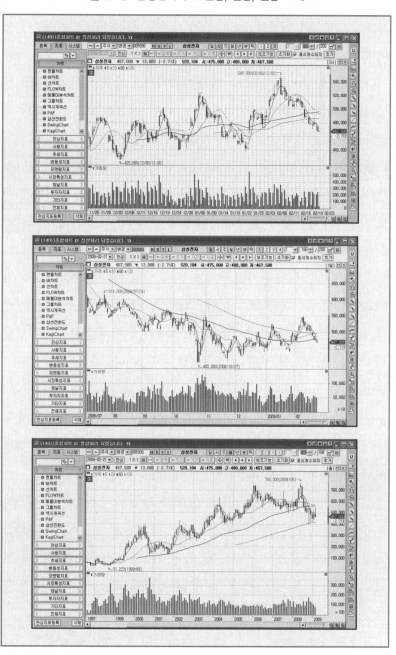

가로 확인해야 할 것을 하지 않기 때문이다. 집을 살 때 사람들은 공인 중개사 사무실을 이곳저곳 드나들며 가격을 비교한다. 또 예전 가격이 어떻고 앞으로 전망은 어떤지도 묻는다. 등기부를 확인하는 것은 물론이다. 주식을 살 때도 집을 살 때와 마찬가지로 이것저것 따져 보고 신중하게 결정해야 한다. 등기부를 보듯이 재무제표를 보고 신문이나 증권사 정보를 종합해 좋은 회사인지를 확인할 필요가 있다.

좋은 회사라는 확신이 들면 그 다음에는 가격이 적절한지도 보아야 한다. 이때는 반드시 본인이 확인해야 한다. 그래야 주식을 사면서 매도 시점까지 예상할 수 있기 때문이다.

적정가를 판단하는 가장 좋은 1차 기준은 주가 그래프다. 주가 그래프를 보면 해당 회사 주가의 역사를 볼 수 있고 이를 통해 현재 주가가 어느 수준에 있는가를 알 수 있다. 그래프는 단기 그래프부터 중기, 장기, 초장기까지 모두 보는 것이 좋다. 보통 증권사에선 종목을 설명할 때 1개월 정도의 그래프를 보여 주는데, 3개월이나 6개월은 물론이고 1년이나 3년, 10년까지 비교해 볼 필요가 있다. 그러면 현재 주가가 어느 수준에 있는지 감이 잡힐 뿐 아니라 향후 어느 선까지 상승할 것인지 대략이라도 추정해 볼 수 있다. 특히 우량주를 대상으로 파도타기를 하면서 차익을 취하려는 투자자라면 반드시 점검해야 할 대목이다.

컴퓨터에 따라 차이가 있겠지만 60분 단위로 움직이는 그래프는 2~3개월 정도 주가 추이를 볼 수 있다. 또 1일 단위로 움직이는 그래프(일봉)는 6~8개월 정도, 주 단위로 움직이는 그래프(주봉)는 3년, 월 단위로 움직이는 그래프(월봉)는 10년까지의 주가 흐름을 무난하게 볼 수 있다.

그림 2-5에서 첫 번째 그래프는 삼성전자 주가 흐름을 60분봉 그래

프로 본 것으로, 주가가 작은 파도의 바닥 수준에 왔음을 보여 준다. 두 번째 그래프는 삼성전자의 일봉 그래프로 주가가 단기 저점에 있지만 전 저점보다는 높은 수준에 있기 때문에 시장 여건을 감안해 투자 여부를 결정할 필요가 있음을 보여 준다. 세 번째 그래프는 삼성전자의 월봉 그래프로 외환위기 때 저점에 비해 현재 주가가 어느 수준에 와 있는지를 보여 주고 있다. 주가가 고점에 비해서는 상당히 내려왔지만 장기적으로 어느 선에서 지지를 받을 수 있는지를 암시해 준다. 이처럼 다양한 주가 그래프를 비교해 보면 언제 매수할 것인지를 좀 더 신중하게 결정할 수 있다.

5

타이밍의 귀재 되기

화살을 쏘아 날아가는 꿩을 잡으려면 꿩을 겨냥해서는 안 된다. 화살이 날아가는 동안 꿩도 움직이기 때문이다. 그만큼 앞을 겨냥해 시위를 당겨야 한다. 주식도 마찬가지로 시장의 움직임을 예상해 매매 주문을 내야 한다. 주식 투자에서 이익을 내려면 가치를 제대로 평가해야 할 뿐 아니라 매매 시점도 잘 잡아야 한다. 이때 가치를 평가하는 것을 기본적 분석fundamental analysis이라고 하고 매매 시점을 선정하는 것을 기술적 분석technical analysis이라고 한다.

주가는 수시로 변하기 때문에 특정 주식의 가치를 아무리 잘 분석해도 언제 주문을 내느냐에 따라 20~30퍼센트의 수익률 차이가 생길 수도 있다. 실제로 일부 종목의 경우 하루에도 상한가와 하한가를 오가기도 하므로 장중에만 최대 30퍼센트까지 수익률이 벌어질 수도 있다. 이런 점을 감안해 투자 회사에서도 종목을 선정하는 펀드매니저와 실제 주식을 사고파는 트레이더의 역할을 구분하기도 한다.

개인 투자자의 경우 주식을 떨어지는 추세에서 사느냐, 반대로 오르는 추세에서 사느냐가 나중에 해당 주식의 수익뿐 아니라 투자 위험 자체를 가를 수도 있다. 오르는 추세에서 사면 아주 짧은 기간 내에도 이익 실현이 가능하지만 내리는 추세에서 잘못 샀다가는 자칫 상당히 오랜 기간 원금 회복 자체가 힘들 수도 있다. 이런 점에서 투자자라면 매매 포인트를 잡는 기법을 알아 두는 게 좋다.

이동 평균선과 친해지자

매매 포인트 선정과 관련해 다양한 기법과 이론이 있지만 보통은 주가 그래프와 함께 주가나 거래량의 이동 평균선을 보는 방법이 많이 이용된다. 이동 평균MA, moving average이란 변하는 추세를 알기 위해 매 시점마다 그때를 기준으로 일정 기간의 평균을 연속적으로 계산하는 것을 말한다. 이것을 변화하는 시간에 따라 연결한 것이 이동 평균선이다. 주가나 거래량은 시간이 흘러가면서 끊임없이 움직이는데, 이에 맞춰 쉬지 않고 평균을 산출해 연결해 봄으로써 앞으로 다가올 추세를 읽을 수 있다.

이동 평균선에는 5일선과 10일선을 비롯해 20일선, 60일선, 120일선 등 다양한 종류가 있다. 미국에서는 단순 이동 평균선으로 5일선, 10일선, 20일선, 50일선, 100일선, 200일선을 쓰기도 한다. 이렇게 다양한 종류의 이동 평균선이 필요한 것은 단기만으로는 볼 수 없는 것을 장기에서는 볼 수 있고, 반대로 장기만으로 볼 수 없는 것을 단기를 곁들이면 좀 더 확실히 볼 수 있기 때문이다.

예를 들어 단기적으로 주가가 상승하는 것처럼 보이더라도 긴 시점에서는 여전히 하락세를 벗어나지 못하는 경우도 있다. 반대로 단기로는 주가가 떨어지는 것처럼 보이지만 장기로는 여전히 상승 곡선을 그리는 경우도 있다.

기술적 분석과 관련해서는 다양한 그래프나 지표를 사용하는 수많은 이론들이 있다. 이 이론들은 대부분 주가가 일정한 패턴에 따라 움직이며, 과거의 추세가 미래에도 반복된다는 등의 경험과 가정에 입각해 있다. 그러나 현재의 어떤 것도 과거와 100퍼센트 같지 않기 때문에 기술적 분석이 미래의 추세를 정확하게 맞힌다고 할 수는 없다. 다만 확률적으로 이러한 분석을 바탕으로 대응하는 것이 이익을 극대화할 가능성이 크다고 보면 된다.

기술적 분석과 관련하여 전문가마다 자기가 사용하는 기법이나 지표가 정확하다고 주장하지만 중요한 것은 자기에게 맞는 기법을 선택해 완전히 익혀서 실전에 적용할 수 있는 능력을 키우는 것이다. 순간적으로 가격이 변하는 실전에서는 어떤 이론이 좋은지 나쁜지를 따질 틈이 없고 거의 감각적으로 대응해야 하기 때문이다.

기술적 분석에 대해서는 각각의 기법이나 이론에 따라 많은 책이 나와 있기 때문에 관심이 있다면 별도로 배우는 것도 나쁘지는 않을 것이다. 다만 기술적 분석을 배우면 위험이 큰 단타 매매에 빠져들 가능성이 높다. 이러한 지적이 무엇을 뜻하는지 잘 생각해 마음을 단단히 먹고 대할 필요가 있다.

골든 크로스와 데드 크로스

계곡물은 바위나 나무둥치를 만나면 돌거나 타고 넘는다. 그러나 양쯔 강이나 아마존 강 같은 거대한 강은 바위나 나무는 물론이고 웬만한 계곡 정도는 그대로 품고 흐른다. 시장의 모습도 그렇다. 아침부터 멱살잡이를 했다고 기분이 나빠 일찌감치 떠나는 장사치가 있더라도 시장이 그대로 열리듯이, 주가도 수많은 이슈에 따라 쉬지 않고 움직이지만 큰 흐름은 쉽게 변하지 않는다.

이동 평균선은 이 같은 시장의 특성을 반영한다. 단기(5일 또는 10일) 이동 평균선은 시시각각 방향을 틀면서 움직인다. 상대적으로 중기 이동 평균선은 부드럽고 아름다운 커브를 그리며 움직인다. 장기 이동 평균선은 크게 변하지 않는 완만한 곡선을 그린다. 이것이 시장의 추세다. 작은 추세는 숨 가쁘게 바뀌지만 큰 추세는 웬만해서 흔들리지 않는데 이런 그래프들의 특성을 이용해 매매에 활용하자는 것이다.

단기부터 초장기에 이르기까지 각각의 커브는 나름의 특성이 있기 때문에 모든 이동 평균선이 나란히 가는 경우는 드물다. 장기 이동 평균선이 중심을 잡고 가는 사이에 중기 이동 평균선이 그 중심을 이리저리 오가고, 또 그보다 작은 단기 이동 평균선이 역시 그들 중심을 이리저리 오간다.

단기 이동 평균선이 방향을 튼 뒤 한동안 그 방향으로 가야 중기 이동 평균선이 방향을 틀고, 또 중기 이동 평균선이 방향을 틀고 한동안 같은 쪽으로 움직여야 장기 이동 평균선도 방향을 튼다. 이때 단기 쪽의 힘이 약하면 긴 추세선 근처에서 힘이 꺾이기도 한다. 이러한 성질을 이용해 기간이 긴 이동 평균선이 주가가 움직이는 과정에 지지선이나 저지선의 역할을 하는 것으로 보고 매매 전략을 세울 수 있다.

일반적으로 중기나 장기 이동 평균선은 주가가 하락할 때는 지지선 노릇을 하면서 주가가 그 이하로 떨어지는 것을 막아 준다. 반대로 주가가 오를 때도 중기나 장기 이동 평균선이 천장처럼 저지선으로 작용해 주가가 그 이상 오르는 것을 억제한다.

이런 개념을 갖고 장단기 그래프를 연결해 보면 주가가 움직일 수 있는 일정한 범위를 예상할 수 있다. 그 범위의 저점과 고점 내에서 주식을 사고팔면서 차익을 챙길 수도 있다는 것이 단기 투자자들의 생각이다. 때로는 단기 이동 평균선이 중기 이동 평균선에 부딪힌 뒤 되돌아오지 않고 그대로 뚫고 지나가는 경우가 생긴다. 중기 이동 평균선이 장기 이동 평균선과 부딪혔을 때도 마찬가지 경우를 예상할 수 있다. 여기서 기간이 짧은 그래프가 긴 기간의 그래프를 아래서 위로 뚫고 지나가는 것을 골든 크로스Golden Cross라고 한다. 반대로 기간이 짧은 그

그림 2-6 장기 이동 평균선이 저지선 구실을 하다가 지지선으로 바뀐 NHN

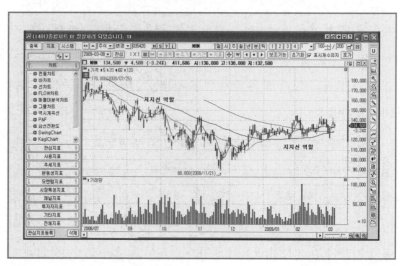

래프가 긴 그래프를 위에서 아래로 뚫고 내려오는 것을 데드 크로스 Dead Cross라고 한다.

일반적으로 골든 크로스가 발생하면 시장이 강세로 바뀌었다는 신호로 받아들인다. 주가가 당분간 오른다고 생각할 수 있다. 반대로 데드 크로스가 발생하면 시장이 약세로 돌아서는 징후로 보기도 한다. 실제 주가가 단기간에 추가 하락하는 게 보통이다.

아래의 삼성전자 그래프는 단기간에 골든 크로스가 나타나 주가가 급격히 올랐다가 데드 클로스가 발생해 다시 속락하는 모습을 보여 준다. 이러한 특성이 있는 만큼 골든 크로스나 데드 크로스 발생은 꼭 챙겨 볼 필요가 있다.

주가가 본격적인 상승 국면에 들어갔을 때는 이동 평균선이 위에서부터 단기, 중기, 장기의 순서로 나타난다. 전문가들은 이런 형태로 이동 평균선이 나타나는 것을 정배열 상태라고 한다. 반대로 하락 국면이

그림 2-7 골든 크로스와 데드 크로스가 연이어 발생한 삼성전자

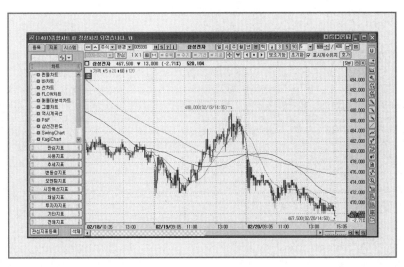

심해지면 이동 평균선이 위에서부터 아래로 장기, 중기, 단기의 순서로 나타나는데 이를 역배열 상태라고 한다. 주가가 상승하면 이동 평균선이 역배열 상태에서 정배열 상태로 바뀔 수 있는데 이때는 본격적인 상승세가 이어지는 것으로 해석된다.

6

주가는 평균을 향해 달린다

자동차 주행 시험장에서는 자동차가 굽은 구간을 고속으로 주행하더라도 밖으로 튕겨 나가지 않는다. 안쪽으로 당기는 중력이 작용하기 때문이다. 이처럼 어떤 물체가 원의 중심으로 돌아오려는 힘을 물리에서는 구심력이라고 한다. 주가가 움직일 때도 비슷한 힘이 작용한다. 평균에서 멀어진 주가는 평균으로 돌아가려는 성질이 있다. 크고 작은 외부 요인이나 투자자들의 심리 변화에 따라 주가는 시시각각 위아래로 튀었다가 다시 이동 평균선을 향해 돌아가려고 한다. 이러한 특성을 잘 살린다면 단기 매매에 활용할 수 있을 것이다.

외부의 호재나 악재가 아주 강해 주가가 상한가나 하한가까지 튄 경우는 장이 끝날 때까지 그런 상태가 지속되는 경우도 있지만 대개 주가는 장중 10퍼센트 정도 떨어졌다가 원래 상태로 돌아오거나 적어도 낙폭을 5퍼센트 정도로 줄여 마감하는 경우가 흔하다. 반작용이 커서 마이너스 10퍼센트에서 플러스 5~10퍼센트 정도까지 가는 경우도 있다. 주가가 오를 때도 마찬가지 움직임이 관찰된다. 10퍼센트 이상 올랐다가 상승폭을 5퍼센트 정도로 줄여서 장을 마치는 것은 보통이다.

이런 주가의 특성을 이용해 거래할 때 하루에 매수와 매도를 모두 끝내 버리는 데이 트레이더의 경우는 특히 초단기 그래프를 이용해 주가를 추적한다. 지금까지 5일 이상의 이동 평균선을 이야기했지만 이 경우는 분 단위 그래프나 틱 그래프를 보면서 대응한다.

틱tick이란 보통 수량이나 가격 기준 거래의 최소 단위를 말한다. 틱 그래프 또는 틱 차트는 거래가 일어날 때마다 주가의 움직임을 순간적으로 계속 표시하는 것을 말한다.

분 단위 그래프나 틱 차트에도 앞에서 말한 이동 평균선의 성질은 그대로 적용할 수 있다. 과거엔 데이 트레이딩에서는 봉 차트를 이용해 주가를 분석하기도 했다. 봉 차트는 이동 평균선에 그날의 주가 움직임을 봉으로 덧붙여 나타내는 것인데 봉에는 굵은 선이 아침 시초가와 종가(현재가)를 나타내며 거기에 가는 선으로 머리와 꼬리를 붙여 주가가 시초가나 현재가보다 얼마나 더 올라갔다가 떨어졌는지(머리) 또는 떨어졌다가 돌아왔는지(꼬리)를 나타낸다. 지금은 틱 차트가 나오기 때문에 봉 차트가 없어도 장중 주가 흐름을 분석하는 데 크게 불편하지 않다.

때로는 초단기 그래프를 보라

한창 시장을 들여다보면 주가가 움직이는 게 보일 것 같은데 전혀 감을 잡을 수 없을 때도 있다. 특히 주가가 변곡점에 있으면 상승세인지 하락세인지 판단하기가 쉽지 않다. 이런 때는 장단기 그래프를 보는 것 못지않게 초단기 그래프가 요긴하게 쓰이기도 한다. 그림 2-8의 위쪽에 있는 코스피 일봉 그래프는 단기 이동 평균선이 상승하면서 장기 이

그림 2-8 코스피 일봉 그래프에서 보이지 않던 방향이 2분의 1분 그래프에서 나타남

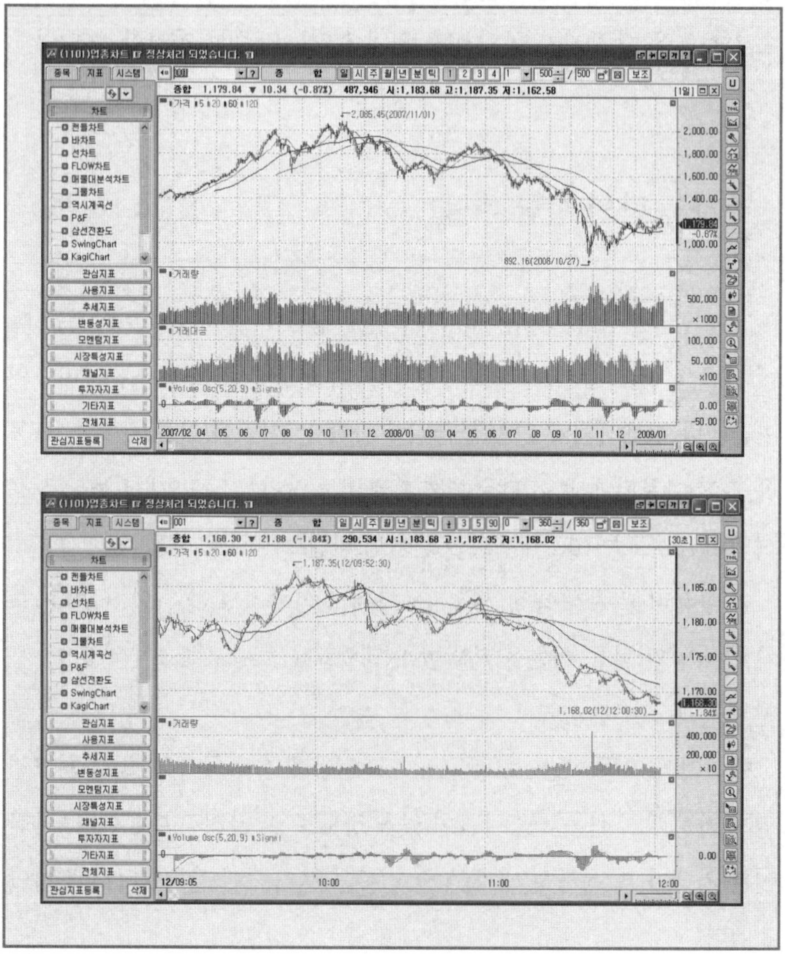

동 평균선과 만나고 있다. 여기서 장기 이동 평균선을 뚫고 나갈 것인지, 다시 말해 골든 크로스가 발생할 수 있을지가 궁금하다.

그런데 아래 코스피 2분의 1분(30초) 그래프를 보면 이 시점에서 주가는 하락세로 기울었음을 알 수 있다. 적어도 이 순간 매수를 하기에는 부담이 될 것이다.

초장기 그래프를 봐야 할 때도 있다. 가치주에 장기 투자를 하려면 일봉 그래프만 보지 말고 월봉 그래프를 볼 필요가 있다. 그래야 통시적으로 보았을 때 주가가 현재 어느 위치에 있는지 쉽게 파악할 수 있다.

주가 등락의 황금 비율

그림 공부를 해본 사람이라면 누구든 황금 비율이라는 이야기를 들어 봤을 것이다. 또 고등학교 수준의 수학을 공부한 사람은 유클리드의 황금비나 피보나치 수열의 황금비를 들어 본 기억이 있을 것이다. 사물을 가장 아름답게 보이도록 하는 황금비는 5대 3 또는 8대 5 등으로 표시되며 비율로는 61.8퍼센트 또는 38.2퍼센트 등으로 나온다.

이 황금비를 주가 움직임에 적용하여 분석하려고 한 사람이 있다. 주가 움직임의 파동 이론을 개발한 엘리엇Ralph Nelson Elliott이 바로 그 주인공이다.

엘리엇의 파동 이론Elliott Wave Theory은 국내 유수의 투자 회사 최고경영자 가운데도 신봉하는 사람이 있을 정도로 잘 알려진 이론이다. 다만 이론 자체가 꽤 복잡하기 때문에 이 부분은 나중에 살펴보아도 무방할 것이다.

엘리엇의 파동 이론은 주가가 상승 5파와 하락 3파로 움직이면서 끊임없이 순환하는데, 상승과 하락하는 비율에 황금비가 적용된다고 밝히고 있다. 또 현재 주가가 파동의 어디 위치에 있는지만 알면 앞으로의 주가를 예측할 수 있다고 주장한다. 주가는 일방적으로 오르거나 내리지 않고 N자 형태로 움직이므로 이 성질을 이용해 매도와 매수 시점을 정하는 등 투자에 활용할 수 있다는 것이다.

구체적으로 상승 5파의 경우 1, 3, 5번 파동이 상승 파동이며 2, 4번 파동은 하락 파동이다. 이때 처음 파동(상승 1파)은 추세가 전환되는 시점으로 다섯 개의 파동 가운데 가장 짧게 나타나며 반드시 다섯 개의 소파동으로 구성된다. 2번 파동은 상승 1파가 조정을 받는 과정으로 1파 상승분의 38.2퍼센트나 61.8퍼센트 비율로 하락하는 경우가 많다. 2파는 반드시 세 개의 작은 파동으로 구성된다.

여기서 2번 파동의 하락률이 1파의 상승률보다 크다면 상승 5파에서 나타나는 1, 2번 파동이 아니다. 3번 파동은 상승 5파 중에서 가장 강력하며 기간도 가장 길다. 3번 파동은 1번 파동의 1.618배 정도가 일반적인데 1.618배라는 숫자도 황금비의 하나다. 4번 하락 파동은 3파 상승분의 38.2퍼센트만큼 하락하는 게 보통이다. 5번 파동은 상승 5파의 막바지에 접어든 단계다. 상승장이 끝나고 있음을 의미한다. 하락 3파는 하락장이 본격적으로 나타날 때 보이는데 여기서 첫 번째와 세 번째 파동이 하락 파동이고 두 번째 파동은 단기간에 나타나는 기술적 반등 국면이다.

이처럼 파동 이론은 주가가 오르거나 내릴 때 어느 수준에서 추세가 일시적으로 전환할 것인지를 예상하고 대응할 수 있다고 설명한다. 그러나 실전에 적용할 때는 어디가 전환점인지, 또 작은 파동과 큰 파동을 어떻게 구분해야 하는지 판단하기가 쉽지 않다는 문제가 있다. 아울러 다른 기술적 분석과 마찬가지로 그렇게 될 가능성이 크다는 것이지 전적으로 맞는 것도 아니다. 가치 투자자들은 이런 이유로 기술적 분석 이론을 쉽게 받아들이지 않는 분위기다.

7

실전 매매 타이밍

종목 선정의 대가 피터 린치는 일찍이 다음과 같이 말한 바 있다. "과열된 시장에서는 살 만한 가치가 있는 주식을 찾아보기 힘들다. 때문에 진정한 펀드매니저는 주가가 300포인트 오를 때보다 100포인트 하락할 때 더 행복감을 느낀다." 그만큼 투자의 고수들은 주가가 하락할 때를 즐긴다.

이런 경우는 데이 트레이더들에게도 마찬가지다. 아침부터 주가가 천정부지로 뛰면 그날 장사를 하기가 쉽지 않지만, 반대로 아침에 주가가 적절히 떨어지면 반등 가능성이 높은 종목을 싼 값에 사서 당일에 큰 폭의 차익을 챙길 수 있는 기회를 잡는다. 그렇다면 고수들은 어떻게 실전에 대응할까?

이동 평균선 따라가기

장기 가치 투자를 지향하는 한국밸류자산운용이 지난 2008년 말에 매수했다고 신고해 관심을 모았던 종목 가운데 한라건설이라는 종목이 있다. 일부 증권 투자 동호회에서도 이 종목은 지나치게 저평가됐고 상승 여력이 크다며 관심을 갖고 지켜보기도 했다.

한라건설은 한라그룹의 모기업이다. 자회사로 자동차 부품 업체인 만도를 갖고 있는 알짜 회사이기도 하다. 매출은 지속적으로 늘고 있고 공사 수주 실적도 양호하며 매년 꾸준히 이익이 늘어나고 있다. 덕분에 이 회사 주가는 2008년 초 3만 8,000원대까지 올랐으나 2008년 후반 들어 금융 위기와 건설사 구조 조정 등의 여파로 5,000원대 밑으로 떨어졌다. 당시 이동 평균선은 장기 하락장에서 나타나는 전형적인 이동 평균선의 역배열 상태를 보여 주고 있었다(한라건설 그래프 1 참조).

그런데 10월 말이 되면서 단기 · 중기 그래프들이 서로 달라붙는 모습이 나타나기 시작했다. 각 그래프 간 간격이 좁혀지는 조짐을 보인 것이다(한라건설 그래프 2). 10월 말에 5일 이동 평균선이 10일 이동 평균선을 상향 돌파하는 단기 골든 크로스가 발생했다. 거기서부터 몇 주 동안 이 회사 주가는 건설업 구조 조정이라는 업종 전반에 걸친 악재와 맞물려 엎치락뒤치락하기를 반복했다. 소위 말하는 바닥 다지기를 충실히 거친 셈이다.

11월 중순이 되자 다시 골든 크로스가 연이어 발생했다. 이번에는 주가 그래프가 20일 이동 평균선까지 상향 돌파했고 20일 이동 평균선도 점차 올라가기 시작했다. 12월 초가 되자 20일 이동 평균선이 60일 이동 평균선을 상향 돌파하는 중기 골든 크로스가 나타났다. 주가는 이내

그림 2-9 역배열 상태에서 이격도가 축소되고
골든 크로스가 발생한 한라건설 그래프

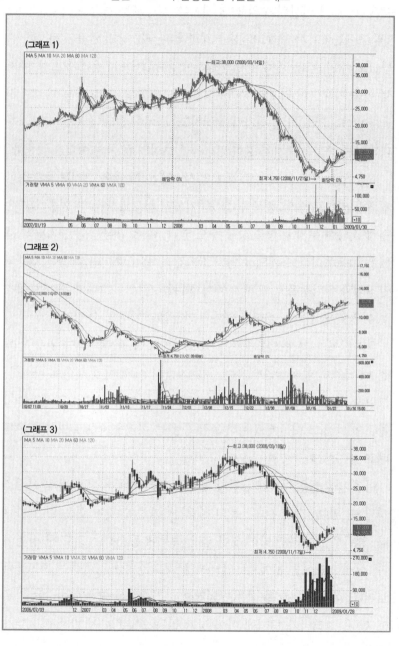

강한 상승 곡선을 그렸고 순식간에 1만 원선을 넘었다. 불과 한 달여 만에 100퍼센트 이상의 수익을 낸 것이다. 상승세는 계속 이어져 2009년 1월 초에는 60일선이 120일선을 상향 돌파하는 장기 골든 크로스가 나타났고 주가는 2만 원대까지 순식간에 올랐다(한라건설 그래프 3). 이처럼 이동 평균선의 역배열 상태에서 이격도(離隔度, 주가나 지수가 이동 평균과 벌어진 정도)가 좁혀지기 시작하고, 곧이어 연달아 골든 크로스가 나타나는 종목은 주가가 강한 상승세를 보이며 큰 폭의 이익을 내준다.

최근 일부 증권사의 홈 트레이딩 시스템은 이 같은 그래프의 특성만 입력하면 바로 해당 종목을 찾아주기까지 하므로 조금만 연습하면 손쉽게 적당한 투자 대상을 고를 수도 있다. 이때 명심할 점은 기술적 분석을 이용하더라도 반드시 먼저 장기간의 주가 추이와 더불어 재무적 안정성과 수익성을 함께 챙겨 봐야 한다는 점이다. 그래야 주식을 매수한 뒤 충분히 이익을 실현할 때까지 안심하고 기다릴 수 있다.

한라건설의 거래량은 주가가 8,000원대로 오를 때와 1만 원을 넘어설 때 급격히 늘어났는데, 많은 투자자들이 이때 이익 실현에 나섰다. 그런데 이때 이익을 실현한 것은 이 회사의 적정 주가 수준을 생각하지 않은 것이며 그 때문에 충분히 누릴 수 있는 이익을 제대로 맛보지 못했다고 볼 수 있다.

이동 평균선을 이용해 급등할 종목을 미리 발굴하면 큰 폭의 이익을 챙길 수 있다. 그러나 대부분의 사람들에게는 그것이 쉬운 일이 아니다. 일반 투자자라면 남이 찾아 놓은 종목에 동승하는 것도 한 방법이다. 실제 그래프를 눈여겨보면 바닥을 치고 강하게 상승하는 종목들이 보인다. 이런 종목 가운데는 단기적으로 거래량이 크게 늘어나는 경우도 있다. 그러다가 중기에 이어 장기 골든 크로스까지 발생하면 추가 상승 여력이 많다고 보면 된다.

일부 종목 가운데는 중기 골든 크로스가 발생해 강하게 상승하다가 장기 이동 평균선에 부딪혀 상승세가 꺾이는 경우도 있다. 장기 이동 평균선이 저지선이면서 동시에 매물대로 작용하기 때문이다. 이런 경우에 대비하려면 과거의 거래 추이를 보면서 어느 가격대에서 거래가 많이 늘어났는지를 점검할 필요가 있다. 중기 이동 평균선과 장기 이동 평균선이 만날 것으로 예상되는 가격대에서 거래가 많았을 경우 주가가 그 가격대에 접근하면 매물이 쏟아져 나와 상승세가 꺾일 수도 있다. 실적이 아주 좋다거나 M&A 이슈가 있는 등 매물대를 뚫고 나갈 좋은 재료가 없다면 거래량이 늘어나는 것에 맞춰 손을 털고 나오는 것도 한 방법이다.

조지프 그랜빌의 매매 전략

거래량이나 이동 평균선을 이용해 주가를 예측할 수 있다고 강조해서 유명해진 인물 중에 조지프 그랜빌Joseph E. Granville이라는 미국 사람이 있다. 그는 이동 평균선과 주가 그래프의 움직임을 이용해 매도 매수 신호로 구분했다. 그의 매수 매도 기법은 이미 국내에도 소개돼 추종하는 사람들이 꽤 많은 편이다. 그러나 전적으로 신뢰할 수 있는 지표라고 보기에는 한계가 있다. 미국에서는 그의 기법을 실전에 적용했을 경우 성과가 그다지 좋게 나오지는 않았다는 보고도 나왔다. 다만 단기 거래에는 여전히 유용하다는 주장도 있다.

그랜빌이 제시한 매수 매도 타이밍은 다음과 같다.

매수 신호

- 주가가 이동 평균선을 상향 돌파하면서 하향 곡선을 그리던 이동 평균선이 횡보를 하거나 상승세로 돌아섰다면 매입 신호다. 이 상태는 전형적인 골든 크로스를 말하며 일반적으로 가장 확실한 매수 신호로 받아들여진다.
- 주가가 상승하고 있는 이동 평균선을 하향 돌파하면 매수 신호로 본다. 이는 상승장에서 나타나는 일시적 하락이며 이동 평균선을 밑돌았으므로 다시 반등할 것으로 해석된다.
- 이동 평균선보다 높은 곳에 있던 주가가 하락하다가 이동 평균선을 하향 돌파하지 않고 다시 상승하면 매수하라는 신호다. 이동 평균선이 지지선 구실을 하는 것으로 보는 것이다.
- 이동 평균선이 하락하고 있을 때 그 이동 평균선 밑으로 주가가 급락하면 매수 신호로 본다. 주가가 평균 밑으로 급락했기 때문에 단기 상승이 기대된다는 것이다.

매도 신호

- 올라가던 이동 평균선이 횡보하거나 하락세로 돌아서고 주가가 그 이동 평균선을 하향 돌파하면 매도한다. 이 경우는 전형적인 데드 크로스의 형태로, 대부분 투자자가 매도 시점으로 간주한다.
- 주가가 하락하고 있는 이동 평균선을 상향 돌파하면 역시 매도하라는 신호다. 이 경우는 골든 크로스라기보다 하락 국면에서 나타나는 일시적 반등이기 때문에 손실을 줄일 수 있는 적기라고 보는 것이다.
- 이동 평균선보다 낮은 곳에 머물던 주가가 상승하다가 이동 평균선 근처에서 다시 하락했다면 매도하라는 신호다. 이동 평균선이 저지

선 구실을 한다고 보는 셈이다.

• 상승하고 있는 이동 평균선을 지나 주가가 급등하면 단기 매도 신호로 본다. 이 경우 추세선 위로 급등했기 때문에 일시적 하락이 예상되므로 팔았다가 다시 사는 전략이 유효하다고 본다.

이처럼 조지프 그랜빌은 적합한 매수 매도 시점을 구체적으로 예시해 가며 설명한다. 그의 설명을 눈여겨보면 수학에 나오는 '경우의 수'를 따지는 것과 비슷하다고 할 수 있다. 그가 여러 가지 경우의 수를 따져 가며 분석했지만 실전에 적용할 경우 실제로 수익으로 연결이 되지 않을 수도 있다는 점은 항상 염두에 두고 가능성을 점검하는 게 좋을 듯하다.

8

바닥 밑에는 지하실이 있다

시장에는 매일같이 수많은 뉴스가 쏟아져 들어온다. 그에 따라 주가는 뛰기도 하고 떨어지기도 한다. 그런데 어느 순간 커다란 뉴스가 사라지고 증시가 잠잠해질 때도 있다. 그런 때 주가는 아침 장에서는 힘을 받아 올라가는 것 같은데 오후가 되면 힘없이 무너져 내린다. 이런 상태가 며칠간 반복될 때도 있다. 전형적인 약세장의 징후로 증시에서는 '전강후약前强後弱'이라고 부른다. 이런 상황이 이어지면 약세장을 염두에 두어야 한다.

최근에는 주식의 파생 상품인 선물 옵션이 주식시장을 흔드는 경우도 종종 있다. 한국의 경우 선물 옵션 시장이 현물 시장에 비해 지나치게 비대해져 이런 현상이 자주 나타난다. 증시에선 '꼬리가 몸통을 흔든다wag the dog'고 하는데, 역시 약세장으로 연결되는 경우가 종종 있다.

이런저런 이유로 약세장이 이어지면 투자자들은 차츰 증시를 외면하기 시작한다. 그러면 주가는 어느 순간 급격히 떨어질 수도 있다. 이 때문에 약세장의 징후가 보이면 잠시 증시를 떠나 있는 것도 한 방법이다. 악재는 한 번에 그치지 않는 것이 보통이기 때문이다.

떨어지는 칼날을 잡지 말라

지난 2008년 9월 주가가 코스피 기준으로 1,400선까지 떨어지자 일부 전문가들은 이제는 바닥에 왔으니 매수하라고 조언을 했다. 전년도에 2,000을 넘었던 지수가 그 정도 떨어졌으니 반등할 때가 됐다고 생각하는 것도 무리는 아니었다. 실제 주가 그래프를 보면 일부 골든 크로스(단기 주가 그래프가 중기 그래프를 상향 돌파하는 것)가 나타나는 등 그들의 예상이 전혀 빗나갔다고 보기도 어려웠다.

이때 필자는 바닥 밑에는 지하실이 있다며 추가 하락을 예상해야 한다고 주장했다. 실제 주가는 그 후로 한 달 이상 더 하락해 10월 말엔 900선 밑으로 떨어지기도 했다. 그때 주가가 일반이 예상하는 것보다 훨씬 큰 폭으로 떨어질 수밖에 없다고 주장한 것은 금융 시스템이 붕괴돼 정상으로 회복되는 데 상당한 시간이 필요하다고 보았기 때문이다. 당시 한국은 물론이고 주요 선진국들도 은행의 대출 기능이 마비될 정도로 금융 시스템 자체가 위기를 맞고 있었다.

이처럼 금융 시스템이 흔들리는 등 비정상적인 여건에서는 주가는 일반이 예상하는 것보다 훨씬 큰 폭으로 떨어진다. 아무리 좋은 종목이라도 이런 시기에는 폭락을 피하기 어렵다. 돈이 제대로 돌지 않아 가격 자체가 형성되지 않기 때문이다. 외환위기 때나 투신 사태 때, 카드 사태가 불거질 때에도 비슷한 상황이 벌어졌다.

증시에는 이런 때를 대비해 둔 격언이 있다. '떨어지는 칼날을 잡지 말라.' 주가가 지나치게 폭락할 때는 바닥을 확인한 뒤 움직여도 늦지 않다는 말이다. 그런 때는 현금을 들고 잠시 쉬는 게 나을 수도 있다. 데이 트레이더 가운데는 단기 낙폭이 크다며 이런 장에서 무모하게 매수에 나섰다가 낭패를 보는 경우도 있다.

무작정 튀어 달아나는 투자자들

텔레비전의 다큐멘터리 채널에서는 가끔 아프리카 동물을 소개하는 프로그램이 나온다. 그 가운데 초원을 무작정 내달리는 누 떼가 종종 등장한다. 영화 〈늑대와 춤을〉에서는 물소 떼가 흙먼지를 일으키며 질주하는 장면이 관중을 압도한다. 이처럼 동물 떼가 무엇엔가 놀라서 앞뒤 가리지 않고 질주하는 모습을 영어에서는 '스탬피드stampede'라고 한다.

그런데 자본도 그렇게 움직인다. 개인 투자자는 물론이고 외국인도 어떤 사건이 났다고 하면 무조건 돈을 들고 달아나기 일쑤다. 그래서 외국 전문가들 사이에서는 자본의 질주stampede of capital라는 말이 종종 쓰인다. 전혀 예상하지 못한 규제가 나왔다거나 어느 나라에서 갑자기 어떤 사태가 벌어졌다면 그게 정말 사실인지, 영향은 어느 정도나 될지를 따지지 않고 움직이는 것이 투자자들의 속성이다. 주가가 갑자기 폭락할 때는 대부분 이런 모습이 벌어진다. 그러나 시간이 좀 지나고 나면 마치 아무 일도 없었다는 듯이 사태는 잠잠해진다. 마치 누 떼가 질주를 하다가 멈춰서 한가하게 풀을 뜯는 것과 같다.

이처럼 시장은 합리적인 것 같지만 때로는 비합리적인 요인에 의해 과도하게 움직이곤 한다. 어떤 경우에는 잘 모르기 때문에 무조건 내닫기도 한다. 평소에 기본을 철저히 지킨다면 그런 상황에서 분별없이 군중을 따라가지 않아도 될 것이다. 악재가 나왔을 때 빨리 반응하는 것도 좋지만, 자신이 제대로 판단했는지를 먼저 점검할 필요가 있다. 자신의 투자가 안전한 것이라면 이때 손실을 확정 지을 필요는 없다. 다만 심각할 정도의 추가 하락이 예상된다면 빠져나왔다가 바닥에서 다시 들어가는 것도 한 방법이다.

투자자에게는 버티기 정신이 필요할 때가 있다. 갑자기 돈이 돌지 않아 주가가 폭락했을 때가 그런 경우다. 그런 때는 무조건 돈은 풀릴 것이라고 확신하며 기다려야 한다. 금융시장이 돌아가게 하기 위해 정부나 중앙은행은 상상할 수 없을 만큼의 자금을 쏟아 부을 것이라고 생각해야 한다. 그렇게 하지 않으면 시장의 신뢰를 회복할 수 없기 때문이다.

때로는 회복에 시간이 많이 걸릴 수도 있지만 그렇더라도 가치 있는 주식에 투자했다면 끈기를 갖고 버텨 내야 한다. 넘치게 쏟아진 돈이 예상하지 못한 국면에서 갑자기 주가를 폭등시킬 수도 있기 때문이다. 그때까지 기다린 사람만이 투자의 멋진 한판승을 따낼 수 있다. 다만 충분히 가치 있는 종목에 투자한 경우에만 그렇다.

9

숨겨진 진주를 찾아라

경제학자 케인스는 주식 투자를 미인 투표에 비유했다. 미인을 뽑을 때 자기가 미인이라고 생각하는 사람보다는 모든 사람들이 미인이라고 생각할 만한 사람에게 투표하는 것처럼, 주식을 살 때도 자기가 좋아하는 종목보다는 많은 사람들이 좋아할 만한 종목을 산다는 의미에서다. 그 말이 맞는 것인지, 상장된 주식 가운데는 투자자들이 몰려드는 종목이 있는 반면 아예 사람들의 기억에서 잊힌 종목도 수두룩하다. 국내 증시에만도 1,000개가 훨씬 넘는 종목이 있다. 이것도 모자라 증권선물 거래소나 증권사들은 새로운 회사를 추가로 상장하려고 한다. 그러나 막상 상장이 끝나면 그 다음에는 누구도 이 회사들에 관심을 두지 않는다. 대형 증권사조차 정기적으로 리포트를 내는 종목이 고작 150~200개에 불과하다. 이것이 증시의 참모습이다.

거래량의 새로운 해석

투자자들의 관심 밖에 난 중소형주의 거래량은 거의 바닥에 머무는 일이 다반사다. 어떤 종목은 하루 거래량이 몇천 주에 불과하다. 일부 회사에서는 상장 규정을 유지하기 위해 대주주가 나서서 일부러 주식을 사고팔기까지 한다. 재미있는 것은 거래가 거의 없는 종목의 주가도 움직이고 때로는 상한까지 치솟기도 한다는 점이다. 그렇게 주가가 치솟을 때면 어김없이 거래량이 늘어난다. 거래량의 변화를 향후 수익률과 연관 지어 생각해 봐야 하는 대목이다. 거래가 폭증하거나 바닥으로 뚝 떨어지는 데는 다 이유가 있지만 중요한 것은 그것이 가격에 어떤 영향을 미칠 것이냐 하는 점이다.

주식을 사려는 사람이 없으면 거래량이 줄어들며 가격도 급락한다. 그러다가 팔려는 사람까지 사라지면 한동안 거래가 거의 없는 상태가 유지된다. 이런 종목의 주가는 실적이나 자산 가치 가운데 어느 것으로 평가하더라도 지나치게 낮은 수준에 머물곤 한다. 피터 린치처럼 주식의 가치를 제대로 볼 줄 아는 사람들의 눈에 띄면 이런 종목은 몇 배의 이익을 내줄 수 있는 멋진 투자 대상으로 다가온다. 실제로 피터 린치는 이처럼 소외된 중소형주에 투자해 큰 이익을 냈다. 그는 중·장기적으로 소형주에 투자하는 것이 유리하다고 주장한다. 증권사들이 관심을 두지 않는 중소형주가 투자의 블루오션이 될 수도 있다는 이야기다.

그런데 고수들은 좋은 중소형주를 찾아도 한꺼번에 매수 주문을 내지 않는다. 주가가 움직이지 않도록 조금씩 물량을 모으려는 의도에서다. 그러다 어느 순간 더 이상 낮은 가격에 팔려는 사람이 없으면 주가가 뛰고 거래량도 뛴다. 이런 종목은 거래량이 늘어나기 전에 매수해 놓고 기다리거나 거래가 늘어날 때 따라붙는 것도 좋다.

바닥으로 떨어지던 종목의 주가가 어느 날 갑자기 거래량이 급격히 늘어나면서 흐름이 바뀌는 경우도 있다. 드러난 악재에 주가가 지나치게 떨어졌다고 보는 새로운 매수 세력이 나타난 것이다.

그런데 주가가 단기간에 급등하는데 나중에 거래량이 폭증하는 경우가 있다. 이때는 추가로 상승할 것으로 해석할 수도 있지만 다른 한편으로는 하락세로 돌아설 수 있다는 신호로 풀이될 수도 있다. 대기 매물이 쏟아져 나올 때이기 때문이다. 이때 주가가 전 고점을 넘어설 정도로 강하게 상승하면서 거래가 대량으로 이루어지면 매물벽을 뚫었다고 볼 수 있다. 이 경우는 주가가 추가로 상승할 가능성이 크다고 해석할 수 있다. 거래량이 주가 변화를 알려주는 신호등인 셈이다.

루머가 돈이 될까

증권시장에는 언제나 루머가 난무한다. 어떤 회사의 실적이 어떻고, 어떤 그룹의 자금 사정이 어떻고 하는 이야기는 보통이다. 때로는 모 회사의 회장이 여배우 누구와 어떻고, 탤런트 누구는 누구와 염문이 났다는 등의 이야기도 나온다. 더 나아가서는 정권에 관련된 극히 조심스런 분석까지 나돈다.

과거에는 이런 정보를 주고받는 정기 모임도 있었다. 거기에는 국가 기관의 사람들까지 참가하곤 했다. 그런데 정도가 지나쳤다고 생각했는지 2008년에는 감독 당국이 루머를 단속하기도 했다.

증시에 루머를 포함해 온갖 정보가 나도는 것은 돈이 따라붙기 때문이다. 실제로 이런 정보들이 투자의 판단 자료로 쓰일 뿐 아니라 때로는 주가를 움직이기도 하며, 어떤 정보는 주가를 며칠씩 상한까지 끌어올리기도 한다.

정보 가운데는 사실이 아닌 것도 있고 역정보까지 끼어 있다. 그래서 부작용도 크지만 어쨌든 주가를 움직이는 힘이 있기에 많은 사람들이 '한 건'을 하려고 정보를 찾는다. 그렇다면 이런 정보를 접하기 어려운 투자자는 어떻게 해야 할까? 증시 격언에 '루머에 사고 뉴스에 팔라'는 말이 있다. 루머 정도로 이야기가 돌아다닐 때 싸게 샀다가 정작 뉴스로 확인되면 차익을 남기고 팔라는 것이다. 보통 사람들은 뉴스를 보고 관심을 갖게 되지만, 정보를 중시하는 사람들은 공개된 정보는 더 이상 가치가 없다고 보고 던진다고 할 수 있다.

실제로 어떤 회사의 신기술 개발이나 M&A 이야기가 나와 폭등하던 주가가 정작 사실이 확인되면 상승세를 멈추거나 하락세로 돌아서는 경우도 자주 나온다. 이런 이유에서인지 일부 기업들은 정보를 수집하는 인력을 별도로 두고 필요할 경우 역정보를 만들어 뿌리기도 한다. 작전 세력들은 주가를 끌어올리려고 보물선 탐사나 금광 개발 등 확인이 쉽지 않은 설을 흘리기도 한다. 이런 정보를 무시할 수만도 없는데, 루머의 상당 부분은 조회 공시를 통해 사실로 확인되기도 하기 때문이다. 루머가 힘을 받는 이유가 이 때문이다. 그래서 일부 돈 있는 투자자들은 대가를 지불하고 정보를 받아 보기도 했다.

대다수 투자자는 이런 정보를 얻을 통로도 없고 그럴 만한 능력도 없지만, 고민할 필요는 없다. 증권가의 정보통이라고 하는 사람들 가운데 정보를 이용해 돈을 벌었다는 사람은 거의 찾아볼 수 없을 정도다. 오히려 정보를 믿고 투자했다가 손해 봤다는 사람이 수두룩하다. 그러니 오히려 정보가 없는 게 다행이라고 생각하는 편이 낫다. 혹시 누군가 "이 정보는 당신에게만 주는 거야" 하고 이야기 하나를 흘려 준다면 그런 정보는 설령 사실이라고 하더라도 쓸모없는 것이라고 치부해도 된다. 몇 단계 흘러오는 동안에 이미 주가에 반영된 이야기가 대부분이기 때문이다.

다시 한 번 강조하지만 정보로 투자할 생각은 버려야 한다. 그것은 쪽박을 차는 지름길이다. 특별한 인연이나 인간관계 속에서 우연히 믿을 만한 정보를 입수했더라도 반드시 확인을 해야 한다. 그것이야말로 루머를 믿고 샀다가 손해 보지 않는 길이다.

앞이 보이지 않을 때의 전략

주식 투자에는 흐름이 있다. 어느 정도 올랐다 싶으면 떨어지고, 또 한참 떨어졌다는 생각이 들 때면 다시 오른다. 아무리 가파르게 오를 때도 쉬어 가는 대목이 있고 급락하는 장에서도 반등 시점은 나오게 마련이다. 그런데 장에 푹 빠져들어 가다 보면 어느 순간 앞이 전혀 보이지 않을 때가 있다. 이럴 때는 무조건 쉬어야 한다. 가능하면 주식을 팔고 현금을 들고 있는 것도 좋다.

일반적으로 펀드매니저들은 포트폴리오를 조정하면 되지 주식을 팔아서 현금 비중을 늘릴 필요는 없다고 한다. 그런데 실상은 그렇지 않다. 지난 2007년 10월 이후 급락하는 장에서 거의 모든 펀드가 엄청난 손실을 겪었다. 일부 펀드들은 지수 하락률보다 훨씬 큰 폭의 주가 하락을 기록했다. 폭락장에서만 그런 것이 아니라 평상시에도 뮤추얼 펀드의 75퍼센트는 지수 상승률보다 수익률이 높지 않다는 게 투자의 대가 피터 린치의 지적이다. 그래서 최근 미국에서는 펀드 투자조차도 수동적으로 맡겨 놓지만 말고 능동적으로 넣었다 뺐다 하거나 다른 종류의 펀드로 갈아탈 필요가 있다는 주장이 강하게 제기되고 있다. 어쨌든 확신이 서지 않는 장에서는 '현금도 투자'라는 자세를 적극적으로 취할 필요가 있다.

초보 투자자들은 주식을 들고 있지 않으면 큰일이라도 날 것처럼 생각해서 그런지, 주식을 팔아 이익을 실현한 날 바로 다른 주식을 사려고 한다. 그런데 준비가 안 된 투자로 좋은 결과를 기대하기는 쉽지 않다. 행운의 여신은 이런 초보 투자자들에게 냉혹할 만큼 차갑게 등을 돌린다.

그렇다면 판단을 잘못했을 때는 어떻게 할까? 아주 오래전 강원도의 한 마을에 도박으로 상당한 부를 축적한 사람이 있었다. 그의 방법은 간단했다. 몇 판 패를 돌리다가 패가 말린다는 생각이 들면 조금 잃은 것에 연연치 않고 패를 덮은 뒤 자리를 떴다. 확률 게임인 카드도 상대보다 나쁜 패를 잡았을 때는 덮을 줄 알아야 하며, 이긴다는 확신이 섰을 때는 베팅을 크게 해야 한다. 그러나 초보 도박사들은 남의 패에는 신경을 쓰지 않고 자기 패에만 미련을 갖고 버티다가 결국 돈을 잃는다.

주식 투자도 마찬가지다. 아무리 백전노장이라도 연일 오르는 종목에만 투자하지는 못한다. 중요한 것은 잘못됐다는 생각이 들 때 과감히 손실을 감수하고 털고 일어서는 자세다. 어떤 종목이든 일단 투자하면 그 주식이 좋아 보이는 게 사람의 심리이다. 그래서 대부분의 일반 투자자들은 주가가 떨어지는데도 기다리면 오를 것이라는 믿음으로 무조건 버티다가 큰 손실을 본다. 특히 누군가가 좋은 정보라고 해서 산 종목들의 경우는 더욱 그렇다.

일단 아니다 싶으면 과감하게 손절매를 하고 떠날 수 있어야 한다. 좋은 종목과 매수 타이밍을 잘 선택하는 것 이상으로, 안 되는 종목을 제때 매도하는 것도 투자에서는 중요하다. 그것이 초보 딱지를 떼는 길이기도 하다. 이를 위해 투자를 하기 전에 목표 수익률을 생각하는 것 못지않게 최대 손실률을 미리 정해 놓고 매매할 줄 알아야 한다. 손절매는 특히 경제 시스템이 흔들릴 때일수록 반드시 생각해야 할 투자의 지혜이다.

10

프로들이 보는 투자 지표

기상청에서는 날마다 일기예보를 발표한다. 가끔 크게 틀리는 경우도 있어 항의하는 소동이 벌어지기도 하지만 그래도 많은 사람들이 일기예보를 본 후 야외 활동이나 행사를 계획한다.

주식시장에는 기상청처럼 주가의 흐름을 예보하는 정부 기구는 없지만, 수많은 애널리스트를 비롯한 증권 전문가들이 주가를 전망한다. 대부분의 경우 좋게 보는 사람과 나쁘게 보는 사람들이 반반 정도로 엇갈린다. 엇갈리는 전망 속에서 일반 투자자가 어떤 것을 택해야 할지 상당히 난감한 경우가 많다. 어떤 전망을 택한 것이 딱 맞아떨어질 수도 있지만 그렇지 않은 경우도 많다. 최종 책임은 투자자 자신이 져야 하며 결국 투자자도 공부를 해야 한다.

증권 전문가들은 모두 자기 나름의 잣대로 시장에 대한 논리를 만들어 낸다. 그 잣대는 무수히 많다. 경제지표가 될 수도 있고 시장의 주가나 거래량이 될 수도 있고 환율이나 금리가 될 수도 있다. 월가의 전문가들 역시 대부분 자기 나름의 잣대로 시장을 설명한다.

그런데 많은 프로들이 공통적으로 보는 시장 지표가 있다. 한국에서도 많이 쓰는 이동 평균을 비롯해 시카고 옵션 거래소CBOE의 변동성 지수VIX나 각 거래소마다 내놓는 암스 단기 거래 지수TRIN, 단주 공매도 동향Odd-lot Shorts, 상대 강도 지수RSI 등 다섯 가지가 월가의 프로들이 주로 보는 지표이다.

금융 위기 이후 한국 증시에서 외국인이 차지하는 비중은 크게 줄었지만 그래도 이들은 시장의 방향을 좌우할 정도로 영향을 미치고 있다. 이 때문에 외국인의 움직임을 관찰할 필요가 있는데, 월가의 프로들이 보는 지표를 이해하면 이들의 움직임을 예상하는 데 도움이 될 것이다. 한국의 일반 투자자도 아마추어를 벗어나 세계적인 프로 투자자가 될 수 있을지, 이들이 보는 지표를 먼저 알아보자.

이동 평균

앞에서도 보았듯이 이동 평균은 현재 주가나 거래량이 중·장기적으로 보아 어느 수준에 있는지를 나타낸다. 더 나아가 투자자들이 시장을 긍정적으로 보는지, 아니면 비관적으로 보는지를 평가할 때도 쓰인다.

기술적 분석을 하는 전문가들은 이동 평균을 통해 주가가 어느 방향으로 움직일지를 예상한다. 심리적으로 주가가 50일 이동 평균선 밑에서 머물고 있다면 현재 시장의 분위기는 약세라고 할 수 있다. 주가가 50일 이동 평균선 위에 있다면 투자자들이 최근 50일간 시장 상황보다 현재 상황을 좋게 보고 있다는 뜻도 된다. 골든 크로스나 데드 크로스는 주가가 평균선을 깨고 움직이는 것이므로 투자 심리가 급격히 호전되거나 악화된다고 해석할 수 있다. 이 때문에 골든 크로스를 강세장의 징조로, 데드 크로스를 약세장의 징조로 보는 것이다.

상대 강도 지수

주가는 떨어지다가 오르고 오르다가 또 떨어진다. 보통 투자자들은 주가가 떨어질 때 걱정부터 한다. 그런데 전문가들은 주가가 떨어지면 언제쯤 반등할 것인가를 생각한다. 마찬가지로 주가가 오를 때도 무작정 오르는 게 아니므로 언제쯤 하락할 것인가를 생각해 그에 대응하려고 준비한다. 일반 투자자가 아마추어 딱지를 떼려면 이런 긍정적인 자세가 필요하다. 여기서 중요한 것은 언제 추세가 바뀔 것인가 하는 점이다. 추세가 바뀌는 점을 찾아낼 수 있다면 그 다음 베팅은 식은 죽 먹기이기 때문이다. 이것을 도와주는 지표 가운데 하나가 상대 강도 지수 RSI, relative strength index이다.

지난 1978년 웰리스 윌더 2세Welles Wilder Jr.가 개발한 RSI는 일정 기간 동안 주가 상승폭 합계를 상승폭 합계와 하락폭 합계를 더한 값으로 나눈 뒤 100을 곱해서 구한다. 이 값이 30 밑으로 떨어졌다면 주가가 상승세로 전환할 가능성이 크므로 매수를 고려해 볼 만하다고 할 수 있으며 반대로 70 이상이면 하락세로 돌아설 가능성이 있으므로 대비할 필요가 있다는 것이다. 다시 말해 70 이상이면 과매수 상태, 30 이하면 과매도 상태라고 본다. 다만 이 수치를 일률적으로 적용하는 것이 아니고 시장 상황에 따라 20과 80으로 구분하기도 한다. 가령 호황 국면에서는 80을 과매수 상태, 주식시장이 극도로 침체된 상태에선 20을 과매도 상태로 보는 것이다. RSI는 국내 증권사의 홈 트레이딩 시스템에서도 제공하고 있으므로 손쉽게 찾아볼 수 있다.

변동성 지수

정식 명칭은 시카고 옵션 거래소 변동성 지수The Chicago Board Options Exchange Volatility Index이다. 원래는 S&P500 지수 옵션에 내재된 변동성을 측정하는 수단이었다. 다음 30일 동안 S&P500 지수가 얼마나 움직일 수 있는지 가능성을 보는 것이다. 그런데 어느 순간 이 지수가 '공포를 측정하는 도구' 또는 간단히 '공포 지수'라고도 불리게 됐다. 이 지수가 떨어지면 투자자들이 리스크를 참아 내는 경향이 늘어나는 것으로, 반대로 이 지수가 올라가면 투자자들이 더 조심하는 것으로 해석되기 때문이다. 그런데 여기서 '변동성'이라는 의미를 잘 해석해야 한다. 그것은 떨어진다는 의미가 아니라 주가가 상하로 얼마나 움직일 것인가 하는 확률적인 범위를 뜻하기 때문이다. 원래 변동성은 수학적으로 표준편차 개념이다. 그렇기 때문에 이 지수가 공포 지수라고 불린다고 해도 이것이 바로 주가가 떨어진다는 것을 의미하는 것은 아니고 주가가 양방향으로 튈 가능성을 의미한다고 할 수 있다.

암스 단기 거래 지수

미국에서는 보통 TRIN이란 약자로 쓰이는데, 리처드 암스Richard W. Arms가 개발한 것이라서 정식 명칭은 암스 단기 거래 지수The Arms Short-Term Trading Index이다. 시장의 세력이 어느 쪽으로 움직이는가를 나타내는 지표로, 시장의 분위기가 매우 부정적이거나 매도가 정점으로 치달을 때 급격히 올라가고, 반대로 투자자들이 주식을 살 때는 낮아지는 특성이 있다. 다시 말해 이 지표가 1이면 시장은 균형 상태를 이룬다고 할 수 있으며 1보다 크면 주가가 하락하는 쪽 종목들의 거래가 늘었고 반대로 1보다 작으면 주가가 상승하는 쪽의 거래가 늘었다고 볼 수 있는 것이다. 결국 시장 분위기와 TRIN은 정반대로 움직인다고 할 수 있다. 그런데 단순히 시장의 움직임만을 보는 게 아니라 수치의 정도를 보고 과매도 또는 과매수 여부를 판단하며, 이를 통해 주가의 저평가·고평가 상태를 판단하고 향후 주가가 어떻게 움직일 가능성이 있는지 방향을 제시하는 데 이용된다. 이 지표는 상승 종목 수와 하락 종목 수, 또 상승한 종목의 거래량과 하락한 종목의 거래량으로 구한다.

TRIN=(상승한 종목 수 / 하락한 종목 수) / (상승한 종목의 거래량 / 하락한 종목의 거래량)

TRIN은 각 거래소마다 계산할 수 있는데 미국 시장의 지표는 인터넷으로 검색할 수 있다.

단주 공매도 동향

단주 공매도 동향Odd-lot Shorts 지표는 사실 슬픈 사연을 담고 있다. '개미 투자자는 항상 틀린다'는 전제를 가지고 만든 기술적 지표이기 때문이다. 단주 공매도 또는 100주 미만 소량 매물이 쏟아지면 개인들이 겁에 질려서 팔아 대는 것이므로 프로들의 입장에선 살 기회라는 것이다. 미국의 단주 공매도 동향은 매일 나오기 때문에 인터넷으로 검색해 볼 수도 있다.

2장

좋은 주식 싸게 사는 법

한국 증시의 전설적 종목 가운데 새롬기술이라는 회사가 있다. 이 회사 주가는 2000년 3월 3일 31만 3,000원까지 갔다. 주식의 액면가가 500원이니 대부분의 회사처럼 5,000원으로 환산하면 한 주당 313만 원이었던 셈이다.

당시에는 많은 투자자가 이런 주식을 사지 못해 안달을 했다. 그런데 새롬기술 주가는 그 후 단 한 번도 그 가격으로 돌아가지 못했다. 이후 회사 이름마저 바뀌었고 주가는 네 자릿수 초반으로 떨어졌다.

2000년 같은 날 유한양행 주식은 2만 4,000원대에 거래됐다. 유한양행 주가는 이후 줄기차게 올라 2008년 9월엔 22만 4,000원 선까지 갔다. 금융 위기로 약간 조정을 받기는 했지만 그래도 이 회사 주가는 꿋꿋하게 버티고 있다.

두 회사를 보면 왜 좋은 주식에 투자해야 하는가를 잘 알 수 있을 것이다. 투자자들은 경제 흐름과 시장의 움직임을 파악하는 방법까지 배웠다면 주식 투자를 시작해도 괜찮을 것이라고 생각할지 모른다. 그런데 이것만 가지고 투자를 위한 준비가 다 끝났다고 할 수 없다. 어떤 종목을 골라서 어떻게 투자할 것인가가 남아 있다. 그것을 모르고 나선다면 유한양행 같은 회사를 제쳐 놓고 새롬기술 같은 회사에 투자하기 십상이다.

장사를 제대로 하려면 기본적으로 좋은 물건을 싸게 사야 한다. 그래야 적당히 이익을 붙여서 쉽게 팔아넘길 수 있다. 주식 투자도 마찬가지다. 좋은 종목을 골라서 싸게 사야 손쉽게 이익을 붙여서 팔 수 있다. 그래서 주식 투자에서 성공하려면 좋은 종목을 고르는 요령과 함께 싸게 사는 요령도 알아 두어야 한다. 특히 주식은 일반 상품과 달리 가격 등락이 심하기 때문에 언제든 가격이 떨어질 수 있다는 생각을 하고 골라야 한다. 예상하지 못한 일이 생겨서 갑자기 값이 떨어지더라도 느긋하게 기다릴 수 있는 종목을 찾아야 한다.

1
좋은 주식의 조건

어떤 게 좋은 주식이라고 단정적으로 정의하기는 쉽지 않다. 투자자 입장에서는 '꿩 잡는 게 매'라고 우선 이익을 많이 낼 수 있다면 좋은 종목이라고 생각할지 모른다. 그게 테마주가 될 수도 있고 작전주가 될 수도 있을 것이다. 그러나 이런 주식들은 갑자기 값이 떨어졌을 때 만회하기가 쉽지 않다. 이런 점에서 좋은 주식을 제대로 배울 필요가 있다. 투자는 기본적으로 이익을 노리고 하는 게임과도 같다. 주식 투자의 이익을 크게 나누어 보면 배당금과 주가 상승에 따른 차익을 들 수 있는데 이 두 가지를 합쳐서 가능한 한 많은 이익을 내주는 것이 좋은 주식이라고 할 수 있다. 여기서 이익을 내는 데 조건이 하나 있다. 돈을 잃지 말아야 한다는 것이다.

이렇게 본다면 좋은 주식이란 '손해 볼 가능성은 거의 없고, 배당을 많이 받거나, 주가가 올라서 이익을 낼 가능성이 큰 종목'이라고 규정할 수 있다. 그렇다면 어떻게 이런 주식을 찾을 것인가?

자신에게 맞는 회사

한국에서 좋은 주식이라고 하면 보통 삼성전자나 NHN 같은 종목을 많이 거론한다. 그런데 워런 버핏은 삼성전자나 NHN을 사지 않았다. 대신 지난 2008년 말 POSCO 주식 5퍼센트를 들고 있다고 신고했다. 버핏의 눈에는 삼성전자나 NHN보다 POSCO가 훨씬 좋은 종목으로 비친 것이다.

국내 기관투자가들 중에서 국민연금은 POSCO 주식을 많이 들고 있는 반면에 미래에셋은 삼성전자나 NHN을 많이 들고 있다고 신고한 바 있다. 이처럼 전문가들도 주식을 보는 눈이 다르다. 각자의 성향에 맞는 주식이 있다는 말이다.

증권 전문가들은 주식을 성장주와 가치주로 구분한다. 펀드도 성장주에 투자하는 펀드와 가치주에 투자하는 펀드를 구분하기도 한다. 운용하는 사람의 성향이 다르다는 말이다.

성장주란 매출액이나 이익이 빠른 속도로 늘어나 주식의 가치가 상당히 높아질 것으로 기대되는 종목을 말한다. IT나 바이오테크, 나노테크 등과 같은 업체들이 주로 여기에 포함된다.

가치주는 실적이나 자산 등이 제대로 평가되지 않아 주가가 싼 종목을 말하며 성장성은 다소 떨어지더라도 자산 가치가 우량한 종목이 주로 여기에 포함된다. 업력이 오래된 굴뚝주들이 주로 가치주로 분류된다. 성장 산업에 속해 있지만 시장점유율을 더 이상 늘리기 어려울 정도로 커진 회사들은 가치주로 분류되기도 한다. 이런 회사들은 대부분 유보율(기업이 이익금을 사내에 쌓아 둔 비율을 말하며 안전성을 측정하는 지표로 이용된다. 유보율=(자본 잉여금+이익 잉여금)/자본금 ×100)이 높고 부채비율은 낮다.

일반적으로 성장주는 위험은 크지만 미래의 기대 수익도 크기 때문에 성향이 공격적인 투자자에게 적합한 것으로 알려져 있다. 상대적으로 성향이 보수적인 투자자들은 가치주를 선호한다고 하지만, 이는 아주 단순한 형식적 분류라고 할 수 있고 실제로는 가치주와 성장주를 구분하기가 어려운 경우도 많다. 또 가치주라도 의외로 성장성이 높은 것도 많으며 성장주로 분류되더라도 실제 성장률은 낮은 종목도 상당하다.

주식을 고를 때는 자신의 성향 외에 투자 기간도 감안해야 한다. 평생에 걸쳐 투자를 한다면 현재 거래가 잘 되건 안 되건 상관이 없겠지만 묻어 둘 만큼 장기간 투자할 여건이 아니라면 거래가 활발한 종목으로 투자 대상을 국한해야 한다. 그러지 않을 경우 자칫 주식을 팔지 못해 고생할 수도 있다.

그리고 투자 위험을 얼마나 감내할 수 있는가도 고려해야 한다. 위험을 감내하기 어려운 투자자라면 철저히 안전성이 높은 주식만 보거나 아예 채권이나 은행 저축 등으로 투자 대상을 제한해야 한다. 어느 정도 위험을 감내할 여력이 있는 투자자라면 고수익을 낼 수 있는 주식에 베팅할 수도 있다. 재산이 많은 투자자라면 어느 정도 위험을 부담하면서 고수익을 추구할 수도 있지만 그렇지 않은 경우라면 모험을 즐기기보다는 한 푼씩이라도 안전하게 늘려 가는 쪽으로 방향을 정해야 한다.

표 2-1 매출액 증가율 상위 기업 / 영업이익 증가율 상위 기업

(단위 : 100만 원, %)

회사	매출액		회사	영업이익	
	2007년	증감률		2007년	증감률
인큐브테크	7,155	172.36	한진	16,940	1,988.78
더존비즈온	54,676	167.27	삼성전기	88,462	1,498.52
선우ST	225,487	119.62	태영건설	55,688	1,085.61
STX팬오션	4,873,449	75.03	IB스포츠	6,473	987.90
덕양산업	560,481	72.15	남해화학	40,846	662.34
대한해운	1,971,283	71.39	STX조선	94,830	475.74
성진지오텍	361,712	68.35	보령제약	13,725	431.98
이엔쓰리	19,540	62.74	C&우방랜드	1,102	417.37
엔케이	182,408	59.54	삼성중공업	457,245	361.78
셀런	167,743	56.70	필룩스	897	341.87
세방전지	496,287	55.32	아남전자	7,050	327.53
한화	3,466,904	51.19	SH케미칼	2,698	305.11
청호컴넷	249,031	50.66	대우자동차판매	62,384	298.75
현대종합상사	1,668,412	50.58	상신브레이크	6,866	274.99
STX엔진	1,274,986	46.54	대한해운	330,968	270.63
동원시스템즈	448,439	43.66	동일산업	25,875	261.33
엠앤에스	152,702	43.00	동원산업	58,535	260.97
수도약품공업	78,559	42.83	에넥스	7,004	251.08
대양금속	303,631	42.68	선우ST	6,091	235.96
코오롱	1,541,031	42.59	대양금속	27,261	227.46

자료 : 상장회사협의회

부채비율이 낮은 기업

(단위 : %)

종목	부채비율	종목	부채비율
다함이텍	5.55	한국화장품	19.91
한섬	12.16	일신방직	21.37
삼영전자공업	12.53	엔씨소프트	21.55
대덕GDS	14.77	한일시멘트	21.98
삼양통상	15.14	한국단자공업	22.42
에스지글로벌	15.91	퍼시스	23.54
계양전기	18.17	SBS	24.50
신도리코	18.67	대덕전자	24.91
영풍제지	18.82	새론오토모티브	25.48
써니전자	19.12	삼양제넥스	27.52

2007년 연결결산 기준
자료 : 상장회사협의회

유보율 상위 기업

(단위 : %)

회사명	유보율	회사명	유보율
SK텔레콤	26,535.3	영풍	7,817.16
태광산업	26,064.77	삼성전자	6,387.22
롯데제과	19,010.18	BYC	5,595.77
롯데칠성음료	15,400.29	롯데쇼핑	5,467.3
남양유업	14,184.27	고려제강	5,394.46

2007년 말 기준
자료 : 상장회사협의회

표 2-2 배당 수익률 상위 기업

(단위 : %)

회사	배당 수익률	회사	배당 수익률
S-Oil	16.99	SK텔레콤	3.78
GS홈쇼핑	6.27	무림페이퍼	3.77
대신증권	5.52	부산가스	3.69
우리투자증권	5.24	부산은행	3.63
외환은행	4.83	애경유화	3.61
예스코	4.81	한라공조	3.46
신도리코	3.46	동원산업	3.34
한샘	4.4	기업은행	3.27
세아베스틸	4.46	KT&G	3.26
대구은행	3.86	대한가스	3.21

2007년 말 코스피 기준

배당을 많이 하는 회사

주식 투자 이익 가운데 하나인 배당금을 많이 주는 회사라면 일단 좋은 종목의 후보로 꼽아도 괜찮을 것이다. 매년 꾸준하게 배당금을 많이 주려면 일정 수준 이상의 이익을 내야 하는데 그런 회사라면 좋은 회사일 확률이 높기 때문이다. 어떤 기업은 배당 수익률이 금리보다 훨씬 높기 때문에 채권에 투자하는 것보다 주식을 사는 게 훨씬 나을 수도 있다. 이런 회사의 주식을 사 두면 나중에 주가가 뛸 때 차익까지 누릴 수 있기 때문에 꿩 먹고 알 먹는 투자라고 할 수 있다.

배당 수익률이 높은 회사들은 매년 고율의 배당을 하는 경향이 있기 때문에 주목할 필요가 있다. 또한 장기적으로 배당을 받으면서 회사가 성장할 경우 과실까지 함께 얻을 수도 있다. 특히 배당을 많이 하는 회사의 주식을 회계연도 중간쯤에 산다면 짧은 기간에 1년치 배당을 받을 수 있기 때문에 연간 수익률이 훨씬 높아지는 효과도 있다. 그러나 연말이 가까워질수록 배당을 많이 하는 12월 결산 법인의 주가가 오르는 경향이 있으므로 매수 시점을 잘 택해야 한다. 주의할 점은 연말에 샀다고 무조건 배당금을 받을 수 있는 게 아니라는 것이다. 연말 주주 명부에 등록이 돼 있어야 배당을 받을 수 있다. 주식을 거래하고 사흘이 지나야 결제가 되기 때문에 마지막 영업일 3일 전에는 주식을 사야 그해 배당을 받을 수 있다. 한 해 고율의 배당을 했다고 해서 다음 해도 그런 것은 아니라는 점도 염두에 두어야 한다. 경제 여건 등을 감안해서 회사가 제대로 이익을 낼 수 있을지를 따져 볼 필요가 있다.

한편 회사는 미래의 성장을 위해 일정 부분 투자를 해야 하는데 그런 투자 재원을 쌓아 놓지 않고 무조건 배당만 많이 한다면 경계할 필요가 있다. 그런 회사는 장기적으로 투자 재원이 모자라 이익이 줄어들 가능성이 있기 때문이다. 어떤 회사는 공장을 비롯한 부동산을 팔아서 생긴 이익으로 배당을 하는 경우도 있는데 장기적으로 안정성에 문제가 생길 수도 있다는 점에서 눈여겨봐야 한다.

좋은 회사의 조건

회사가 배당을 하고 성장을 위한 투자까지 하려면 이익을 많이 내야 한다. 이 때문에 투자자 입장에서는 이익을 많이 내면 좋은 기업이라고 할 수 있다. 그런데 이익을 많이 낸다는 것을 어떤 잣대로 평가할 것이냐 하는 문제가 생긴다. 가령 삼성전자처럼 커다란 회사와 예스24처럼 아직 규모가 크지 않은 회사의 이익을 단순 비교하는 것은 곤란하다. 규모 차이가 워낙 크기 때문이다.

여기서 회사 규모를 감안해 이익을 비교하는 게 하나의 평가 기준이 될 것이다. 순이익을 발행 주식 수로 나눈 주당순이익EPS, earnings per share이 여기에 맞는 지표인데 주당순이익이 많은 회사가 좋은 회사가 될 수 있을 것이다. 그런데 여기에 약간 문제가 있다. 예전에는 주식의 액면 가격이 모두 5,000원이라서 EPS만 보면 바로 실력 차이가 가려졌는데 최근에는 액면 가격이 500원짜리, 100원짜리 등으로 다양해져 주식의 액면가를 함께 볼 필요가 있다.

다음으로 회사 내부에 쌓아 놓은 유보금이 얼마나 되는가도 따져 봐야 한다. 주식 수가 같더라도 내부 유보가 많으면 아무래도 더 많은 일을 할 수 있기 때문이다. 그래서 프로 투자자들은 주주들의 돈 전체와 이익을 비교하는 개념인 자기자본이익률ROE, return on equity이라는 지표를 중시한다. ROE에 대해선 뒤에서 상세히 설명할 것이다. 어쨌든 이익을 잘 내는 회사가 좋다는 개념은 성장주나 가치주나 상관없이 모두 적용된다.

결혼할 때 집은 임대 아파트라도 냉장고나 텔레비전은 물론이고 오디오, 에어컨에 수십 명을 접대하고도 남을 식기나 수저 등 온갖 살림살이를 갖추고 시작하는 부부가 있다. 반면 살림은 단출하게 준비하는 대신 처음부터 목돈을 불려 가는 알뜰 부부도 있다.

회사도 마찬가지다. 겉으로 화려하게 커 가는 회사가 있는가 하면 안으로 차곡차곡 이익을 쌓아 가는 곳도 있다. 빚을 얻어서라도 투자를 많이 하면 성장성이 뛰어날 수 있지만 안전성은 떨어진다. 차곡차곡 쌓아 가는 회사는 겉으로는 별 볼일 없는 것 같은데 세월이 흐른 뒤에 엄청난 힘을 발휘하는 것을 볼 수 있다. 좋은 회사는 대개 겉으로 화려하기보다는 안에 쌓아 놓은 게 많은 회사이다. 이 부분은 뒤에서 자세히 다룰 예정이다.

좋은 회사가 갖춰야 할 마지막 조건은 절대로 망하지 않아야 한다는 것이다. 부채가 없거나 매우 적은 기업들이 여기에 해당한다. 그렇지만 기업의 안전성은 때로는 회사의 규모나 부채비율과 무관할 수도 있다. 재무적으로 탄탄하더라도 하청 기업이라면 수주 상황이 바뀌면서 안정성도 바뀔 수 있기 때문이다. 어떤 경우는 제품의 라이프 사이클 때문에 회사의 성장이 정체되거나 적자를 낼 수도 있다. 재무제표상으로는 안전하게 보이더라도 눈에 보이지 않는 부실이 있을 수도 있다. 이 부분 역시 중요하기 때문에 뒤에서 자세하게 다룰 것이다.

이렇게 볼 때 좋은 주식의 조건은 성장성이 높거나 내재 가치가 우량해야 하며, 배당을 잘하고, 이익을 잘 내고, 절대로 망하지 않을 회사여야 한다고 요약할 수 있다. 이런 조건을 갖춘 회사를 찾기 위해서는 우선 공개된 서류로 회사의 내용을 판단하는 능력부터 키울 필요가 있다.

2

회사의 내용은 이렇게 본다

　삼성전자 주식이 좋다는 것은 누구나 다 안다. 또 LG전자보다 삼성전자가 절대적으로 규모가 큰 회사라는 것도 대체로 안다. 그러나 삼성전자와 LG전자 가운데 어느 회사에 투자하는 것이 낫냐고 물으면 누구도 쉽게 대답하기 어려울 것이다. 비슷한 업종의 회사끼리도 그런데 삼성전자와 POSCO, SK텔레콤 등을 놓고 어느 회사 주식이 상대적으로 좋으냐고 물으면 어떻게 대답할까? 더더욱 답변하기가 난감할 것이다. 그런데 이를 알 수 있는 방법이 있다.

　우리는 집을 살 때 중개업소에 가서 물어보고 등기부등본도 본다. 그래야 속지 않기 때문이다. 주식을 살 때도 마찬가지다. 남이 좋다는 종목에 그냥 따라 들어갔다가는 손해를 보기가 일쑤다. 그러지 않으려면 집을 살 때 등기부등본을 보듯이 주식을 살 때도 회사가 공개하는 최소한의 서류들을 보아야 한다. 주식을 상장한 회사는 법에 따라 반드시 일정한 양식으로 된 재무 상황을 공개해야 하는데 이를 재무제표라고 한다. 재무제표에는 회사가 얼마나 이익을 내는지, 또 자산이 얼마나 되고 부채는 얼마나 되는지 등의 정보가 나온다. 이를 보고 회사의 상태가 좋은지 나쁜지, 또 주가가 비싸지는 않은지를 판단할 수 있다. 재무제표 중에서 회사가 장사를 해서 번 이익이나 손실이 얼마나 되는지 알려주는 것을 손익계산서라고 하고, 자산과 부채가 얼마나 되는지를 나타낸 것을 대차대조표라고 한다. 투자를 하려면 적어도 이 정도는 살펴봐야 한다.

재무제표란 회사나 단체의 영업이나 재정 상태를 담은 보고 양식을 말한다. 여기에는 대차대조표와 손익계산서, 이익잉여금 처분 계산서(결손금 처리 계산서), 현금 흐름표, 주기와 주석, 부속 명세서 등이 있다.

전문가가 아니라면 이것을 모두 알 필요는 없고 대차대조표와 손익계산서만 제대로 알아도 투자를 결정하는 데 크게 부족하지 않다. 재무제표에서 세부적 내용을 구분하는 항목을 통틀어 '계정'이라고 부른다.

손익계산서 보는 법

손익계산서는 회사가 일정 기간 영업을 해서 얼마큼의 비용을 지출하고 얼마나 이익을 냈는가를 알려준다. 중요한 서류라서 복잡할 것 같은데 실제 구조는 매우 간단하다. 처음부터 끝까지 더하기와 빼기로 작성하기 때문이다. 회사가 일정 기간 동안 물건을 팔거나 서비스를 제공하고 받은 돈을 모두 합한 것을 매출액이라고 한다. 그런데 물건이나 서비스를 팔려면 일단 그것을 만들어 내는 원가가 들어간다. 또 월급도 주고 은행에 이자도 내야 하며 세금도 물어야 한다. 매출액에서 원가와 여러 가지 비용을 빼면 순수한 이익이 남는데 이 과정을 체계적으로 정리해 놓은 것이 바로 손익계산서이다. 그러므로 손익계산서의 맨 위에는 매출액이 나오고 맨 마지막엔 당기순이익이 남는다. 손익계산서의 기본 구조는 표 2-3과 같다. 이제 표를 보면서 손익계산서의 구조를 다시 살펴보자.

- 한국이나 미국이나 마찬가지로 맨 위에는 매출액revenue, total revenue을 적는다. 이 수치는 일정 기간 동안 물건이나 서비스를 얼마나 팔았는지를 나타낸다.
- 매출액에서 원자재 구입비 등 매출원가를 빼면 매출총이익gross profits이 나온다. 장사하는 사람들은 물건을 떼다가 팔면 얼마가 남

표 2-3 손익계산서의 기본 구조

계정	비고
① 매출액	국내 매출＋국외 매출
－매출원가	제조 원가＋재고 변화
② 매출총이익	
－판매비와 관리비	급여, 수출비, 광고 선전비 등
③ 영업이익	
＋영업 외 수익	이자, 외환 차익, 배당금, 투자자산 처분 이익 등
－영업 외 비용	지급 이자, 외환 차손, 투자자산 처분 손실, 대손 상각 등
④ 계속사업이익(법인세 차감 전 이익)	
－법인세	
⑤ 당기순이익	
⑥ 주당순이익	당기순이익 / 발행 주식 수

았다고 이야기하는데 이들이 얼마 남았다며 이야기하는 이익의 개념과 같은 것이다.

- 매출총이익에서 인건비나 광고비와 같은 판매비와 관리비를 빼면 영업이익EBIT, operating profit이 나온다. 영업이익은 기업의 능력을 판단하는 중요한 지표이기 때문에 주의를 기울여 살필 필요가 있다.

- 기업은 영업 이외에 돈거래를 하는 과정에서도 이익이나 비용이 나올 수 있다. 이를 영업 외 수익이나 영업 외 비용이라고 한다. 영업이익에 이자나 환차익과 같은 영업 외 수익을 더하고 지급 이자나 환차손 같은 영업 외 비용을 빼면 계속사업이익Income from continuing operations이 나온다. 계속사업이익을 종전에는 경상이익이라고도 했는데 법인세 차감 전 이익EBT, earnings before taxes이라고 부르는 회사도 있다.

- 계속사업이익에서 법인세 비용을 빼면 당기순이익net income이 나온다.

- 당기순이익을 발행 주식 수로 나누면 주당순이익EPS, earnings per share이 된다. 이 수치는 주가가 적정한 수준인지를 계산할 때 많이 쓰인다.

표 2-3에서 보았듯이 손익계산서는 매출액에서부터 각각의 항목을 더하거나 빼면서 특정 의미를 갖는 이익을 산출해 내는 과정을 나타낸다. 회사가 보고하는 손익계산서는 여기에 나온 기본 구조에다 세부 항목을 붙여서 설명한다. 그렇지만 투자를 하는 입장에선 이 정도만 알아도 크게 부족하지 않을 것이다. 여기서 영업이익과 당기순이익이 회사

의 가치를 판단하는 데 주로 이용된다. 이 이익들이 몇 년째 계속 늘어나고 있다면 일단 그 회사는 투자 대상 후보가 될 수 있을 것이다.

신문 기사나 주주 보고에서는 이익이나 매출이 전년이나 전 분기에 비해 얼마나 늘었는지(줄었는지)를 함께 쓰는 것이 일반적이다. 증가율을 곁들이면 좀 더 이해하기 쉽기 때문이다. 그러나 증가율이란 수치 자체는 왜곡될 수도 있기 때문에 증가율을 볼 때는 반드시 추세를 함께 보아야 한다.

회사의 사정을 더 깊이 분석하려면 여기에 나온 기본적인 정보 외에 각 계정을 구성하는 세부적인 내용들이 어떻게 바뀌었는지도 살펴볼 필요가 있다. 예를 들어 외환 차익이나 외환 차손이 당기순이익에 얼마나 영향을 미쳤는지, 계열사에서 받는 배당이 갑자기 늘거나 줄지는 않았는지, 감가상각이나 대손 충당금 등이 이익에 영향을 주지는 않았는지, 몇 년에 한 번 정도 나오는 자산 매각 이익 같은 것이 이익을 크게 좌우하지는 않았는지 등에 특별히 신경을 써야 한다. 이런 것들이 수치를 왜곡할 수 있기 때문이다. 구체적인 내용은 뒤에서 다시 다룬다.

대차대조표 보는 법

사업을 하려면 먼저 주주가 일정액을 내놔야 하는데 이를 자본금이라고 한다. 그 돈으로 땅도 사고 매장도 열며 공장을 짓기도 한다. 공장을 돌리거나 장사를 하다 보면 재고도 쌓이고 외상도 줘야 한다. 경우에 따라선 사업을 확장하거나 운영 자금으로 쓰기 위해 외부에서 빚도 얻어야 한다. 이런 것들을 자산 내역별로 일목요연하게 정리한 것이 대차대조표다.

대차대조표는 기업의 가치를 나타낼 뿐 아니라 재무적으로 얼마나 건전한지를 나타내기도 한다. 사업 보고서나 감사 보고서의 가장 앞에 대차대조표가 나오는 것은 그만큼 중요한 정보를 담고 있다는 의미이다. 다시 말해 회사의 자산가치가 얼마나 되며, 투자 여력은 얼마나 되는지, 일정 기간 내에 망할 가능성은 어느 정도인지 등의 비밀이 담겨 있다. 제대로 투자를 하려면 반드시 이해하고 들어가야 하는 서류라고 할 수 있다. 그런데도 투자자는 물론이고 이해 당사자들조차 평상시에는 거의 관심을 두지 않다가 경제가 어려워지거나 기업이 흔들릴 때가 되어서야 비로소 이 부분을 본다.

대차대조표는 유동성 배열의 원칙이라는 일관된 기준에 따라 작성된다. 현금이나 현금과 유사한 것을 앞에 적고, 부동산처럼 유동성이 떨어지는 자산이나 부채를 뒤쪽에 적는다. 급한 것을 먼저 보라는 의미가 담겨 있다. 과거에는 유동성이 떨어지는 자산이나 부채를 고정자산이

표 2-4 대차대조표의 기본 구조

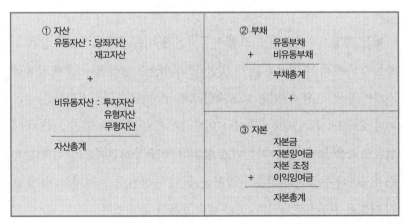

나 고정부채라고 했지만 요즘엔 비유동자산이나 비유동부채라고 한다. 여기서 유동적이냐 비유동적이냐를 구분하는 기준은 1년이다. 1년 이내에 손에 넣을 수 있거나 처분해서 현금으로 만들 수 있는 자산을 유동자산이라고 하고, 1년 이내에 갚아야 하는 빚을 유동부채로 잡는다. 손익계산서를 더하기와 빼기만 알아도 이해할 수 있듯이 대차대조표 역시 더하기 빼기만 알아도 이해할 수 있는 구조로 되어 있다.

표 2-4에서 보았듯이 대차대조표에서 가장 중요한 세 계정은 자산총계total assets, 부채총계total liabilities, 자본총계total shareholder's equity이다. 이때 회사의 자산총계는 이를 구성하는 자본과 부채를 합한 것과 반드시 맞아야 한다.

> 자산총계 = 자본총계 + 부채총계

자산총계는 기업의 크기나 역량을 비교하는 지표로 매출액과 함께 많이 쓰인다.

자산 계정 : 자산총계는 크게 유동자산과 비유동자산으로 구성된다. 유동자산은 즉시 현금화할 수 있는 당좌자산과 생산이나 판매 활동을 거쳐야 현금이 될 수 있는 재고자산으로 구분된다. 당좌자산에는 현금이나 요구불 예금, 매출채권이나 미수금처럼 즉시 또는 일정 기간 내에 현금으로 바꿀 수 있는 자산이 포함된다. 비유동자산에는 주식과 같은 투자자산과 부동산과 같은 유형자산, 산업 재산권 등 무형자산, 쉽게 받기 어려운 자산으로 구성된 기타 비유동자산 등이 있다.

부채 계정 : 대차대조표에서 정말 눈여겨봐야 할 항목들이다. 일반적으로 금융기관들은 유동부채가 얼마나 되는지에 초점을 맞춰 분석한다. 유동부채가 많으면 회사가 빚을 갚지 못할 위험이 커진다고 보고 돈을 빌려 주지 않는다. 투자자로서는 부채총계를 보는 것이 더 유용하다. 채권 가운데는 중도 상환 옵션이 붙은 게 많아서 만기가 한참 남아 있더라도 갑자기 유동부채로 바뀔 수 있기 때문이다. 평상시에는 비유동부채로 적어 놓은 것도 경제 상황이 악화되거나 기업의 건전성에 문제가 생기면 갑자기 유동부채로 돌변할 수 있다.

자본 계정 : 회사의 입장에선 상환할 의무가 없는 돈이다. 주주들이 출자한 기본 자금인 자본금과 여기서 생긴 이익인 자본잉여금, 회사가 매년 벌어들인 이익 가운데 일부를 남겨 놓은 이익잉여금 등으로 구성되며 이를 합한 것이 자본총계다. 자본총계는 회사나 주식의 실질가치를 따질 때 중요하다. 기업의 안전성을 검토할 때도 핵심적으로 보는 항목이기 때문에 관심을 두는 게 좋다. 손익계산서에서 나온 기업의 당기순이익과 대차대조표에서 나온 자본총계나 자산총계 등은 주식의 가치를 따질 때 쓰는 중요한 지표이다. 이제 이 지표들을 이용해 기업의 내재 가치를 따져 보자.

❖ **한국과 미국의 기업 서열은 어떻게 매길까?**

한국의 재벌 서열은 어떻게 매기고 또 미국의 〈포천〉 500대 기업 순서는 무엇으로 정할까? 한국에서는 자산을 기준으로, 〈포천〉은 매출액을 기준으로 서열을 정한다. 한국에서는 예전부터 자산이 많아야 은행에서 대출받기도 쉬웠고 정부에서 사업권을 따낼 때 힘을 쓰기도 쉬웠다. 그래서 외형을 키우는 것이 한국 기업에게는 중요한 일이었다. 또한 한 기업이 할 수 있는 업무가 제한됐기 때문에 많은 일을 하려면 여러 회사를 거느려야 했다. 재벌이 문어발식 확장을 한 것도 이와 무관하지 않다.

반면 미국에서는 아이디어나 영업 능력만 좋으면 대출받기가 쉬웠고 한 회사가 제약 없이 여러 사업을 할 수 있었다. 그렇다 보니 회사 수나 자산을 늘리는 것보다는 매출을 많이 올리고 이익을 잘 내는 것이 중요했다. 마이크로소프트나 GE는 모두 하나의 회사인데 내부를 보면 그룹처럼 움직인다.

한국에서 자산 규모를 중요하게 여기고, 미국에서 매출 규모가 관심을 끈 것도 이런 경험 때문이다. 기업을 대하는 이 같은 인식의 차이는 나중에 재무제표를 받아들이는 사람들의 성향이나 활용의 차이로 연결된다.

한국에서는 대차대조표에 상당한 의미를 부여했지만 미국에서는 애널리스트조차 대차대조표 정보에 그다지 관심을 기울이지 않았는데, 이런 사고의 차이가 결국 금융 위기와 같은 경제 사건으로 연결됐다고 할 수 있다.

3

이익을 많이 내는 회사의 기준

이익을 많이 내는 회사가 좋은 회사라는 것은 누구나 다 안다. 그런데 '많이' 낸다는 것을 어떻게 평가하느냐가 과제다. 가령 자산이 70조 원가량 되는 한국전력과 6,000억 원대인 동원산업의 이익을 단순히 비교하는 것은 전혀 의미가 없다. 또 KT&G처럼 보수적으로 성장하는 회사와 NHN처럼 빠르게 성장하는 회사가 내는 이익을 단순하게 비교하는 것도 마찬가지이다. 전문가들은 자기자본이익률ROE이나 총자산이익률ROA, return on assets 같은 수익성 지표를 비교의 잣대로 사용함으로써 이런 문제를 해결한다고 했다.

이처럼 유용한 지표지만 대부분의 투자자들은 그동안 ROE나 ROA를 거의 보지 않았다. 이 지표들을 보려면 반드시 대차대조표를 함께 보면서 별도로 계산을 해야 했기 때문이다. 그러나 이제는 ROE나 ROA를 구하려고 따로 신경을 쓰지 않아도 된다. 인터넷으로 증권사 홈 트레이딩 시스템에 들어가면 쉽게 찾아볼 수 있기 때문이다. 그렇다면 ROE나 ROA에는 어떤 의미가 있는 것일까?

자기자본이익률은 금리보다 높아야 한다

당신이 주주라면 회사가 얼마나 벌어 주기를 바랄 것인가. 최소한 자기자본을 가지고 금리 이상의 수익률은 내 줘야 불만이 없을 것이다. 장기 투자를 하는 입장에서는 자기자본으로 벌어들이는 이익의 비율이 시중 금리에도 미치지 못한다면 주식을 들고 있을 필요가 없을지도 모른다. 그럴 바에야 은행에 넣어 두고 안전하게 이자를 받는 것이 나을 수도 있기 때문이다. 이런 의미에서 보는 것이 자기자본이익률이다. 연간 벌어들인 세후 순이익이 주주들의 돈인 자기자본(자본총계)의 몇 퍼센트나 되는지를 보는 것인데 산출 공식은 다음과 같다.

> 자기자본이익률ROE = (세후 순이익 / 자본총계)×100

가령 자본총계가 500억 원인 A사가 한 해 동안 영업을 해서 100억 원의 세후 순이익을 냈다면 이 회사의 ROE는 '(100 / 500)×100 = 20퍼센트'가 된다. ROE가 20퍼센트나 된다면 시중금리보다 훨씬 높은 수준이기 때문에 은행에 넣거나 채권을 사는 것보다 A사에 투자하는 게 훨씬 낫다고 할 수 있다. 이때 자기자본은 연초 자본총계와 연말 자본총계를 평균해서 사용한다. 연초 이후에 증자를 했거나 자본 감소가 이뤄질 수 있기 때문이다. 그런 재무적 이벤트가 없었다면 그냥 연초 자본총계를 기준으로 계산하면 된다.

ROE를 해석할 때 조심할 것은 이익을 많이 내도 이 비율이 높아질 수 있지만, 자기자본이 적어도 높을 수 있다는 점이다. 자기자본이 적은 기업은 안전성에 문제가 있을 수 있으므로 ROE와 함께 자기자본의 규모도 볼 필요가 있다.

상장 기업 가운데는 NHN이나 현대중공업, 남해화학, 삼성엔지니어링 등이 ROE가 높은 기업으로 꼽히고 있다. 다만 해마다 이익이 변하기 때문에 ROE 순위도 변한다고 보면 된다.

총자산이익률은 경영 능력을 나타낸다

대부분 회사는 자기자본 외에 외부 자금(빚)도 끌어들여 사업을 키운다. 총자산이익률ROA은 자기자본인 자본총계와 타인자본인 부채총계를 모두 효율적으로 사용하고 있는지, 또 비용이나 이익 관리를 잘했는지 등을 종합적으로 나타내는 지표다. 한마디로 경영자의 능력을 최대한 반영하고 있는 분석 지표라고 할 수 있다.

총자산이익률ROA = (세후 순이익 / 자산총계)×100

여기서도 자산총계는 기초자산과 기말자산을 평균해서 사용하는 것

표 2-5 자기자본이익률ROE 상위 기업

회사	ROE(%)	순이익(억 원)	자기자본(억 원)	ROA(%)
NHN	66.42	2,801	4,217	41.18
한국주강	56.47	196	347	45.08
KPX화인케미칼	54.16	406	749	35.86
대한해운	53.48	3,798	7,102	22.38
대경기계	48.72	152	313	11.61
사조대림	48.69	222	455	21.51
SK네트웍스	40.68	5,906	14,519	9.76
비유와상징	37.76	136	359	23.95
삼화콘덴서	37.70	71	189	13.37
현대중공업	35.39	17,361	49,062	11.64

2007년 12월 말 기준. 실적 특이 기업 제외
코스피 기준임

총자산이익률ROA 상위 기업

(단위 : %)

회사	ROA	ROE
한국주강	45.08	56.47
NHN	41.18	66.42
KPX화인케미칼	35.86	54.16
롯데미도파	25.91	25.91
한국쉘석유	23.51	22.51
대한해운	22.38	53.48
사조대림	21.51	48.69
경인전자	20.45	23.17
STX팬오션	19.5	19.5
고려아연	19.26	29.49

2007년 12월 말 기준, 실적 특이 기업 제외
코스피 기준임

을 원칙으로 하고 있다. ROA는 그 자체로도 훌륭한 분석 도구이지만
이익의 추세와 비교해 보면 더욱 좋다. 가령 이익이 늘어나는 추세보다

ROA가 늘어나는 추세가 빠르다면 경영자가 회사의 각종 자산을 효율적으로 활용해 좋은 성과를 낸 것으로 볼 수 있다. ROA가 이익이 늘어나는 추세를 따라가지 못한다면 회사의 자산을 그다지 효율적으로 활용하지 못하는 것으로 볼 수도 있다.

매출액 경상이익률로 경쟁력을 평가한다

사람을 평가하는 데 여러 가지 잣대가 이용되듯이 회사의 실력을 비교하는 데도 여러 가지 기준이 있을 수 있다. 그 가운데 손익계산서에 있는 지표를 응용해 산출하는 매출액 경상이익률이란 것이 있다. 이 지표는 경상이익을 매출액으로 나눈 뒤 100을 곱해 산출하는데, 최근에는 경상이익이라는 개념이 없어졌으므로 대신 법인세 차감 전 이익이나 계속사업이익 등을 사용하면 된다.

매출액 경상이익률 = 법인세 차감 전 이익 / 매출액×100

법인세 차감 전 이익은 영업 활동과 재무 활동을 통해서 벌어들인 이익을 합한 것이다. 회사가 가능한 모든 방법을 동원해 이익을 창출할 수 있는 능력을 말한다고 할 수 있어 이 지표를 회사의 경쟁력을 비교하는 잣대로 쓰기도 한다. 매출액 경상이익률이 높은 회사는 경쟁력이 강하다고 볼 수 있다.

법인세 차감 전 이익을 조절할 수 있기에 이 지표로 경쟁력을 판단하는 것이 바람직하지 않다고 주장할 수도 있다. 그러나 '운도 실력'이라는 말이 있듯이 재무적 역량 역시 기업의 경쟁력을 평가하는 중요한 요소이다. 굳이 영업 역량만을 따질 때는 매출액 영업이익률을 사용하기도 한다.

증권사 홈 트레이딩 시스템에서는 개별 기업의 매출액 경상이익률이나 매출액 영업이익률을 산정해 놓고 있으므로 경쟁사끼리 비교해 보면 좋은 회사를 고르는 데 도움이 된다. 매출액 경상이익률이나 매출액 영업이익률이 동종 업체보다 낮다면 경쟁력이 떨어진다고 생각할 수 있다. 또 전년에 비해 이 수치가 떨어졌다면 경쟁이 격화되는 것으로 추정할 수도 있을 것이다.

한편 기업이 전년에 비해 얼마나 성장했는지를 나타내는 성장성 비율이 기업의 가치를 평가하는 중요한 기준으로 쓰이기도 한다. 특히 매출액 증가율이나 순이익 증가율이 높을수록 좋은 기업이라는 것이 일반적인 인식이다. 다만 증가율이 들쭉날쭉한 기업은 신중하게 살펴봐야 한다.

4

회사의 가치 계산하기

어떤 회사를 M&A 대상으로 정해 매수하려고 할 때 가격은 어떻게 정할까? 그저 대상 회사에 가서 얼마에 팔 거냐고 물어볼 수는 없는 일이다. 투자의 대가 워런 버핏은 지난 2007년 자신이 인수한 대구텍(전 대한중석)을 보려고 대구까지 찾아왔다. 버핏은 대구텍을 어떻게 샀을까? 세계 최고의 부자이니 달라는 대로 다 주었을까? 그렇지는 않았을 것이다.

재래시장에서 무나 배추를 살 때 흥정하듯이 회사를 사고 팔 때도 흥정을 한다. 이때 흥정을 하려면 어떤 식으로든 가치를 판단해야 한다. 상장회사라면 시장에서 거래되는 가격이 있겠지만 비상장회사는 그런 것도 없으므로 이런 때를 대비해 전문가들은 회사의 본질적인 가치를 산정하는 기준을 만들어 놓았다. 이 기준은 새로 상장하는 회사의 주가를 정할 때도 이용하는데, 현재 거래되고 있는 주식의 값이 싼지 비싼지를 판단하는 데도 쓸 수 있다. 그렇다면 실제 회사의 가치는 어떻게 산정할까?

본질가치 산출 방법

앞에서 이익을 많이 내고 자산가치가 우량해야 좋은 회사라고 했는데 이는 뒤집어 보면 기업의 가치를 이익이나 자산가치를 이용해 평가할 수 있다는 말이기도 하다. 여기서 주식의 적정한 가치는 현재 보유하고 있는 자산의 가치와 앞으로 벌어들일 이익의 가치를 합해서 산출할 수 있는데 이를 본질가치라고 한다.

이 기준으로 보면 어떤 기업의 적정 주가는 현재 보유하고 있는 자산

본질가치 = (자산가치 + 수익가치) / 2

의 가치에 앞으로 올릴 것으로 예상되는 이익의 가치를 합한 값을 2로 나눈 것과 같아야 한다. 자산가치는 해당 기업의 청산가치(총자산에서 부채총계와 무형자산 등을 뺀 금액을 발행 주식 수로 나눈 값) 개념으로 구한다. 수익가치는 해당 기업이 과거에 올린 이익과 향후 2년 정도에 걸쳐 올릴 수 있는 이익을 추정한 후 이자율을 감안하여 현재가치를 추정하는 방식으로 산출한다. 여기서는 계산을 편리하게 하기 위해 단순히 자산가치와 수익가치를 합한 뒤 2로 나누었다. 그러나 경우에 따라 자

산가치에 40퍼센트 정도의 비중을 두고 수익가치에 60퍼센트 정도의 비중을 두어 본질가치를 산출하기도 한다.

창업한 지 얼마 안 되는 벤처 기업이라면 현재 보유하고 있는 자산이 별로 없는 경우가 많기 때문에 본질가치를 산정할 때 자산가치보다 미래의 수익가치에 훨씬 더 높은 비중을 두고 계산하기도 한다. 이 같은 방법으로 적정 주가를 산출하는 것은 전문가의 영역이다.

암산으로 본질가치(근사치) 추정하기

버핏은 어떤 회사든 단번에 가치를 알아본다고 한다. 그의 머릿속에 컴퓨터라도 들어 있어서 이자율까지 감안해 현재가치를 계산해 낼 수 있기 때문일까? 그렇지는 않을 것이다. 머리가 좋은 사람도 암산으로 현재가치를 계산해 내기는 쉽지 않다. 그에게는 특별한 비결이 있을 것이다.

여기 누구나 아주 간단하게 암산으로 본질가치(근사치)를 추정할 수 있는 방법을 소개한다. 먼저 자산가치는 해당 기업의 납입 자본금(재무제표에는 그냥 '자본금'으로 나와 있음)과 자본총계를 이용해 간단하게 추정할 수 있다. 자본총계가 자본금의 몇 배나 되는가를 따져서 주식의 액면가를 곱해 주면 된다. 홈 트레이딩 시스템에 나오는 주당순자산BPS을 그대로 자산가치로 써도 무방하다.[1]

---

1) 무형자산이 많을 경우에는 무형자산을 빼고 계산해야 하지만 일반적인 기업은 무형자산이 없거나 그다지 많지 않기 때문에 간편한 방법을 쓰거나 주당순자산을 그대로 가져다 써도 근사치를 추정하는 데 크게 영향을 미치지 않는다.

수익가치는 주당순이익EPS에다 대상 기업이 소속된 산업에 따라 적절히 10~15배 정도를 곱해 주는 방식으로 추정할 수 있다. 가령 성장성이 높은 전자 업종에 속한 기업이라면 주당순이익의 15배 정도를 곱해 주고, 성장성이 떨어지는 산업에 속한다면 10배를 곱해 준다고 생각하면 된다. 성장성이 전체 산업의 중간 정도라면 12~13배를 곱해 주면 된다. 성장률이 0인 기업이라면 8배 정도만 곱해도 된다.[2]

이렇게 간단하게 암산으로 산출한 값은 전문가들이 복잡하게 계산기를 써서 산출한 값과 그리 차이 나지 않는다.

본질가치 근사치 추정 연습

자본금 100억 원인 A사의 자본총계가 300억 원이라면 자산가치는 주식 액면가(통상 5,000원)의 3배인 1만 5,000원으로 보면 된다. A사의 주당순이익이 2,000원이면 수익가치는 2만 원에서 3만 원 정도로 보면 된다.

자산가치와 수익가치를 합한 금액은 3만 5,000원에서 4만 5,000원 사이가 된다.

A사의 본질가치는 이 수치를 2로 나눈 1만 7,500원~2만 2,500원 정도로 볼 수 있다.

A사가 성장성이 높은 IT 업종에 속한다면 2만 2,500원 정도, 성장성이 떨어지는 기계 업종이라면 1만 7,500원 정도로 보면 된다. 아예 성장이 정체됐다면 수익 가치를 1만 6,000원만 잡아 본질가치를 1만 5,500원 정도라고 볼 수도 있다.

여기서는 개략적인 비율을 곱해 줬지만 실제 수익가치를 계산할 때는 성장률을 좀 더 세밀하게 따져서 반영한다. 성장률이 높으면 미래가

---

2) 가치 투자 이론을 정립한 벤저민 그레이엄Benjamin Graham은 성장률이 0인 기업의 주가수익비율PER을 8.5배로 계산하고 있다.

치를 높게 평가할 수 있기 때문에 수익가치가 높아진다. 이때 대상 기업이 산업 내에서 차지하는 위상도 고려할 필요가 있다. 절대적으로 경쟁 우위에 있는 회사라면 앞으로도 많은 이익을 올릴 것으로 예상할 수 있다. 반대로 경쟁력이 약한 기업은 도산할 위험까지 고려해야 한다. 이를 감안해 배수를 더 높게, 또는 더 낮게 매기면 된다.

이렇게 산출한 본질가치를 주가가 적정한지를 재는 잣대로 삼을 수 있다. 시장에서 형성된 주가가 본질가치보다 낮으면 '싸다'고 할 수 있고, 반대로 주가가 본질가치에 비해 높으면 '비싸다'고 할 것이다. 주가는 그때그때 시장의 유행이나 투자자의 선호도, 수요 등에 영향을 받기 때문에 이 기준이 절대적인 것은 아니다. 다만 잃지 않는 투자를 하려면 이 기준을 바탕으로 보수적인 판단을 하는 것이 좋다. 특히 경기가 어려울 때는 본질가치보다 청산가치나 M&A가치를 적용하는 것이 타당할 수도 있다. 특정 기업의 주가를 평가할 때 어떤 가치를 적용하는 게 좋은지는 자신의 투자 성향이나 해당 기업의 특성, 시장의 흐름 등을 종합적으로 검토해 적용해야 한다.

한편, 가게를 사고팔 때 권리금이라는 이름으로 영업권을 인정해 주듯이 회사를 사고팔 때도 영업권 프리미엄을 계산하게 된다. 이렇게 산정한 것을 M&A 가치라고 한다.

5

주식을 싸게 사기 위한 판단 도구

지난 2007년 조선주가 한창 뜰 때의 일이다. 연초 12만 원대를 오가던 현대중공업 주가가 오르기 시작하더니 순식간에 20만 원대에 들어섰다. 투자자들이 "어어" 하는 사이에 주가는 계속 올라 금방 30만 원을 넘어섰고 곧이어 40만 원대를 찍었다.

대부분의 투자자들은 그때가 되어서야 조선 업체들이 사상 초유의 호황을 만났다는 이야기를 들었다. 8월 들어 잠시 조정을 받은 주가는 다시 치고 올라가 금방 50만 원대에 들어섰다. 달아오른 투자자들이 붙으면서 주가는 55만 원대까지 치솟았다. 그러나 주가는 이내 수직으로 떨어졌다. 그 뒤에도 회사가 대규모 수주를 하고 있다는 소식이 이어졌고 이익도 계속 늘어났지만 주가는 다시는 이전 수준으로 돌아가지 못했다. 왜 그런 것일까?

앞에서도 언급했지만 우리 속담에 '아저씨 떡도 싸야 사먹는다'는 말이 있다. 아무리 좋은 물건도 비싸면 안 된다는 말이다. 보통 상인들이 많이 쓰는 말이지만 주식 투자자들도 명심할 필요가 있다.

현대중공업이라는 회사 자체는 좋지만 당시 주가는 과열 조짐을 보였다. 아무리 좋은 회사 주식이라도 싸게 사야 이익을 남길 수 있다. 문제는 싼지 비싼지를 어떻게 아느냐는 것인데, 이와 관련해 증권 전문가들은 시장에서 형성되는 주가를 이익이나 자산가치 등과 비교해 적정한 수준에 있는지를 따질 수 있는 여러 가지 지표를 개발해 놓았다. 이 가운데 주가수익비율PER이나 주가순자산비율PBR 등은 비교적 일반인들에게도 익숙한 지표라고 할 수 있다.

최근에는 주가순현금비율PCR이나 주가순매출비율PSR 등의 지표를 쓰는 사람들도 있다. 일부에선 이브이에비타(EV/EBITDA : 기업 가치 / 이자·세금·감가상각 제거 전 영업 이익) 지표나 주가 성장성PEG 비율 등으로 개별 기업의 주가가 적정한지를 따지기도 한다.

개인 투자자들이 이처럼 여러 가지 지표를 쓰기는 어려울 수밖에 없고, 그럴 필요도 없다. 이 가운데 적당한 것을 골라서 자신만의 분석 무기로 삼으면 된다. 그렇다면 어떤 지표가 가장 좋은 것일까?

투자 상식을 재점검하라

일반적으로 PER나 PBR보다는 EV/EBITDA가 더 나은 분석 지표라고 알려져 있다. 그런데 실제로 그럴까? PER는 이미 1990년대 초에 많이 쓰던 지표이며 PBR도 1990년대 중반에 유행한 적이 있다.

EV/EBITDA는 1990년대 후반에 국내에 소개된 뒤 최근 부쩍 많이 쓰이고 있다. 이 지표들을 비교하는 내용은 이미 언론을 통해 상당히 많이 다뤄졌지만 다시 한 번 살펴보자. 다음은 한 신문에 나온 기사를 발췌한 것이다.

> 가치투자 PER · PBR 지고 EV/EBITDA · 베타가 뜬다
> ○○증권 A연구원은 10일 보고서를 통해 "그동안 가치 투자의 척도라고 생각됐던 주가수익비율PER, 주가순자산비율PBR을 이용한 투자 기법이 철저히 외면됐다"고 말했다. 대신 그는 EV/EBITDA와 β(베타)가 낮은 종목의 수익률이 기존 PER, PBR가 양호한 종목보다 2008년 한 해 동안 훨씬 나은 수익률을 기록했다고 밝혔다. (매일경제, 2008년 12월 10일자)

이렇게 설명까지 곁들이면 PER나 PBR보다는 EV/EBITDA가 훨씬 나은 분석 지표로 보인다. 그러나 사실은 그렇지 않다. 그 이유는 다음 절에서 설명한다.

❖ **시장가치 분석 지표**

● **PER**
주가수익비율Price Earnings Ratio, PE ratio이라고 하며 기업의 주가를 1주당 순이익으로 나눈 것이다. 단위는 배이다. 주당순이익은 기업의 당기순이익을 주식 수로 나눈 것으로 1주당 연간 어느 정도의 이익을 올리고 있는가를 나타낸다. PER 배수가 높으면 이익 창출 능력에 비해 주가가 높게 평가된 것을 의미하며 반대로 PER 배수가 낮은 것은 가치에 비해 주가가 싸다고 해석할 수 있다.

● **PBR**
주가순자산비율Price to book ratio, PB Ratio은 주가를 주당순자산BPS,

book value per share으로 나눈 것으로 단위는 역시 배이다. 이 비율이 1이면 주가가 장부 가치를 그대로 반영하고 있는 것이며, 1보다 크면 장부 가치보다 비싸고 1보다 작으면 장부 가치 이하로 저평가됐다는 것을 의미한다.

● PCR

주가현금흐름비율price cash flow ratio이라고 하며 PER를 계산할 때 이용하는 주당순이익 대신 주당 현금흐름을 사용해 계산한다. 이는 이익에다 감가상각을 더한 것으로 기업이 비용으로 털어냈지만 실질적으로는 내부에 쌓여 있는 자금을 모두 반영하자는 차원에서 도입됐다. 애널리스트들이 주로 이용하는데, PER 기준으로 비싸 보이는 주가를 합리화하는 차원에서 이용한다고도 할 수 있다.

● PEG 비율

주가수익성장성비율PEG ratio or Price / Earnings To Growth ratio은 주가수익비율을 연간 성장률로 나눈 것이다. 투자의 대가인 피터 린치가 유행시킨 지표인데 주가수익비율은 연간 성장률과 일치돼야 한다는 개념에서 나왔다. 가령 PER가 10배인 기업은 연간 10퍼센트 성장해야 PEG 비율이 1이 되어 공정한 평가를 받는다는 것이다. PEG 비율이 0~1인 기업은 시장가치에 비해 높은 수준의 수익을 내준다고 할 수 있다.

● EBITDA

이자, 세금, 감가상각 등을 차감하기 전 이익earnings before interest, taxes, depreciation and amortization으로 흔히 영업 활동을 통한 이익으로 불리기도 한다. 기업의 영업 활동을 통한 현금 창출 능력을 나타내는 지표로 월가에서 기업가치를 산정하는 데 많이 사용되던 것인데 최근 국내에서도 보편적으로 이용되고 있다. 미국에선 이 지표가 현금흐름을 왜곡하고 있다는 비난도 받고 있다. 이자나 세금, 감가상각 등은 기업의 재무건전성을 위해 이익이 나지 않더라도 반드시 빼 놓아야 한다. 그런 비용 요소까지 포함해 기업가치를 산정하는 것은 닷컴 버블 시대에 기업의 가치를 부풀리는 수단으로 이용됐다는 것이다.

6
에비타EBITDA의 은밀한 비밀

홈 트레이딩 시스템을 들여다보면 PER나 PBR를 주로 쓰는 증권사가 있는가 하면 EBITDA나 PEG 비율을 많이 쓰는 곳도 있다. 최근 EBITDA나 PEG 비율을 이용하는 곳이 점차 늘어나고 있는 추세이다. 이렇게 본다면 EBITDA나 PEG 비율이 훨씬 유용할 것 같은데 실은 그렇지 않다. 이 지표들은 IT 거품이 한창일 때 월가 애널리스트들의 논리를 뒷받침해 주는 도구로 많이 이용됐다. EBITDA 지표가 언제 개발됐는지는 분명하지 않다. 다만 처음엔 주가가 적절한지를 따지는 기준이 아니었던 것만은 분명하다.

원래 EBITDA 개념은 설립된 지 오래된 회사나 정상적으로 영업을 하고 있는 기업을 분석하려고 만든 것이 아니었다. 사업을 갓 시작한 회사가 영업을 통해 조금씩이나마 이익을 낼 수 있는지, 또 얼마나 빨리 성장할 수 있는지를 보려고 고안해 낸 것이다. 창업 초기의 회사를 보려는 것이었기 때문에 세금이나 이자, 감가상각 따위에 신경 쓸 필요가 없었던 것이다.[3]

이러한 특성 때문에 1980년대 미국에서 M&A의 한 형태인 LBOleveraged buyouts가 성행할 때 이 지표를 많이 이용했다. 당시 M&A 전문가들의 관심은 매수한 회사에 적당히 프리미엄을 붙여 빨리 팔아치우는 것뿐이었다. 그렇기에 그들의 눈에 EBITDA는 회사가 잘 커 가고 있다는 것을 최대한 부풀려 매수자들의 구미를 당기게 하기에 적합한 수단이었던 셈이다.[4]

IT 버블 때도 이 논리가 필요했다. 갓 출발한 기업의 가치를 최대한 부풀려야 투자자들에게 비싸게 팔 수 있었기 때문이다. 게다가 이 지표는 적당히 부풀려도 그것에 대해 누가 문제 제기를 하지 않을까 걱정을 하지 않아도 되었다. 미국 증권관리위원회(SEC)는 지금도 EBITDA를 회계 처리에 필요한 수단으로 인정하지 않고 있는데, 이는 회사에서 적당히 부풀려도 참견하지 않는다는 말이기도 하다.

이런 실상을 잘 아는 투자의 대가 워런 버핏은 EBITDA 지표를 거의 경멸하고 있을 정도이다. 기업 활동에 필수적인 세금이나 이자, 감가상각 등까지 모두 가치에 포함해서 계산하는(비용으로 처리하지 않고) 분석이야말로 투자자를 기만하기 위한 것이란 게 그의 입장이다.

---

3) EBITDA에서 감가상각을 뜻하는 단어는 amortization과 depreciation 두 가지가 있다. 모두 감가상각으로 번역하지만 내용은 차이가 있다. depreciation은 기계와 같은 고정자산이 마모되는 것을 매년 자산에서 깎아 내는 것을 말하는 반면에 amortization은 영업권이나 특허권처럼 실물 자체가 없는 무형자산(사실상 비용)을 매년 삭감하는 것을 말한다. 둘 다 비용으로 처리하지만 depreciation은 회사에 현금이 쌓이는 효과가 있으며 amortization은 이미 비용으로 나간 것을 나중에 장부상으로만 정리하는 것으로 볼 수 있다.
4) LBO란 매수 대상 기업의 자산을 담보로 자금을 차입하는 M&A의 한 기법을 말한다.

이런 점에서 볼 때 EBITDA는 주가가 적정한지를 따지기에 바람직한 지표라기보다는 약간은 변칙적인 수단이라고 할 수 있다.

PEG 비율에 담겨진 사연

IT 거품이 한창일 때 월가의 애널리스트들이 낸 보고서에는 거의 대부분 PEG 비율이 나와 있다. PEG 비율을 발전시킨 사람은 전설적인 종목 선정의 대가인 피터 린치다. 그는 《전설로 떠나는 월가의 영웅One up on Wall Street》에서 "공정하게 매겨진 모든 기업의 주가수익비율은 그 회사의 성장률과 같을 것이다"라고 밝혔다. 'A사의 PER＝A사의 성장률'이 되어야 주가가 제대로 매겨졌다고 할 수 있으며, PER가 10배인 회사의 연간 성장률은 10퍼센트가 되어야 한다는 말이다. 이에 따르면 PEG 비율이 1보다 낮으면 주가가 저평가됐다고 말할 수 있다.

> PEG 비율 = PER / 연간 EPS 성장률

피터 린치는 이 기준을 가지고 저평가된 주식을 발굴하는 데 이용했다. 가령 뉴욕 주에서 어떤 상품이 히트를 쳤다면 그 회사는 펜실베이니아, 버지니아 등 다른 주에서도 장사를 잘할 가능성이 크다(미국의 한 주는 작은 국가State 개념이다). 그러면 상당 기간 매출 증가가 이어질 수 있기에 그런 회사의 미래 PER는 올라갈 가능성이 크다고 본 것이다.

가령 어느 햄버거 회사가 기가 막힐 정도로 맛있는 햄버거를 개발했다면 이 회사는 맨해튼은 물론이고 바로 옆의 뉴저지나 LA, 시카고 등 여러 곳에 점포를 내서 영업을 할 수 있을 것이다. 그런데 점포란 하루 아침에 늘릴 수 있는 것이 아니므로 이런 회사는 10년 이상 꾸준히 점포를 늘려 가며 성장할 수 있을 것이라는 이야기이다. 더 나아가 코카콜라나 맥도날드처럼 다국적 기업이 되면 세계 각국에 점포를 내면서 성장을 지속할 수 있다.

이런 논리는 신생 닷컴 기업의 비싼 주가를 설명하는 수단으로 이용됐다. 가령 C라는 회사의 고객이 3년 전 1만 명에서 지난해 5만 명으로 늘었고 올해 25만 명이 됐다면, 이 회사는 연평균 400퍼센트씩 성장하는 셈이다. 연평균 10퍼센트 성장하는 회사의 PER가 10배라면 이 회사의 PER는 400배가 되어야 합당하다는 주장을 펼 근거가 생긴 것이다.

그런데 여기에는 치명적인 결함이 숨어 있다. 피터 린치가 본 회사들은 대부분 전통적 회사들로 나름대로 상당한 경쟁력을 갖추고 있었기 때문에 미국의 한 지역에서 성공했을 때 상당 기간 뻗어 나갈 여력이 있었다. 다시 말해 한 주에서 잘 팔리는 제품이라면 나머지 49개 주에 같은 매장을 열어 영업을 할 수 있다는 확신이 있던 것이었다. 게다가 피터 린치가 분석한 기업의 성장률은 닷컴 기업처럼 그렇게 과대평가되지도 않았다.

상대적으로 닷컴 기업을 설명하는 애널리스트들은 많은 경우 가입자 수로 성장률을 따졌을 뿐 아니라 그렇게 추산한 성장률(매출액 측면에서)이 상당히 오랜 기간 유지될 것이라고 가정하는 실수를 범했다. 그러나 실제로 가입자가 늘어나는 것만큼 매출액이나 이익이 같은 비율로 늘지도 않았을 뿐 아니라 대부분 단기간에 경쟁이 심화돼 고도성장을 오래도록 누리지도 못했다. 마이크로소프트나 구글 등 극히 일부만

이 예외라고 할 수 있다. 이들은 또한 창업 초기의 기업과 안정궤도에 접어든 기업의 성장률에는 차이가 날 수밖에 없다는 점도 간과했다. 다시 말해 창업 초기의 높은 성장률이 장기간 이어질 것으로 계산해 주가를 띄웠던 것이다.

이렇게 일부 사람들이 PEG 비율을 악용하기는 했지만 이 지표는 PER에 미래 성장성 개념을 도입해 설명력을 높였다는 점에서는 나름대로 의미가 있다. 다만 PEG 비율을 무조건 적용할 수 없다는 문제도 있다. 가령 성장률이 0에 가까운 기업은 아무리 이익을 많이 내더라도 PER가 0에 근접해야 한다는 모순이 생긴다. 이런 점에서 PEG 비율을 적용하는 데는 제한이 필요하다. 이 지표는 주가를 띄우려고 사용하는 것보다는 저평가 종목을 발굴하는 데 이용하는 것이 바람직하다는 뜻이다.

잉여현금흐름 분석

각 지표들의 신뢰성에 의문이 제기되면서 최근에는 잉여현금흐름FCF, free cash flow을 바탕으로 기업 가치를 평가하는 것이 바람직하다는 주장도 나오고 있다. 잉여현금흐름이란 영업 활동을 통해 조달한 현금에서 투자비 지출을 빼고 남은 순 현금을 말한다. 이 돈은 주주가 마음대로 쓸 수 있는 것이라고 보고 여기에 의미를 부여하는 것이다. 잉여현금흐름은 실질적인 현금흐름을 다루고 있다는 점에서 무늬만 현금흐름인 EBITDA(실질적으로 현금흐름이 아님)보다는 투자자에게 가깝다고 할 수 있다. 특히 돈의 가치가 가장 돋보이는 시기일수록 이 지표의 중요성이 부각될 수 있다.

그렇지만 고도성장을 하는 기업이라도 투자를 많이 하는 동안에는 잉여현금흐름이 마이너스가 될 수 있다는 점에서 이 지표도 한계는 있다. 실제로 세계 최대의 유통 기업인 월마트는 공격적인 점포 확장을 하는 수년 동안 잉여현금흐름이 마이너스를 기록한 바 있다.

❖ 헨리 블로젯과 메리 미커

닷컴 버블이 한창일 때 월가에는 두 명의 걸출한 스타 애널리스트가 있었다. 메릴린치의 헨리 블로젯Henry Blodget과 모건스탠리의 메리 미커 Mary Meeker이다.

1999년에 오펜하이머에서 메릴린치로 옮겼을 때 블로젯의 나이는 서른넷에 불과했다. 그가 어느 종목이 좋다고 하면 그 회사는 며칠을 두고 올랐다. 블로젯 자신도 놀랄 정도였다.

2000년 가을에 블로젯이 맨해튼 중심가의 한 공원 카페를 빌려 간단한 스탠딩 파티 겸 간담회를 열었다. 월가의 내로라하는 투자가들이 구름처럼 몰렸다. 취재 기자들은 한마디라도 더 들으려고 서로 밀쳐야 할 정도였다. 당시 그의 위세는 그만큼 대단했다.

메리 미커는 블로젯보다 먼저 '인터넷의 여왕'이 됐다. 1995년부터 그녀가 펴낸 인터넷 보고서는 월가 애널리스트들의 바이블처럼 여겨졌다.

닷컴 기업 창업자들은 이들의 분석을 극찬했다. 이용자 수를 기준으로 기업의 미래가치를 분석하는 기법은 본 적이 없던 것이었다. 당연히 주가는 로켓을 쏘아 올린 듯 치솟았다. 그런데 버블이 붕괴되면서 이들의 분석이 잘못됐다는 사실이 드러났다. 일부 애널리스트들이 기업 공개 등과 맞물려 과도하게 실적을 부풀렸다는 지적도 속속 나왔다. 결국 블로젯은 메릴린치를 떠났으나 미커는 계속 모건스탠리에 남았다. 2007년에 미커는 유튜브 광고 매출 추정치를 부풀린 보고서를 냈다가 〈월스트리트 저널〉로부터 "술 취한 셈법"이라는 비난을 받기도 했다.

블로젯과 미커의 전성기에는 인터넷 가입자나 케이블 텔레비전 시청자 예상치 같은 구름 잡는 숫자가 기업 분석 지표로 등장하기도 했다. 당시 한국에서도 새롬기술이나 다음커뮤니케이션, 한국정보통신 등의 주가가 100만 원을 넘어서는 일이 벌어지기도 했다. 한국 애널리스트들이 월가의 기법을 들여다 쓰기 시작한 지 얼마 안 됐을 무렵의 일이다.

7

돌아온 주가수익비율PER

패션에 유행이 있듯이 증시의 투자 지표도 유행을 탄다. 개인들의 주식 투자 바람이 불었던 1980년대에는 소위 '트로이카 바람'이 증시를 휩쓸었다. 당시 투자자들은 증권사 객장에 우르르 몰려와 남들이 사는 종목이나 증권사 직원들이 좋다고 권하는 종목을 샀다. 개별 종목에 대한 분석이 활발하지 않을 때였고 상장 종목도 그다지 많지 않았다. 그런 가운데 새로운 투자 세력이 몰려들자 자연히 유동성이 풍부한 종목에 거래가 몰렸다. 그때 물량이 풍부한 주식으로는 건설, 금융, 무역(종합상사) 업종이 있었는데 세 업종이 삼두마차처럼 돌아가면서 증시를 끌고 간다고 해서 트로이카로 불렸다. 당시 건설주가 한창 인기를 끌 때는 '건설' 자가 붙은 종목은 모두 뛰었다. 페인트 회사인 건설화학이 덩달아 뛴 것은 물론이다. 묻지마 투자의 전형적 양상이었다.

다시 생각하는 PER의 가치

1992년 들어 정부가 외국인에게 증시의 문호를 개방하자 투자의 패러다임은 물량 중심에서 가치 중심으로 옮겨 갔다. 이때 바람을 일으킨 게 '저低 PER 주'이다. 주당순이익에 비해 주가가 저평가됐는지 고평가됐는지를 나타내는 PER가 과학적인 가치 평가 기준으로 인식되면서 저 PER 주의 주가가 일제히 뛰었다. 이후 PBR 지표를 중심으로 자산주를 발굴하는 바람이 불기도 했지만 1995년 말부터 경기가 급강하고 한보, 기아 등 주요 그룹이 연쇄 도산하면서 주가는 지표와는 전혀 무관하게 움직였다. 시중에 자금이 말라 버려 시장가격 자체가 제대로 형성되지 않았다. 도산하느냐 아니냐가 더 중요한 기준으로 등장했다.

외환위기를 거치고 외국인의 영향력이 급속히 확산되면서 당시 미국에서 붐을 이루던 EBITDA와 PEG 비율 등의 지표가 국내에 도입되었다. 미국에 신경제 바람을 일으켰던 IT 붐이 버블이 되었듯이 한국에서도 IT는 막 붐이 일자마자 버블로 이어졌다. 여기에는 EBITDA와 PEG 비율 등이 한몫을 했다고 해도 지나친 이야기는 아니다. 당시 국내 닷컴주(회사 이름에 닷컴이 붙어 이렇게 불렸음)를 평가할 때 일부 애널리스트들이 이용자 수를 기준으로 미래 수익을 추정하기도 했다. 일관성을 유지해야 할 가치 평가 기준 자체가 유행을 타고 바뀌었다는 것은 투자자들이 그만큼 주관 없이 흔들렸다는 것을 의미한다.

기업의 주가는 다수의 시장 참가자들이 경합하며 만들어 내는 하나의 작품이다. 그 자체로 평가 기준이 될 수 있다. 특정 기업의 이익은 다수의 기업과 경쟁을 하면서 만들어 내는 결과이다. 장부를 조작하지 않았다는 확신만 있으면 이것 역시 충분히 가치 판단의 근거가 될 수 있다.

기업의 이익을 투자에 대한 대가로 이해할 때 주가와 기업의 이익을 연결해 산출한 PER는 간단하면서도 훌륭한 가치 평가 지표라고 할 수 있다. 가령 PER 5배인 기업의 현재 이익이 유지된다고 할 때 5년이면 이익만으로 원금을 뽑을 수 있다는 계산이 나온다. 또 PER 10배인 기업의 이익을 10년 모으면 투자 원금만큼 된다. 물론 이익을 복리로 재투자하는 것으로 계산하면 원금 회수 기간은 이보다 훨씬 앞당겨질 수 있다. 이런 개념이면 PER 배수와 금리 수준을 간단히 비교해 보는 것도 가능하다.

가령 금리가 5퍼센트라면 복리로 계산해도 15년이 지나야 이자가 투자 원금만큼 된다. 이런 때 매년 일정 수준 성장하면서 자기자본에 비해 5퍼센트 이상의 이익을 꾸준히 내는 기업이 있다면, 은행에 예금하는 것보다 이런 회사에 투자하는 게 나을 수도 있다. 또 그런 회사의 PER가 15배보다 낮으면 저평가됐다고 생각할 수도 있는 것이다.

PER의 장점은 어느 증권사 홈 트레이딩 시스템에 들어가든 바로 얻을 수 있고 경제신문에서도 쉽게 찾아볼 수 있는 것이다. 이처럼 PER는 손쉽게 얻을 수 있는 정보일 뿐 아니라 생각을 확장해 다양하게 응용해 볼 수도 있다는 점에서 좋은 투자 지표라고 할 수 있다. 그렇지만 이 지표도 잘못 사용되면 투자자를 울릴 수 있다.

PER 50배는 사기다

한국에서 한창 중국 투자 붐이 일었던 지난 2008년 초 중국 상하이 증시의 PER는 50배에 달했다. 워런 버핏은 주가가 이처럼 치솟기 직전인 지난 2007년 10월에 그동안 투자했던 페트로 차이나Petro China 지분 전량을 매도하고 빠져나왔다.

버핏이 페트로 차이나 주식을 매각한 이유는 아주 간단하다. 너무 비싸졌기 때문이다. 버핏이 페트로 차이나 주식을 매각하기로 결정할 당시 벌써 그 회사의 PER는 50배를 넘어섰다.

여기서 중시할 것은 PER 50배가 갖는 의미다. PER 50배인 기업에 투자해 원금을 회수하려면 얼마나 걸릴지 계산해 보자. 해당 기업이 연간 15퍼센트씩 꼬박꼬박 이익을 낸다고 할 때 이익을 모두 재투자하고 그 이익에도 꼬박꼬박 15퍼센트의 이익이 나와야 22년 만에 회수할 수 있다. 연간 20퍼센트의 이익이 난다고 가정하고 똑같은 방법으로 계산해도 17년이 걸려야 하며 30퍼센트로 계산해도 12년이 돼야 가능한 것이다. 특정 기업 한두 곳이 그럴 수는 있겠지만 대부분의 기업이 그런 성장률을 이어 갈 수는 없다. 그런데도 이런 곳에 투자하는 게 유망하다고 주장했다면 어떻게 이해해야 할까? 정신이 나갔거나 사기성이 농후하다고 보아야 옳을 것이다.

❖ 그레이엄의 본질가치 산정 공식

워런 버핏의 투자 스승은 가치 투자의 대가인 벤저민 그레이엄이다. 그레이엄은 주가수익비율PER을 이용해 본질가치intrinsic value를 계산하는 공식을 만들어 내기도 했다.

그레이엄은 이익은 내지만 성장률이 0인 기업의 PER를 8.5배로 매겼다. 가령 매년 일정하게 1,000원씩 주당순이익EPS을 올리는 기업이라면 이를 감안한 본질가치는 8,500원인 셈이다. 여기에 향후 10년간 예상되는 연평균 성장률의 두 배를 가산해 주라고 했다. 앞으로 10년 동안 매년

5퍼센트씩 꾸준히 성장할 기업이라면 PER를 10배 더해 줄 수 있다는 것이다. 이 경우 적용되는 PER는 18.5배가 되며 주당순이익이 1,000원이라면 이 회사의 본질가치는 1만 8,500원이 되는 셈이다. 이를 공식으로 만들면 다음과 같다.

그레이엄의 본질가치 산출 공식

$$V = EPS \times (8.5 + 2G)$$

V = 본질가치
8.5 = 성장률이 0인 기업에 적용되는 PER 수준
G = 합리적으로 예상한 향후 10년간 기대 성장률
EPS는 지난 1년간의 주당순이익을 적용

나중에 그레이엄은 금리 변동을 감안할 수 있도록 이 공식을 바꿨다. 이렇게 해서 새로 만든 공식은 다음과 같다.

금리를 감안한 그레이엄의 본질가치 산출 공식

$$V = \{EPS \times (8.5 + 2G)\} \times 4.4 / r$$

4.4 = 그레이엄이 초기에 모델을 설정할 당시 국채 이자율 수준
r = 본질가치 산정 시점의 AAA 등급 회사채 수익률

이 식으로 본다면 본질가치를 산정할 시점의 AAA 등급 회사채 수익률이 4.4퍼센트보다 높으면 주식의 본질가치는 앞에서 산정했던 수준보다 다소 낮아지는 효과가 있다. 반대로 회사채 수익률이 4.4퍼센트를 밑돌면 주식의 본질가치는 앞에서 산정한 것보다 올라가게 된다.

고금리 때는 주식을 평소보다 싸게 사야 하며, 반대로 금리가 내려가면 평소보다 주식의 값을 조금 더 쳐주고 사더라도 괜찮다는 뜻이다.

그레이엄은 본질가치를 계산하기 전에 반드시 살펴봐야 할 게 있다고 했다. 기업의 재무 안전성이 뒷받침돼야 이 공식을 적용하는 데 의미가

있다는 말이다. 이와 관련해 그레이엄은 기업의 유동자산을 보고 향후 기업의 재무 상태에 가변성은 없는지, 단기적으로 재무적 가변성에 대응할 만큼 단기자금을 동원할 능력은 충분한지, 부채비율은 적정 수준을 유지하고 있는지, 유동자산은 질적으로 건전한지 등을 꼭 챙기라고 주문했다. 그는 특히 재무제표와 주석을 철저히 분석해 시장에 알려지지 않은 숨겨진 (부실)자산이 있는지를 철저히 찾아봐야 한다고 강조했다.

8

싸게 살 때 필요한 절대적 기준
주가순자산비율PBR

미국 컴퓨터 네트워킹의 대표 주자 가운데 3Com이라는 회사가 있다. 한때 시스코와 치열한 경쟁을 펼쳤을 만큼 쟁쟁한 회사다. 이 회사가 2000년 3월에 팜Palm 사업부를 분사해 나스닥에 상장했다. 팜은 상장하자마자 주가가 폭등해 순식간에 시가총액이 3Com의 시가총액보다 커졌다. 공개는 했지만 지분의 95퍼센트는 여전히 3Com이 쥐고 있어 사실상 3Com의 한 부분이라고 할 수 있을 때였다. 부분의 시가총액이 전체 시가총액보다 큰 웃지 못할 상황이 벌어진 것이다.

아직도 3Com은 팜의 지분 80퍼센트를 유지하고 있는데 2008년 말 양사의 시가총액은 거의 비슷한 수준을 유지했다. 이처럼 3Com은 기술주면서도 주가는 장부가 이하에서 거래됐다. 투자자들이 얼마나 비합리적이며 무비판적으로 유행을 따르고 있는지를 보여 주는 좋은 사례다.

세계적 금융 위기로 주가가 급락할 때 PBR 1배 미만 종목들이 수두룩하게 쏟아져 나왔다. POSCO처럼 세계적 경쟁력을 갖춘 한국의 간판 기업 주식이 PBR 1배 미만으로 떨어질 때도 있었다. 주식이 기업이 창출할 수 있는 미래 수익에 대한 기대를 반영하기는 고사하고 시장에서 장부가 이하로 평가되어 거래되고 있던 것이다. 회사가 장부를 조작하지 않았고, 또 망하지 않는다는 보장만 있다면 그런 회사의 주식은 절대적으로 싸졌다고 할 수 있다.

이처럼 PBR는 기업의 장부상 가치와 시장에서 형성된 가격을 비교해서 판단할 수 있다는 점에서 매우 간편하면서도 효과적인 가격 평가 기준이라고 할 수 있다. 특히 PER가 이익을 기준으로 주가 수준을 재는 것인 데 비해 PBR는 자산 가치를 기준으로 주가와 비교하고 있다는 점에서 재무적 안정성까지 감안한 투자 지표라고 할 수 있다. 이 두 가지 지표를 보완적으로 사용할 경우 효과를 더욱 높일 수도 있다. 그런데 많은 투자자들은 이런 것을 잘 모른다.

어떻게 활용할 것인가

주식시장에 광풍이 불면 투자자들은 물불을 가리지 않고 마치 부나방처럼 뛰어든다. 특히 시장에 돈이 넘치도록 풀리면 사람들은 부정적인 측면은 모두 잊어버리고 낙관론에 빠져든다. 그러다 보면 눈앞의 이익에 빠져들어 기업의 실질가치를 생각하지 않고 무조건 매수 주문을 내기에 바쁘다. 이럴 때 PBR가 10배, 20배로 뛰어오르는 기업들도 나온다.

이 지표만 제대로 보아도 지나치게 뛰는 증시에서 브레이크 구실을 할 수도 있다. 수익성을 기준으로 보면 전망이 밝아 보이는 주식도 자산가치를 기준으로 보면 다르게 다가올 수 있는 것이다.

앞에서도 언급했지만 PER는 기업의 이익을 기준으로 산출하기 때문에 자산가치를 명확하게 반영하지 못한다. 주가의 효능을 주장하는 사람들은 주가에는 기업의 모든 프리미엄이나 할인 요인 등이 반영돼 있다고 주장할 수도 있을 것이다. 그렇더라도 주가가 엄밀하게 회사의 실질가치를 반영한다고는 할 수 없다. 이런 점에서 자산가치와 주가를 대비해서 볼 수 있는 PBR 지표를 보완적으로 사용하는 게 가치에 비해 저평가된 종목을 고르는 데나 지나치게 고평가된 종목을 가려내는 데 도움이 될 것이다.

보통 증권사들은 증시가 위축돼 대부분의 종목이 저평가됐을 때 PBR 지표를 이용해 적당한 투자 대상을 추천하곤 한다. 그러나 그런 때 말고도 주가가 지나치게 뛸 때 본질적인 가치를 바탕으로 주가 수준을 점검하는 차원에서도 이 지표를 활용할 필요가 있을 것이다.

PER와 마찬가지로 PBR 역시 각 증권사 홈 트레이딩 시스템에서 쉽게 찾아볼 수 있다.

PBR 개념의 확장

일반적으로 투자자들은 전문가들이 미리 만들어 놓은 PBR 지표를 보고 주가의 저평가 여부를 판단한다. 그런데 구태여 그렇게 하지 않아도 된다. 인터넷에서 쉽게 구할 수 있는 자본총계와 시가총액을 그대로 비교해도 결과는 비슷하기 때문이다.

이 방법이 바람직한 것은 자본총계를 확인하려고 대차대조표를 보는 과정에서 무형자산이나 재고자산을 볼 수도 있기 때문이다. 만약 무형자산이나 재고자산이 지나치게 많다고 판단되면 그 부분을 뺀 금액과 시가총액을 비교함으로써 투자 위험을 줄일 수 있다. 이러는 과정에서 장부의 정확성과 관련된 문제도 저절로 해결된다.

이제 PBR 지표를 이용해 저평가된 종목을 발굴하는 연습을 해 보자.

증시에 상장된 수많은 종목을 일일이 들여다보면서 좋은 투자 대상을 찾는 일은 증권 애널리스트들에게도 부담스러운 일일 수밖에 없다. 이런 때 먼저 증권사 홈 트레이딩 시스템에 들어가 PBR 1배 미만 종목들을 검색해 낸 뒤 이들을 대상으로 성장성이 높은 종목을 찾으면 투자 후보 기업을 순식간에 압축할 수 있다. 이렇게 추려 낸 종목을 보면서 재무적으로 하자가 있는지, 실제로 영업이 잘 되고 있는지 등을 점검하면 정말 좋은 투자 대상을 짧은 시간 안에 고를 수 있다.

❖ PBR, 왜 이용이 저조했나?

역사적으로 볼 때 대부분의 국가에서는 디플레이션보다는 인플레이션이 문제였다. 그러므로 매년 자산 재평가를 하지 않는 기업이라면 장부 가치가 실제 자산 가치보다 낮게 잡혔을 확률이 높다고 할 수 있다. 이런 점에서 PBR는 기업의 오너보다는 일반 투자자에게 유리한 지표라고 할 수 있다. 그런데도 불구하고 PBR 지표가 널리 쓰이지 않은 것은 PER에 비해 유행을 덜 타기도 했지만 대차대조표에 기반을 두고 있어서 관심을 적게 받았기 때문일 것이다. 월가의 애널리스트를 포함해 많은 전문가들이 그동안 대차대조표를 파고드는 데 게을렀으니 어찌 보면 당연하다고도 할 수 있다. 게다가 내용도 잘 모르는 일부 사람들에게서 엉뚱한 비판을 받기도 했다. 어떤 이들은 지나간 회기의 자산가치를 기준으로 PBR를 산출하는 데 대해 문제를 제기하기도 한다. 시장가치와 비교하는 시점까지 오는 동안 장부가치가 달라졌을지도 모른다는 것이다. 일각에선 아예 장부가치 자체가 의심스럽다는 주장까지 들고 나온다. 실제로는 비용으로 지출한 무형자산이 포함돼 있을 수도 있고 철 지난 옷까지 재고자산으로 잡아 놓는 마당에 어떻게 장부 가격을 믿을 수 있느냐는 것이다.

그러나 재무제표가 의심스런 기업을 걸러 내는 법을 배운다면 이런 주장들은 전혀 문제될 것이 없다. 무형자산을 거론하는 것은 주당순자산을 구할 때 원칙적으로 무형자산을 제거한다는 것을 모르고 한 이야기이므로 비판 자체가 잘못된 것이다.

어쨌든 PBR를 이용해 싼 주식들을 간단하게 추려 낼 수 있다는 것은 분명하다. 이런 점에서 활용법을 제대로 익힌다면 남보다 한발 앞서 갈 수 있을 것이다.

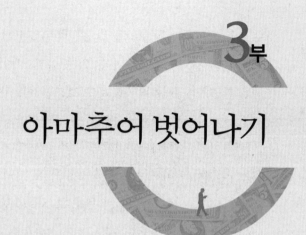

3부

아마추어 벗어나기

뉴욕 특파원 시절 꽤나 유명한 골프 티칭 프로 한 사람을 만난 적이 있다. 그는 아마추어의 스윙과 프로의 스윙에 대해 "아마추어는 공이 어디로 날아가는가를 본다. 프로는 소리가 얼마나 경쾌하게 나는지를 듣는다"고 했다. 이 한마디에는 보통 티칭 프로들이 몇 달 동안 가르치는 내용이 모두 함축되어 있다. 아니 그 이상이 들어 있다고도 할 수 있다. 아마추어 골퍼들은 스윙을 한 뒤 공이 날아가는 것을 보면서 왜 거리가 늘지 않는지, 왜 번번이 엉뚱한 곳으로 날아가는지 골몰한다. 그러는 동안 자신의 스윙이 점점 잘못되어 가고 있다는 것도 모르고 말이다.

스윙만 제대로 하면 공은 알아서 잘 나간다. 제대로 맞은 공에서는 경쾌한 소리가 난다. 그러니 경쾌한 소리가 나도록 집중해서 스윙하면 그것으로 끝이다. 결과는 보지 않아도 좋다.

투자도 마찬가지다. 아마추어 투자자는 눈앞에 보이는 돈을 좇는다. 그럴수록 돈은 점점 멀리 도망간다. 투자의 대가들은 돈을 좇지 않는다. 위험을 피하면서 돈이 오는 길목에서 기다릴 뿐이다.

1장

부실기업 가려내는 법

1

투자는 도박이 아니다

빌 게이츠나 워런 버핏이 지금 세계 최대 갑부 자리를 번갈아 가며 차지하고 있지만 그들도 J. P. 모건John Pierpont Morgan 앞에 선다면 고개를 숙여야 할 것이다. 그만큼 J. P. 모건은 미국 경제사에서는 절대적 비중을 차지하는 인물이다. 대공황으로 붕괴될 위기에 처했던 미국을 구해냈고 중앙은행의 초석을 놓았으며 그 유명한 메트로폴리탄 박물관도 그의 개인 박물관에서 시작됐다. 지금의 JP모건은 물론이고 GE도 그가 만들어 낸 작품이다. 그가 투자에 관해 한 말이 있다. "위험하지 않은 투자는 없고, 도박 같지 않은 투자도 없다." 그만큼 모든 투자에는 위험이 따른다.

문제는 많은 사람들이 도박 같은 투자를 하는 게 아니라 투자 같은 도박을 하고 있다는 데 있다. 아무리 위험한 것이라도 본인이 알고 통제할 수 있는 것이라면 투자라고 하겠지만, 본인이 전혀 모르고 통제할 수 없는 데다 돈을 쏟아 붓는다면 이는 투자가 아니라 명백히 도박이다.

묻지마 투자는 도박이다

주가가 치솟았다가 폭락할 때면 신문사에는 전화가 폭주한다. 특히 하소연성 전화가 많다. 그런 전화를 받다가 때로는 인생 상담까지 하는 경우도 있다.

전세금을 주려고 모아 놓은 돈으로 남편 몰래 주식을 샀다가 물렸으니 어떻게 하면 좋으냐는 이야기부터 아이들 결혼 자금을 모두 날렸는데 어떻게 하면 만회할 수 있겠느냐는 등 답이 없는 질문들이 쏟아져 들어온다. 개인들만 그런 것이 아니다.

지난 2007년 중국 주식이 뜨고 동구권 증시에 붐이 일면서 일반 기업은 물론이고 위험 관리를 철저히 한다는 금융기관들도 돈을 싸들고 중국이나 동유럽으로 뛰었다. 그들 대부분이 돈을 물리거나 엄청난 손해를 본 것은 물론이다. 미국 연준의 고위 인사가 경고를 했는데도 불구하고 패니 메이나 프레디 맥의 채권을 산 당국도 마찬가지였다. 미국 정부가 지급보증을 한다고는 했지만 중도에 팔아서 현금화하기는 쉽지 않을 것이다. 개인은 물론이고 금융기관이나 정부조차도 눈앞의 이익만 보고 그 뒤에 숨어 있는 구덩이는 보지 못한 것이다.

피터 린치는 이런 것을 투자로 인정하지 않는다. 위험을 알지 못한 채 경솔하게 움직이는 것이야말로 도박이며 여기에 들어간 자금은 투자 자금이 아닌 도박 자금이라고 규정한다.

주식이나 채권만 그런 게 아니다. 어떤 사람들은 도로가 연결되지 않은 땅이나 법률로 이중삼중 묶여서 도저히 개발할 수 없는 토지를 중개업자의 말만 듣고 비싸게 사기도 한다. 연 20~30퍼센트의 이자를 준다는 유혹에 솔깃해 사기꾼에게 돈을 뜯기고 원통해하는 사람도 있다. 이런 것은 투기도 아니고 차라리 도박이다.

우리는 앞에서 투자와 관련한 여러 위험에 대해 점검했고 그 가운데 거시경제 시스템의 위험이나 시장의 위험을 관리하는 방법을 어느 정도 배웠다. 도박이 아닌 투자를 하려면 마지막으로 개별 기업의 위험을 피하는 방법도 배워야 한다.

지난 2008년 건설 업종 구조 조정이 진행될 때 부실 회사의 주식을 들고 있던 투자자들은 엄청난 손실을 입었다. 1990년대 중반 이후 기아나 대우그룹 등이 도산할 때도 투자자들은 주식이 휴지처럼 되는 것을 눈물을 머금고 바라봐야 했다. 미국에서도 신성장 산업주에 투자한다며 엔론이나 MCI 월드컴 주식을 샀던 사람들이 2000년대 초에 똑같은 일을 겪었다.

이처럼 기업들이 무너질 때면 많은 투자자들이 손해를 본다. 어떤 투자자는 거의 전 재산을 날리기도 한다. 도산한 회사에 납품하던 중소기업들도 자금난을 겪다가 쓰러지기도 하며, 그 회사에 몸담고 있던 사람들은 일자리를 잃기도 한다.

잃지 않는 비결, 재무제표에 있다

투자를 하건 사업을 하건, 아니면 직장 생활을 하건, 쓰러질 기업만은 피해야 한다. 특히 대기업이 쓰러질 때는 자금 회전이 안 되거나 신용 경색이 생기고 전체 주가가 하락해 전혀 관련이 없는 사람들까지 피해를 보기도 한다. 이 때문에 직접 관련이 없더라도 주요 기업의 부도 가능성에 대해서는 항상 주시할 필요가 있다.

대우그룹의 도산 가능성이나 미국 MCI월드컴의 자금 위기 가능성 등은 이미 오래전부터 재무제표에 나와 있었다. 재무제표를 볼 줄 알았다면 손해를 막거나 최소한 피해를 줄일 수 있었다는 말이다.

과거의 경제 위기는 주로 전쟁이나 엄청난 질병의 확산, 경제 전반의 수요 부족 등에서 왔다. 그러나 문명이 발전하면서 전쟁이나 질병은 물론이고 수요 부족도 어느 정도 통제되고 있다. 이런 면에선 전통적 형태의 경제 위기가 나타날 가능성은 예전보다 훨씬 줄었다고 할 수 있다. 그런데 최근에는 새로운 유형의 경제 위기가 생기고 있다.

한국에서는 지난 1997년 종금사들이 외화 수급을 맞추지 못해 외환 위기를 초래한 바 있다. 미국에서는 1998년 롱텀 캐피털 매니지먼트라는 한 헤지 펀드가 투자를 잘못하는 바람에 경제 위기 직전까지 간 적이 있다. 그런데도 정신을 차리지 못하고 패니 메이나 프레디 맥의 채권 남발을 방치하다가 결국은 세계적인 경제 위기를 맞게 됐다.

이처럼 기업이 커지고 금융기관이 다루는 돈의 단위가 천문학적으로 늘어나면서 거대 기업이나 특정 금융기관의 재무 위기가 전체 경제의 위기를 초래하는 일이 빈번하게 일어나고 있다. 이런 위기 역시 모두 예고됐던 것이지만 대부분의 사람들이 방관하다가 결국 위기를 맞았다. 여기서 재무제표를 배워야 할 새로운 이유가 등장한다. 즉, 나라에 따라 정부나 공기업의 과도한 차입이 경제 위기를 일으키기도 하는데 이 역시 재무제표를 볼 줄 알면 간단히 진단하고 대처할 수 있다.

이처럼 재무제표는 좋은 주식을 고르는 데는 물론이고 전 재산을 날리게 할지도 모를 부실기업을 가려내는 데 필요할 뿐 아니라 경제 위기를 진단하는 수단으로까지 활용될 수 있다. 결론적으로 기업을 경영하거나 투자를 하기 위해서뿐 아니라 경제를 제대로 이해하기 위해서도 재무제표는 반드시 알아야 할 필요가 있다.

2

매출액보다 부채가 많으면 피하라

지난 2002년 월가는 엔론과 월드컴 등 세계적인 기업들의 회계 조작 사태로 홍역을 치렀다. 당시 5대 회계법인 가운데 하나였던 아서 앤더슨Arthur Anderson은 엔론의 분식 회계를 눈감아 준 혐의로 결국 문을 닫았다. 그해 12월 말, 매서운 칼바람이 몰아치는 맨해튼 거리를 걸어서 뉴욕 대학교 스턴 스쿨의 에드워드 알트먼Edward I. Altman 교수를 만나러 갔다.

알트먼 교수는 금융기관들이 대부분 사용하고 있는 'Z-스코어 모델'을 개발한 세계적인 부도 예측의 권위자다. 그의 이론은 경영학 교과서에도 등장하고 많은 금융기관들이 그의 모델을 채택하고 있다. 알트먼 교수는 강의를 하면서 미국의 거대 기업들은 물론이고 중국이나 브라질 등 국가를 상대로 컨설팅을 했을 정도로 지명도도 높다.

그에게 이런저런 이야기를 하다가 "나는 직관적으로 기업의 부도 가능성을 아는 방법이 있다"고 운을 뗐다. "무엇이냐"고 묻기에 기업의 매출액과 부채총계를 직접 비교해 보고 부채총계가 일정 수준 이상이면 위험 기업으로 분류하는데, 실제로 그런 기업들은 대부분 부도를 냈다고 설명했다.

그러자 알트먼 교수는 "일반적으로 부채 규모와 이익이나 현금 유입을 비교하지만 이익 대신 매출로 비교하는 것도 상당히 의미가 있을 것이다"라면서 "좋은 비율이 될 것으로 생각하지만 꼭 하나의 비율만 보는 것보다는 여러 비율을 동시에 보면 설명력을 높일 수 있다. 이것이 Z-스코어 모델을 개발한 이유다"라고 설명했다.

부채총계가 매출액의 70퍼센트 이상이면 주의하라

매출액과 부채총계를 비교하는 방법은 알트먼의 Z-스코어 모델에 비해 설명력이 떨어질지는 몰라도 아주 손쉬울 뿐 아니라 위험이 큰 기업을 한눈에 가려낼 수 있다는 점에서 일반 투자자들에게는 실효성이 크다고 할 수 있다.

매출액이나 부채총계 정도는 사업 보고서를 보지 않더라도 인터넷이나 증권사 홈 트레이딩 시스템에서 얻을 수 있다. 이 방법은 복잡한 계산 절차를 거치지 않고 간단히 얻은 수치를 단순하게 비교해 보기만 해도 투자해서는 안 될 기업을 가려낼 수 있다는 장점이 있다. 산업마다 평균 마진율이 있는데, 그 수준의 마진으로 지탱할 수 있는 부채의 규모는 한계가 있을 수밖에 없다고 보고 이 방법을 고안했다.

한국은행이 발표하는 기업경영분석에는 산업별 매출액 영업이익률이 나온다. 이 지표를 응용하면 특정 산업의 기업들이 평균 얼마 정도의 부채를 끌어안을 수 있을지를 산출할 수 있다.

이 개념을 바탕으로 필자는 부채총계가 연간 매출액의 70퍼센트 이상인 기업은 주의 대상에 넣을 필요가 있다는 기준을 세웠다. 또 부채총계가 연간 매출액보다 큰 기업은 기본적으로 투자 대상에서 제외하는 것이 바람직하다고 조언한다. 물론 진입 장벽이 있는 산업의 경우 일시적으로 마진율이 높을 수 있다고 반론을 제기할 수도 있다. 그러나 마진이 크면 반드시 새로 뚫고 들어가려는 업체가 있을 것이기에 장기간 높은 마진율이 유지되기는 쉽지 않다. 또 높은 마진율을 유지하는 기업이라면 이미 재무구조가 안정돼 있을 것이므로 굳이 이 방법을 쓰지 않아도 될 것이다.

신규 창업 기업이나 일시적으로 투자가 늘어난 기업은 매출액 대비 부채총계 비율이 갑자기 높아질 수 있다. 그런 기업은 일반 투자자가 투자할 대상이라기보다는 벤처 투자자나 대출 전문 금융기관이 위험을 세밀하게 따져 가며 접근해야 할 대상이라고 할 수 있다.

매출액과 감당할 수 있는 부채의 한계

매출액과 부채총계만으로도 어떻게 재무 위험이 있는 기업을 찾아낼 수 있는지 좀 더 들여다보자. 나중에 생각해 보고 싶다면 이 부분은 무시하고 그냥 지나쳐도 상관없다

한국은행이 발표한 지난 2007년 제조업의 평균 매출액 영업이익률은

5.5퍼센트였다. 이 수치는 해마다 약간씩 차이는 있지만 이 언저리를 크게 벗어나지 않는다. 이를 기준으로 한국의 평균적 제조 업체가 어느 정도 부채를 감당할 수 있을지 살펴보자.

평균적 기업을 A사라고 하자. A사가 연간 1,000억 원의 매출을 올린다면 매출액 영업이익률이 5.5퍼센트이므로 이 회사의 영업이익은 55억 원이 된다. 그렇다면 이 회사는 연간 55억 원의 이자를 낼 수 있을 정도까지는 부채를 떠안을 수 있다는 계산이 나온다.

만약 이자율이 5.5퍼센트라면 이 회사는 부채가 1,000억 원이 될 때까지는 버틸 수 있다. 부채가 1,000억 원이 넘으면 연간 지불해야 하는 이자가 55억 원보다 커지기 때문에 적자가 된다. 반대로 부채가 1,000억 원보다 적으면 지불하는 이자가 55억 원보다 적으므로 세전 이익을 낼 수 있다. 그런데 이자율이 5.5가 아니라 8퍼센트라면 이 회사가 떠안을 수 있는 부채의 최대 규모는 687억 원으로 줄어든다(687억 원 × 0.08 = 54.96억 원).

기업들이 부담하는 이자율을 연 8퍼센트로 가정할 때 부채총계가 연간 매출액의 68퍼센트 이상인 기업은 재무적으로 위험이 커질 수 있기 때문에 아주 정밀하게 따져 봐야 한다는 결론이 나온다.

여기서는 분석을 간단하게 하려고 차입한 돈을 은행에는 넣지 않고 운전자금으로 사용하는 것을 전제로 했는데 실제 기업들은 차입한 돈의 일부를 은행에 넣어 두고 쓴다. 여기서 이자가 나오기 때문에 이 기준은 약간은 엄격하게 적용한 것이라고 할 수 있다. 그리고 부채총계 가운데는 이자 부담이 없는 채무도 있을 수 있으므로 여유는 더 생길 수도 있다.

그러나 기업이 부담하는 금리가 8퍼센트보다 높으면 부채의 한도는 그만큼 줄어야 한다. 참고로 2002년부터 2009년 3월까지 BBB-급 무보증 회사채의 평균 금리는 9.21퍼센트였다. 투자 등급의 하한에 해당하는 회사들이 이 정도 금리를 부담해야 한다고 볼 때 매출액과 부채총계를 고려하는 방법이 상당히 타당성이 있다고 할 수 있다.

금융부채 대신 부채총계를 본 것에 이의를 제기할 수도 있지만 외상으로 물건을 사는 경우(장부에 부채로 잡힘) 구매 원가가 비싸진다는 점을 감안하면 전혀 근거가 없다고도 할 수 없을 것이다.

8년 전에 예상한 GM의 재무 위기

필자는 뉴욕 특파원으로 근무하던 2001년 초 모 신용평가 회사 자동차 담당 애널리스트와 마주칠 기회가 있었다. 그에게 GM은 사실상 한계선상에 온 것 같은데 당신은 어떻게 보느냐고 물었다. 그는 "GM은 좋은 회사인데 무슨 소리냐"고 되물었다. 한국의 경험으로 볼 때 이미 회복이 어려운 상태에 온 것 같고 언젠가 한국의 현대자동차가 GM 공장 일부를 인수할지도 모른다고 하자, 그는 "농담하지 말라"고 했다. 그때 필자는 마음속으로 '누가 옳은지 보자. 언젠가 크게 후회할 것이다'라며 돌아섰다.

당시 GM의 주가는 50~60달러대를 오가고 있었고 이익을 내고 있다고 했다. 그로부터 8년여가 지난 2009년 초 GM은 파산 상태로 몰리고 말았다. 8년 전 한국의 기자가 알았던 것을 월가의 애널리스트들은 왜 몰랐을까?

당시 미국에서는 IT 붐이 최고조에 달하고 있었다. 월가의 관심은 매출액이나 이익의 성장성이었지 안전성은 거의 관심 밖의 일이었다. 롱텀 캐피털 매니지먼트 사건을 수습하느라 그린스펀이 초저금리 정책을 끌고 가고 있을 때라 이자 부담이 크지 않았기에 누구도 부채 규모에는 관심을 두지 않았다. 게다가 GM은 미국의 대표 기업이었다. 최근까지 대마불사Too big to fail의 상징이 됐을 정도이니 그때 도산 가능성을 언급한 게 이상하게 받아들여지는 것이 당연했는지도 모른다.

1999년 미국의 시사경제지 〈포천〉이 선정한 500대 기업 가운데 GM은 1위를 차지했다. 〈포천〉이 500대 기업을 정하는 기준은 매출액이다. 부채는 전혀 고려되지 않는다.

그러나 한국에서 대우를 비롯한 주요 그룹의 재무적 위기가 나라까지 위기로 몰아넣었던 상황을 경험한 기자의 시각은 달랐다. 기업이 아무리 크더라도 부채가 일정 규모 이상으로 늘어나면 더 이상 감당하지 못한다는 것을 알고 있었기 때문이다.

GM은 겉으로는 이익을 내고 있었지만 내부적으로는 곪아 가고 있었다. 영업을 해서 이자를 갚아 가기 힘든 구조로 접어들고 있었던 것이다. 2000년 GM의 매출액은 1,846억 달러였으나 부채총계는 2,729억 달러나 됐다. 부채총계가 연간 매출액보다 훨씬 많으니 이자고 뭐고 따질 것도 없이 기업이 이미 위기 상황으로 들어가고 있다고 볼 수 있었다. 부채총계와 자본총계를 합한 GM의 자산총계는 3,031억 달러였다. 이런 거대한 자산으로 그 정도 매출밖에 올리지 못했다는 것은 회사의 영업이 이미 비정상적이란 이야기였다.

부채총계 가운데 1,553억 달러는 금융 부문 부채였기에 그것을 빼면 그런대로 괜찮은 재무구조라고 반론을 제기할 수도 있을 것이다. 그러나 GM의 금융 부문인 GMAC의 영업은 자동차 할부 금융과 관계돼 있어 자동차 영업의 연장선으로 봐야 했다. GMAC 부채의 상당 부분은 GM의 부채와 연동해서 생각해야 했다. 게다가 GMAC의 외형이 급격히 커진다는 것은 자동차 영업이 비정상적으로 이어지고 있다는 간접적인 증거이기도 했다. 밀어내기나 장기 무이자 할부 판매 등을 뒷받침하는 것으로 수익성을 급격히 갉아먹는 구실을 한다고 볼 수 있었다. 더 놀라운 것은 부채총계의 증가 속도가 매출액 증가 속도를 훨씬 앞질렀다는 점이다. 1997년에서 1999년까지 이 회사의 매출액은 크게 늘어나지 않았는데, 같은 기간 동안 부채총계는 420억 달러가량 늘었다.

영업이 제대로 안된다면 재고나 외상이 많이 쌓여 있어야 하는데 실제 장부에는 그런 게 보이지 않았다. 1999년 재무제표를 보면 GM의 재고는 120억 달러였고, 외상으로 깔아 놓은 것을 뜻하는 매출채권은 55억 달러에 불과했다.

외형에 비하면 재고나 외상 부담이 없는 것처럼 보였다. 그러나 역으로, 장사도 제대로 안 되는 회사에서 재고나 외상이 그 정도로 적다는 것은 부정적인 면을 금융 부문에서 처리하는 것으로 생각할 수 있었다.

이 회사에 심각한 문제가 있다는 것은 2001년 재무제표를 보면 더 명확히 드러난다. 그해 GM의 매출액은 1,772억 달러로, 4년 전인 1997년의 1,725억 달러나 거의 비슷한 수준에 머물고 있었다. 그런데 부채총계는 같은 기간에 2,120억 달러에서 3,042억 달러로 922억 달러나 치솟았다. 부채 증가액만으로 지금의 현대자동차 그룹 전체를 사고도 남을 정도였다. 그런데도 이 회사는 겉으로는 꾸준히 이익을 내고 있다고 했다. GM의 재무제표 전체를 믿을 수 없었다. GM은 2006년이 되어서야 2002년 이전부터 재무제표에 문제가 있었다고 실토하며 재무제표를 수정했다.

투자하기에 곤란한 기업

경영학은 기본적으로 계속기업going concern을 전제로 한다. 망할 기업은 더 이상 경영학의 관심 대상이 아니다. 투자자도 마찬가지 입장에서 보아야 한다. 이해 관계자에게 회사의 상태를 설명하는 기준인 회계 원칙도 이런 전제를 깔고 있다. 회사가 계속기업으로 존재할 수 없을 것으로 보인다면 그 내용은 회계 장부에 나타나야 하고 회계 감사인은 그러한 의견을 감사 보고서에 담아야 한다. 그런데 이것은 이상일 뿐이다. 어떤 회사도 한계선상에 있다고 해서 그런 내용을 밝히려고 하지 않고, 회계 감사인도 회사가 회생 불가능한 상태로 굳어지기 전까지는 사실을 밝히지 않는다. 애널리스트들도 어떤 회사가 투자할 가치가 없다고는 해도 망할 것이라고는 이야기하지 않는다.

이런 점에서 한계선상에 있거나 그 선을 넘어간 기업을 가려내는 일은 전적으로 투자자의 몫이라고 할 수 있다. 정상적인 기업이라면 주가가 떨어졌더라도 언젠가는 회복되겠지만 부실기업의 가치는 시간이 흐를수록 사라지기 때문이다.

GM의 사례를 통해 다음 세 가지 기준에 걸린다면 일단은 투자 대상에서 제외하거나 세부 관찰 대상으로 분류하는 편이 좋을 것이다.

- 부채총계가 매출액의 70퍼센트 이상인지를 본다.
- 몇 년치 재무제표를 통해 매출이나 이익이 정체되거나 감소하는지를 본다.
- 부채 증가 속도가 매출이나 이익의 증가 속도보다 빠르지 않은가를 본다.

모든 일이 그렇듯이 이 기준에도 예외는 있다. 초기 투자가 많거나,

나중에 매출액의 대부분이 이익이 되는 회사들은 다른 각도에서 보아야 한다. 한국전력이나 KT 같은 공기업이나 공기업 성격을 띤 기업들은 대부분 초기에 대규모 설비 투자를 한 뒤 나중에 장기간에 걸쳐 원금과 이자를 회수한다. 이런 기업은 설비 투자 초기에는 매출액이 거의 없어도 투자를 계속해야 하기 때문에 부채가 많을 수밖에 없다. 그러나 설비 투자가 일단락되면 매출액에서 원가가 차지하는 비율이 매우 낮다. 이런 기업은 개별적으로 가려내는 수밖에 없는데 매출 원가율을 비교해 보면 쉽게 알 수 있다.

투자 회사도 마찬가지다. 매출액 자체는 투자 차익이나 투자한 회사에서 들어오는 배당금이 대부분이다. 이런 회사는 매출액이 부채총계에 비해 절대적으로 적을 수밖에 없다. 워런 버핏의 버크셔 해서웨이가 그런 유형의 회사다.

❖ 알트먼의 Z−스코어 모델

알트먼 교수는 총자산에 비해 운전자본이나 이익잉여금, 영업이익, 부채총계, 시가총액, 매출액 등이 어느 정도가 되는지 각각의 비중을 가중 처리해 Z−스코어를 구하는 공식을 만들었다. 이 공식을 기준으로 일정 수준 이상의 점수가 나오지 않는 기업은 부도 위험이 높다고 보고 경고한다.

알트먼의 Z−스코어 산출 공식

Z−스코어 = 1.2(운전자금* / 총자산)+1.4(이익잉여금 / 총자산)+3.3(영업이익 / 총자산)+0.6(시가총액 / 부채총계)+0.999(매출액 / 총자산)

*운전자금 = 유동자산−유동부채

계산해서 나온 Z-스코어가 2.99 이상이면 안전하며 1.8 이상~2.99 미만이면 회색 지대, 1.8 미만이면 위험하다는 게 알트먼 교수의 설명이다. 또 Z-스코어의 설명력을 1년 이내에는 90퍼센트, 2년 이내에는 80퍼센트로 잡고 있다.

알트먼 교수는 어떤 모델을 이용해 부도를 예측했는가보다는 모델에서 나온 결과를 의사 결정 때 반드시 사용하는 것이 더 중요하다고 강조했다. 경제가 좋아질 때면 사람들이 이 같은 기준 자체를 도외시하기 때문에 문제를 키운다는 것이 그의 지적이다.

3

그룹은 한 회사만 잘못돼도 위험하다

필자는 외환위기가 오기 전인 1996년부터 이미 대우그룹이 재무적으로 위기를 맞고 있다는 것을 인식하고 있었다. 특히 1997년 초 대우그룹의 각 계열사가 결산 결과를 공표했을 때 이미 이 그룹은 한계에 이르렀다고 단정했다. 대우그룹 일부 계열사의 매출액과 부채총계를 비교해 보고 문제가 있다는 생각이 들어 심도 있는 추적을 통해 그룹 자체가 위기에 봉착했다는 결론을 내린 것이다.

대우의 과잉 부채

외환위기 전 대우그룹은 겉으로는 상당히 잘나가는 것처럼 보였다.

김우중 회장이 '세계는 넓고 할 일은 많다'며 세계 경영을 주창하고 나서자 언론에서는 연일 대우그룹 특집 기사를 쉬지 않고 내보냈다. 그러나 외면상의 화려함과는 달리 대우그룹은 시간이 지날수록 속으로 썩어 들어가고 있었다.

1995년 대우그룹 주요 계열사의 내용을 들여다보자. 그해 대우자동차의 매출액은 3조 4,704억 원이었으나 부채총계는 4조 3,289억 원이나 되었다. 이 가운데 2조 8,078억 원이 1년 이내에 갚아야 하는 유동부채였다.

대우중공업은 1조 6,184억 원의 매출액을 올렸는데 부채총계는 4조 2,722억 원이나 되었다. 조선 업체의 특성상 선수금을 받은 것이 부채로 잡혔다고 하더라도 규모가 지나치게 컸다.

대우전자는 이보다 조금 나았지만 3조 1,260억 원 매출에 부채총계는 2조 6,972억 원이었다. 이 회사는 직전 연도인 1994년에는 2조 4,981억 원 매출에 부채총계는 2조 3,253억 원으로 외형이나 매출이 비슷한 상황이었다. '탱크주의'가 힘을 발휘한 덕에 실적이 개선됐다는 것이 그 정도였다.

(주)대우는 15조 246억 원 매출에 부채총계는 7조 2,810억 원으로 양호한 것처럼 보였지만 종합무역상사의 특성을 감안할 때 적정 수준 이상으로 부채가 많았다. 일반 제조업만큼 높은 마진율을 유지할 수 없는 영업 구조였기 때문에 (주)대우 역시 내부적으로 어느 정도 문제를 안고 있었다고 추정할 수 있었다. 이때부터 필자는 대우그룹 전체의 재무제표를 주시하게 된 것이다.

그룹은 한 회사만 잘못돼도 위험하다

1997년 초 결산 결과가 나오자 대우그룹의 문제가 더 확실하게 보였다. 외형상으로는 매출이 확대되는 등 호전되는 것 같았으나 주요 계열사 가운데 부채가 줄어든 곳은 전혀 없었고 재고도 대부분 늘어나고 있었다.

대우자동차의 매출액은 여전히 부채총계를 밑돌고 있었다. 대우중공업의 매출액은 3조 9,630억 원으로 전년도에 비해 두 배 이상 늘었지만 부채도 따라서 늘어났다. 그해 이 회사의 부채총계는 5조 9,288억 원으로 매출액보다 여전히 압도적으로 많았다.

문제를 파고들어 가자 여기저기서 부정적인 내용들이 속속 들어왔다. 대우가 자금을 조달하는 재미있는 루트가 발견되기도 했다. 당시 정부는 수출을 장려하려고 수출 업체에 실적에 따라 일정 기간 자금을 쓸 수 있는 무역금융을 지원했다. 그런데 금을 수입했다가 그대로 수출해도 보름까지 무역금융을 쓸 수 있었다. 금덩어리를 한 번 가공해서 수출하면 6개월까지 쓸 수 있었다. 이 규정을 이용해 금 거래를 하고 있었던 것이다. 금은 현금과도 같아서 수출입을 해도 큰 이익이 생길 리 없고, 그저 외형을 부풀리기에 좋은 대상이다. 당연히 외형은 엄청나게 불어났지만 내부적으로는 심각하게 곪아 들어가고 있었다.

이듬해 1997년도 결산 결과가 나왔을 때 필자는 이미 대우그룹의 존립 기반이 흔들리고 있다는 것을 확신하게 되었다. 1년 사이에 주요 계열사의 부채가 천문학적으로 늘어났다. 계열사별 부채총계 증가 규모는 (주)대우가 4조 776억 원으로 가장 많았고 이어 대우자동차가 2조 9,714억 원, 대우중공업 2조 8,787억 원, 대우전자 5,571억 원 등이었다.

늘어난 부채만 가지고도 그만큼의 회사를 살 수 있을 정도였다. 벌어서 이자를 갚을 수 없다는 게 뻔히 보였다.

나중에 금융감독원은 (주)대우가 27조 원의 분식 결산을 했고 대우중공업 5조 원, 대우자동차 4.6조 원, 대우전자 3.7조 원 등 주력 회사들이 대부분 장부를 조작했다고 밝혔다. 세계는 부실을 감추기에 좋을 만큼 넓었고, 감춰야 할 게 많으니 할 일도 많았던 셈이다.

당시 대우그룹의 상태를 파악하기 위해 모든 계열사를 다 분석할 필요는 없었다. 대우그룹 계열사 가운데 일부는 나름대로 영업 기반이 탄탄한 회사도 있었을 것이다. 그러나 그룹의 속성상 일부 기업만 잘못돼도 전체가 동시에 위험해진다. 부실기업을 떼어 내 그룹이 살아나더라도 구조 조정을 하는 과정에서 다른 계열사의 주가가 폭락하기 때문에 투자자는 피해를 볼 수 있다. 이런 면에서 그룹사에 투자할 때는 그룹 전체를 볼 필요가 있다. 최근 C&그룹을 비롯한 일부 그룹 계열사 주식에 투자했던 사람들이 큰 피해를 본 사례는 좋은 교훈이 될 것이다.

부채가 많으면 경쟁력이 없다

대우그룹의 사례는 부채가 감당할 수 있는 수준을 넘어서면 이자를 갚기 위해 다시 차입을 하기 때문에 부채가 기하급수적으로 늘어나는 것을 잘 보여 준다. 이처럼 부채가 급격히 늘어나는 상태에서는 경쟁력도 뚝 떨어진다.

당시 대우는 전 부문에서 삼성, 현대, LG 등 주요 그룹들과 경쟁해야 했다. 그런데 어느 부문에서도 확고한 경쟁력을 갖지 못했다. 이유는 여러 가지가 있겠지만 과도한 부채가 그 가운데 한 요인이라고 할 수 있다. 부채가 많으면 재무구조가 불안하므로 금융기관들은 돈을 빌려 주지 않으려고 한다. 그러니 돈 벌 기회가 생겨도 제대로 활용하기가 어렵다. 게다가 경쟁사보다 높은 금리를 부담해야 자금을 조달할 수 있다. 똑같은 돈을 빌리는 데 더 많은 이자를 지불해야 한다는 말은 다른 조건이 일정할 때 경쟁력이 그만큼 떨어진다는 것을 의미한다.

대우그룹의 예를 통해 나타난 부채와 기업의 상관관계는 다음과 같이 요약할 수 있다.

- 그룹은 계열 가운데 하나만 문제가 되어도 전체가 위험해질 수 있다.
- 부채는 일정 수준을 넘어서면 기하급수적으로 늘어난다.
- 부채가 많은 기업은 경쟁력도 떨어진다.

❖ 안전성을 따지는 지표

부채가 많은 기업은 외부 환경이 조금만 변해도 부채의 이자를 감당하기 어려워 자금난에 빠질 수 있다. 기업에 투자할 때 이익이나 성장성을 보기 전에 안전한 회사인지를 먼저 봐야 하는 이유가 바로 그것이다. 이와 관련해 전문가들은 기업의 안정성을 보는 지표를 많이 개발했는데 부채비율과 유동비율, 당좌비율, 고정비율, 자기자본비율 등이 주로 이용된다. 지난 2008년 말부터 금융감독원 주도로 건설사와 중소 조선 업체에 대한 구조 조정을 할 때는 부채비율이나 매출액 대비 운전자금비율, 차입금 의존도 등을 기준으로 삼았다.

● 부채비율

자본총계에 비해 부채총계가 얼마나 되는지를 나타내며 안정성을 따질 때 기본적으로 이용된다. 2008년 말 구조조정 때는 부채비율 300퍼센트가 가이드라인으로 제시됐다.

부채비율 = 부채총계 / 자본총계 × 100

미국에서는 부채비율debt ratio이라고 하면 부채총계를 자산총계로 나눈 것을 말한다. 한국에서 보는 부채비율 개념과 다르다. 미국의 부채자본비율debt equity ratio이 한국에서 쓰는 부채비율 개념이다. 부채비율에 대한 감시가 심해지면서 최근에는 부채를 장부에 올리지 않는 수법도 많이 개발되고 있다. 대표적인 방법이 프로젝트 파이낸싱이다. 프로젝트 파이낸싱은 대규모 자금이 소요되는 발전소나 조선, 고속도로 건설 등과 관련해 금융기관이 해당 사업의 사업성이나 미래의 현금흐름을 보고 돈을 빌려주는 것을 말한다. 그런데 최근 프로젝트 파이낸싱이 아파트 건설을 비롯한 부동산 개발에도 많이 이용된다. 이때 모회사와는 별도로 사업을 진행하는 페이퍼 컴퍼니 형태의 특수목적회사를 세우고 이를 통해 자금을 조달한다. 모회사는 장부에 부채가 잡히지 않아 안전한 것처럼 보인다.

모회사가 특수목적회사에 대해 재무적 책임을 지지 않는 것처럼 보이지만 실제로는 금융기관들의 요구에 따라 모회사가 지급보증을 하고 있다. 투자자 입장에서는 프로젝트 파이낸싱으로 자금을 조달하는 기업들은 신경을 써야 한다.

부채비율이 기업의 안정성을 따지는 하나의 지표는 될 수 있지만 절대적인 것은 아니다. 가령 남다른 기술을 개발해 경쟁력이 강하다거나 영업 능력이 탁월한 기업은 부채가 많더라도 많은 돈을 벌어 이자(지급 이자)를 갚고도 순이익을 낼 수 있다. 반면 기술력이나 영업 능력이 떨어지는 기업은 부채비율이 낮더라도 장사를 해서 이자도 벌지 못해 부채비율이 차츰 높아질 수도 있다.

● **이자 보상 배율**

부채비율 자체도 중요하지만 영업 능력도 함께 보아야 한다. 영업 능력을 함께 보는 지표로 일정 기간 동안의 총 금융 비용을 매출액으로 나눈 금융 비용 부담률이나 영업이익으로 이자를 갚아 나갈 능력이 충분한지를 따지는 이자 보상 배율 등이 있다. 이자 보상 배율은 영업이익을 지급이자로 나눠서 구한다.

> 이자 보상 배율＝영업이익 / 지급 이자

　이 수치가 1보다 작으면, 벌어서 이자도 갚지 못하는 것으로 해석할 수 있다. 장기적으로 1보다 높아야 이자와 원금을 갚을 수 있는데 1.5 정도면 회사가 안정적이라고 생각할 수 있다. 이 비율이 1 이하라면　재무구조나 영업이 안정적이지 못하다고 단정할 수 있다.

● 유동비율
　은행들은 대출을 받아 간 기업의 단기자금 상황에 특히 신경을 많이 쓰는데 이와 관련해서 가장 대표적으로 검토하는 게 유동비율이다. 기업의 단기 지급 능력을 판단하는 데 주로 사용되며 current ratio 또는 quick ratio라고 불린다.

> 유동비율＝(유동자산 / 유동부채)×100

　이 비율이 높을수록 지급 능력이 크다고 할 수 있는데, 보통 200퍼센트 이상이 적당하다고 본다. 기업은 자산의 일부를 현금이나 현금성 자산으로 쌓아 두면 놀리는 것으로 생각하기 때문에 무작정 이 비율을 높이려고 하지 않는다.
　회사의 재무적 건강도를 측정하는 지표로 순 운전자금net working capital, 유동자산−유동부채이라는 개념도 사용된다. 또 유동부채에 대한 현금흐름비율(현금흐름 / 유동부채)로 회사가 영업을 통해 단기부채를 상환할 수 있는지를 판단하기도 한다. 금융기관들은 이 비율이 높은 기업을 선호한다.

● 고정비율
　고정비율은 기업이 부동산과 같은 비유동자산(고정자산)에 얼마나 돈을 묶어 놓고 있는가를 나타내는 개념이다. 이 비율이 높으면 자금 순환에 지장을 초래할 수도 있으므로 주의해야 한다.

> 고정비율＝(고정자산 / 자기자본)×100

● **차입금 의존도**

부채 가운데 상거래 채무를 제외한 장단기 금융부채(사채 포함)가 자산 총계의 몇 퍼센트를 차지하는지를 나타내는 비율로 수치가 낮을수록 안전성이 높은 것으로 평가된다.

4

급성장 기업을 조심하라

〈포천〉이 2001년 4월에 발표한 500대 기업 가운데 월드컴은 세계적 소비재 업체인 프록터 앤드 갬블Procter&Gamble Co.에 이어 32위를 차지했다. 이 회사의 순이익은 41억 달러나 되어 프록터 앤드 갬블의 35억 달러보다 훨씬 많았다.

월드컴은 AT&T나 버라이즌Verizon Communications에는 뒤졌지만 그래도 당당히 미국 3위의 통신 회사였고 장거리 통신 부문만 따지면 2위를 차지하던 공룡이었다. 그런데 이 회사는 2002년 6월 내부 감사에서 회계 부정이 있었다고 실토했고, 그해 7월 파산보호 신청을 했다. 자산 규모 1,039억 달러의 회사가 한순간에 무너졌다. 당시 월드컴은 이전 5분기 이상에 걸쳐 38억 5,000만 달러가 넘는 비용을 숨겨 온 게 적발돼 감독 당국에 의해 고발된 상태였다.

월드컴의 탄생과 퇴장

한국에서 외환위기가 한창 고조되었던 1997년 11월 월드컴은 MCI 커뮤니케이션스를 인수·합병해 MCI월드컴이라는 새로운 회사가 됐다. 당시 MCI 인수 경쟁에는 영국의 브리티시 텔레콤BT도 뛰어들었다. BT는 희망 가격으로 240억 달러를 제시했다가 물러났다. 월드컴은 처음 300억 달러를 썼지만 협상을 하면서 가격을 올려 370억 달러에 최종 인수했다.

1960년대 후반 구멍가게 같은 무명 회사로 출발한 월드컴은 이렇게 해서 미국 2위의 장거리 통신 회사로 올라섰다. 합병회사는 처음엔 MCI월드컴이라는 이름을 쓰다가 나중에 월드컴으로 사명을 변경했다.

합병과 동시에 매출과 순이익이 쑥쑥 늘어나면서 투자자들의 관심을 모았다. 그러던 회사가 불과 5년도 안 돼 회계 부정이 밝혀지면서 무너졌다. 이 회사는 법정 관리를 신청한 뒤 회생을 모색하려고 휴렛패커드 HP의 회장을 지냈던 마이클 카펠러스Michael Capellas를 CEO로 영입하고 강도 높은 구조 조정을 단행했다. 회사 이미지를 되살리려고 이름도 MCI로 바꿨다. 그렇지만 결국 2005년에 64억 달러에 버라이존으로 넘어갔다.

〈포천〉이 외형만을 따져 월드컴을 재계 상위 서열로 올려놓았지만 이 회사는 합병 직후부터 심각한 상황을 맞고 있었다. 표 3-1에서 보듯이 합병 첫 해인 지난 1998년 176억 달러에 불과하던 월드컴의 매출은 이듬해인 1999년에 359억 달러, 2000년에 390억 달러로 마치 신생 기업의 매출이 늘어나듯 폭증했다. 합병 첫해 27억 달러의 적자를 냈지만 이듬해 39억 달러, 2000년엔 40억 달러의 이익을 냈다고도 발표했다.

표 3-1 월드컴 손익계산서

(단위 : 100만 달러)

구분 / 연도	1997년	1998년	1999년	2000년	2001년
매출액	7,643	17,617	35,908	39,090	35,179
영업이익	982	-942	7,888	8,153	3,514
순이익	143	-2,767	3,941	4,088	1,384

손익계산서만 본다면 이 회사는 근사하다. 합병 전인 1997년 월드컴의 매출액과 순이익이 각각 76억 달러와 1억 달러에 불과했으니 합병은 거의 화수분과도 같은 것이었다. 매출이나 이익이 천문학적으로 늘어난 사실만 본다면 인수합병에 나서지 않는 기업들이 바보로 보일 정도다.

그런데 대차대조표를 함께 보면 회사 내부에 무언가 문제가 있다는 것을 알 수 있다. 이 회사의 부채총계는 1999년 이미 397억 달러에 달해 연간 매출액보다 훨씬 큰 것으로 나타났으며 2000년에는 434억 달러로 늘어났다.

자산총계를 보면 이 회사의 또 다른 문제가 보인다. 1998년 870억 달러였던 월드컴의 자산총계는 1999년 910억 달러를 거쳐 2000년에는 989억 달러로 부풀었다. 자산의 증가가 전적으로 부채 증가로 이뤄졌다고 할 수 있다.

2001년 말 이 회사의 자산은 다시 1,039억 달러로 늘어났는데 이 가운데 영업권으로 잡아놓은 것만 505억 달러나 됐다. 자산의 뻥튀기가 지나치게 심했다고 할 수 있다.

외형에 비해 지나치게 많은 부채와 장부 부풀리기로 미루어 볼 때 이 회사의 자금 조달 능력은 서서히 고갈되고 있다고 추정할 수 있었다.

표 3-2 월드컴 대차대조표

(단위 : 100만 달러)

구분 / 연도	1999년	2000년	2001년
자산총계	91,072	98,903	103,914
유동부채	17,209	17,673	9,210
고정부채	13,128	17,696	30,038
비유동부채	6,100	4,735	4,642
기타	2,599	2,592	101
우선주 관련	798	798	1993

결국 신용평가사의 신용등급 하향 조정이 이어졌다. CEO가 교체된 뒤 실시된 정밀 실사에서 이 회사는 대규모 분식 결산으로 비용과 이익을 조작한 사실이 드러났다. 2003년 말 이 회사의 자산총계는 263억 달러로 줄었고 자본 잠식 규모는 226억 달러나 됐다.

급성장 기업은 위험도 크다

부채총계가 매출액의 일정 수준을 넘어서면 문제를 일으킬 소지가 크다는 점은 한국뿐 아니라 외국에서도 마찬가지로 입증되고 있다. 그런 기업일수록 우선 장부를 조작할 가능성이 크다. 당장 위기를 모면하고 그 다음 문제는 나중에 보자는 것이다. 외형에 비해 부채 규모가 큰 기업들은 아무리 경영을 잘하려고 해도 경영 환경이 급격히 변하면 지불할 이자가 갑자기 늘어나 위기를 맞을 가능성이 크다.

루슨트 테크놀로지Lucent Technologies는 이 같은 경우의 전형적 사례라고 할 수 있다. 클린턴 행정부가 한창 신경제를 주창하던 시절 루슨트 테크놀로지는 세계 최대 통신 장비 업체로서 하이테크 기업의 총아로 각광받았다. 1999년 12월 이 회사 주가는 주당 84달러까지 치솟기도 했다.

루슨트 테크놀로지는 벨에서 분가한 AT&T의 시스템 및 기술 지원 부서로 출발했다. 당시 미국 최대 통신 업체인 AT&T의 연구개발을 총괄하는 벨 연구소를 포함하고 있었던 만큼 이 회사는 통신 기술 부문에서 세계를 선도했다. 1996년 AT&T에서 완전히 독립한 이 회사는 뛰어난 기술력을 바탕으로 급성장을 거듭했다. 전 세계 통신 서비스 업체를 주 고객으로 삼아 공공 네트워킹 시스템이나 소프트웨어를 공급하고 있었기에 통신 부문 투자가 급격히 늘어날 때 이 회사의 장래는 탄탄대로에 놓인 것처럼 보였다.

그러나 IT 버블이 꺼지면서 통신 업체들이 신규 투자를 중단하자 이 회사는 위기를 맞았고 2002년 9월에는 거의 벼랑 끝까지 몰렸다. 주가는 1달러 밑으로 떨어졌다. 잘나갈 때 무리하게 빚을 내 투자를 늘린 것이 화근이었다. 2000년 9월 말 결산에서는 289억 달러 매출에 12억 달러의 이익을 냈다. 당시 부채총계는 213억 달러로 매출액과 성장성을 감안하면 감내할 만한 듯했지만 경기가 나빠지면서 상황이 급반전됐다. 1년 뒤 매출액은 212억 달러로 27퍼센트나 줄었고 161억 달러의 적자를 냈으며, 당시 부채총계는 226억 달러로 이미 연간 매출액보다 많아졌다. 게다가 주 고객인 통신 서비스 업체들이 잇달아 도산하고 있었다.

매출이 급감함에 따라 구조 조정을 단행하고 부채를 줄이려 했지만 상황을 돌이키기에는 역부족이었다. 신용평가사들은 잇달아 신용등급을 깎아 내렸고 자금난이 심화됐다. 나중에 이 회사는 프랑스 통신 장비 회사인 알카텔Alcatel과 합병하는 방법으로 생존을 모색했다. 외형상 대등한 합병 형식을 취했지만 자금 여력이 큰 알카텔의 지분이 많아 자연히 경영권은 프랑스 쪽이 쥐게 됐다.

이들의 사례에서 호황기에 빨리 크는 기업을 조심할 필요가 있음을 알 수 있다. 더불어 무형자산이 많은 기업은 위험할 수 있으며 어떤 기업이든 매출액에 비해 부채 규모가 크면 위험하다고 생각해야 한다. 한국에서도 급성장 기업 가운데 중도에 꺾인 기업들이 수없이 많다. 율산이나 제세그룹 등은 대표적인 사례로 꼽힌다.

5

재고가 쌓이면 위험하다

외환위기가 턱밑까지 다가왔던 1997년 5월, 국내 중견 그룹 가운데 하나인 대농이 자금난에 휘말렸다. 5월 19일 채권단이 나서서 부도 방지 협약을 체결했다. 그러나 대농은 끝내 회생하지 못하고 외환위기의 소용돌이에 휘말려 이듬해 부도를 냈다. 계열사들은 하나씩 잘려서 팔려 나갔다.

당시 재계 원로로 상당한 영향력을 행사하던 박용학 회장이 이끌던 대농그룹이 자금난에 몰리게 된 것은 M&A 공격을 받았기 때문이란 것이 당시의 분석이었다. 실제로 그해 1월 대농그룹의 지주회사라고 할 미도파가 적대적 M&A의 표적에 올랐다. 외국인 투자자들이 동방페레그린증권을 통해 미도파 주식을 대거 사들인 데 이어 신동방그룹과 성원그룹 계열사들이 이 회사 주식을 매집하려 나선 것이다.

수세에 몰린 박 회장 측은 계열사를 통해 미도파 주식을 사들이는 한편 전경련을 움직였다. 전경련이 경영권 방어에 동참하면서 신동방 쪽을 지지하려던 성원그룹이 갑자기 박 회장 쪽으로 돌아섰다. 결국 신동방과 박 회장 측은 신동방이 미도파 경영에 일부 참여하는 선에서 타협했고 사태는 마무리됐다.

성원그룹은 당시 주당 2만 2,700원에 사들인 미도파 지분을 주당 4만 2,000원에 박 회장 측에 팔아 340억 원의 차익을 챙겼고 나중에 미도파 건설 부문까지 인수했다. 적대적 M&A를 방어하는 과정에서 박 회장 측은 1,000억 원이 넘는 단기자금을 제2금융권에서 차입했고 이 때문에 자금난에 빠졌다는 것이 당시 분석이었다.

분식 결산의 도구 재고자산

그런데 대농의 장부를 들여다보면 새로운 사실이 드러난다. 1995년 말 사업 보고서에 나타난 대농의 재고자산이 3,674억 원이나 됐던 것이다. 그 전해 대농의 연간 매출액은 3,538억 원에 불과했다. 재고자산이 연간 매출액보다도 많았다. 도저히 납득이 가지 않는 일이었다.

대농은 귀금속이나 현금을 취급하는 회사가 아니라 섬유 회사였다. 섬유 원자재를 당시 돈으로 3,674억 원어치나 쌓아 두었다면 창고만 해도 상상을 초월할 정도로 커야 했다. 비축해 놓을 필요도 없는 재고가 그렇게 많았다는 것은 회사 내부적으로 엄청난 문제가 있다는 것을 의미했지만, 대농은 1995년까지 버젓이 이익이 나는 것으로 신고했다. 그처럼 재고를 쌓아 두고도 이익을 낸다는 것은 쉽게 이해가 되지 않는 일이었다. 장부를 조작했다는 이야기밖에 나올 게 없었다. 대농이 공격을 받은 것도 결과적으로 이처럼 내부 문제가 심각했기 때문이다. 공격 대상이었던 미도파의 경우 1995년 6월 말 기준으로 현금을 비롯한 당좌자산이 2,430억 원이나 있다고 신고했다. 겉으로 보기에는 돈을 뭉텅이로 들고 있는 알짜 회사였다. 그런데 당시 이 회사의 부채총계는 6,567억 원으로 연간 매출액 6,403억 원보다 많았다. M&A 공격을 하는 입장에서 보면 현금은 많은데 내부 관리에 심각한 문제가 있는 회사였다. 공격하면 알토란 같은 현금만 먹고 쉽게 빠져나올 수 있다고 생각할 수도 있었을 것이다. 미도파와 대농의 분식 결산은 나중에 법정에서 최종 확인됐다.

재고자산을 살펴봐야 하는 이유

그동안 분식 결산으로 문제가 됐던 기업들 가운데 상당수는 재고자산을 부풀린 것으로 나타났다. 대농그룹과 비슷한 시기에 위기에 몰려 워크아웃 대상이 됐던 고합그룹 역시 재고자산을 부풀려 금융기관에서 거액의 대출을 받았다. 대우전자도 나중에 재고자산을 부풀리는 방식으로 분식 결산을 한 사실이 드러났다.

외환위기 이후에도 이런 양상은 그치질 않았다. 영진약품이 재고자산을 부풀려 잡았다가 2007년 금감원 감사에서 적발됐고, 대한항공은 2003년 재고자산 항목 가운데 하나인 미착품 잔액 880억 원 가운데 719억 원이 과대 계상됐다고 고백하기도 했다.

외국도 마찬가지다. 미국에서도 분식 결산으로 문제가 됐던 기업들 가운데 상당수가 재고자산을 부풀리는 수법을 썼던 것으로 나타났다.

그렇다면 왜 문제 기업들은 재고자산을 조작하는 것일까? 우선, 재고자산을 이용해 자산을 부풀리기가 쉽기 때문이다. 재고자산에는, 주문했는데 아직 도착하지 않은 원료부터 시작해 도착한 원자재, 비축용 원자재, 가공 상태의 자재, 만들어 놓은 물건, 판매중인 물건 등이 있다. 재고자산은 형태뿐만 아니라 그것을 보관하고 있는 장소도 매우 다양하다.[1]

회계 장부를 조작하려는 사람으로서는 마음만 먹으면 어디든 숨길 수가 있으니 약간의 적자를 이익이 나는 것으로 바꾸기에는 더 이상 좋은 소재가 없는 셈이다. 그런데 고의는 아니지만 장사가 제대로 안 될 때 재고에 대한 가치가 부풀려질 수도 있다. 물건 가운데는 제때 팔리지 않으면 가격이 뚝 떨어지는 것이 상당히 많은데 가치를 매번 줄여 잡는 일이 쉽지 않기 때문이다.

반도체 값은 해가 바뀔 때마다 절반씩 떨어지기도 한다. 몇 년 전 256메가 메모리가 나왔을 때는 그것만 해도 대단한 것이었는데 지금은 사진 몇 컷만 해도 금방 256메가를 넘어 버린다. 영화를 다운받기에는 턱없이 부족하다. 기가 단위가 판을 치는 요즘 256메가는 거의 값을 쳐주지도 않는다. 그런데도 장부에는 여전히 높은 가격으로 적혀 있을 수 있다. 의류도 마찬가지다. 유행을 많이 타는 여성복은 해가 바뀌면 종전 모델의 값이 형편없이 떨어진다. 역시 장부에서 공격적으로 털어 내야 하는데 많은 업체들이 그렇게 하지 못한다.

---

1) 회계에서 재고자산의 종류에는 상품, 제품, 재공품在工品, 원재료, 저장품, 미착품未着品 등이 있다.

외형에 비해 재고가 많다면 투자를 재고해야

기업들이 종종 재고자산을 이용해 자산을 부풀리거나 부실을 감추는 만큼 재고가 많은 기업은 무조건 조심해야 한다. 그런데 많다는 기준을 어디에 두어야 하는가가 문제다. 업종에 따라 재고를 많이 두어야 하는 경우도 있기 때문이다.

앞에서 보았듯이 유행을 많이 타는 섬유나 패션, 또는 기술이 급속도로 발전하는 전자 산업은 다른 산업보다 재고자산이 상대적으로 적은 편이다. 이런 업종을 분석할 때는 이 점에 우선 신경 써야 한다.

재고의 적정 수준이 어느 정도인지를 한마디로 말하기는 쉽지 않다. 다만 어느 업종이든 연간 매출액과 비교해서 재고자산이 일정 수준을 넘어서면 좋지 않다고 보아야 한다. 이와 관련해 산업별 평균 재고자산 회전율을 잣대로 삼을 수 있다.

> ## 재고자산 회전율 = 매출 원가 / 평균 재고*
> *평균 재고 = (기초 재고 + 기말 재고) / 2

한국은행에서 매년 발표하는 '기업경영분석'에 재고자산 회전율이 나오므로 이를 참고하면 된다. 자료는 한국은행 홈페이지 '경제통계시스템'에서 쉽게 얻을 수 있다. 매출 원가는 매출액보다 적기 때문에 제조업 평균 재고는 연간 매출액의 10퍼센트도 안 되는 셈이다.

다음에 살펴보아야 할 것은 재고자산 증가율이다. 재고자산이 최근 몇 년 동안 어떻게 변하고 있는지는 반드시 보아야 한다. 이 비율은 매

표 3-3 산업별 재고자산 회전율

(단위: %)

항목	2006년	2007년
전산업	12.02	11.41
제조업	10.77	10.76
섬유 제품	6.80	7.42
목재 및 나무 제품	8.75	7.43
화합물 및 화학 제품	9.52	9.50
고무 플라스틱	11.99	10.71
비금속 광물	11.94	13.04
제1차 금속	7.45	7.47
조립 금속	9.82	8.47
컴퓨터 및 사무 기기	9.06	8.91
전자 부품 영상, 음향 및 통신 장비	15.11	15.73
자동차 및 트레일러	16.82	16.08
선박 보트 건조업	13.59	15.29
전기·가스 및 증기업	21.92	21.22
건설업	7.25	5.81

자료 : 한국은행 기업 경영 분석

출액 증가율보다 절대적으로 낮아야 한다. 같은 업종의 다른 회사에 비해 그런대로 괜찮은 수치를 유지하고 있더라도 이 비율이 늘어나는 추세라면 회사 경영에 문제가 있을 소지가 있다.

매출채권 많은 기업은 경계해야

재고자산과 함께 분식 결산에 많이 이용되는 것으로 매출채권이 있다. 매출채권이란 외상으로 팔고 대금을 받지 못한 것을 말하는데 이것을 이용해 자산을 부풀리기도 한다.

수출 실적으로 재계 서열을 매기던 시절에는 연말이 되면 수출 드라이브라는 말이 유행했다. 밀어내기 수출이란 대부분 국외 현지법인으로 보내는 것인데, 이 가운데는 당장 팔지 못하는 물건을 보내는 것은 물론이고 돌덩어리를 고가 제품으로 속여서 내보내는 경우까지 있었다. 그러니 매출로 잡기는 했지만 돈을 받을 수 없었고 돈이 부족하니 외상으로 적어 놓은 것이다. 장부를 속이지 않더라도 이처럼 매출 채권이 많은 기업은 조심해야 한다. 외상을 많이 깔아 놓는 기업은 아무래도 경쟁력이 떨어질 가능성이 크다.

정상적으로 물건을 팔았더라도 외상으로 깔아 놓은 것이 많다면 금융 비용 부담이 커진다. 그래서 겉으로는 이익이 나는 것 같지만 속으로는 밑지는 경우가 태반이다. 일부에서는 자금 조달을 원활히 하거나 주가를 올려 투자를 유치하려는 의도에서 매출채권을 조작하기도 한다. 이런 이유로 매출채권이 많은 기업은 재고자산이 많은 기업과 마찬가지로 조심해야 한다.

6

당국이 경고하면 무조건 팔아라

지금 투자자들은 국민은행이나 우리은행, 신한은행 등에는 투자하고 싶어도 할 수 없다. 모두 지주회사 밑으로 들어갔기 때문이다. 이들 은행에 투자하려면 지주회사 주식을 사는 수밖에 없는데 현실적으로 지주회사를 분석하기는 쉽지 않다. 지주회사에 포함된 개별 은행이나 증권사 등 계열사를 일일이 분석해야 하는데 자료를 구하기조차 어렵다.

금융회사 분석은 기본부터 다르다

기본적으로 금융기관은 남의 돈을 끌어다가 돈 장사를 한다. 부채에 대한 접근 방식이 다르기 때문에 일반 제조업과는 애초부터 다른 방향에서 접근해야 한다.

전통적 상업은행은 예금을 받아 대출해서 돈을 번다. 자기자본이 들기도 하지만 남의 돈을 중개하면서 예금 이자와 대출 이자 사이의 차익을 얻는 것이다. 그래서 빚이 얼마나 많은가는 그다지 문제가 되지 않는다. 중요한 것은 대출한 돈을 떼이지 않는 것이고, 예금과 대출한 돈의 만기를 잘 맞추는 일이다. 빚이 많은 금융기관이더라도 돈을 빌려간 사람이 제때 돌려준다면 문제없이 돌아간다.

그러나 만기가 돼도 대출금을 갚지 않는 사람이 있을 수 있고, 예금을 맡겼다가 처음 이야기한 것과 달리 일찍 돈을 찾아가는 사람도 있다. 금융기관은 이런 경우까지 대비해 항상 여유 자금을 준비해 두고 있어야 한다. 제도적으로도 일정 비율 이상의 지불 준비금을 두거나 위험자산 대비 일정 비율 이상의 자기자본을 쌓아야 한다. 후자를 자기자본비율BIS 비율이라고 한다.[2]

이처럼 접근 방식 자체가 다르므로 재무제표만으로 금융기관의 안전성을 일반이 알기는 쉽지 않다. 이런 점에서 당국은 금융기관의 안전성을 강화하는 별도의 기준을 만들어 놓고 감독하고 있다. 현재 각 은행은 홈페이지에 재무비율 등을 공시하고 있다. 홈페이지에서 경영 공시를 찾아보면 된다. 여기에는 BIS 비율은 물론이고 연체율이나 무수익여신 비율 등이 나와 있다. 그러나 경영 공시가 금융기관의 안전성을 모두 나타내는 것은 아니다. 특히 신탁 계정의 회계를 별도로 처리하는

---

2) 자기자본비율은 금융기관의 안전성을 따지는 지표로 보통 국제결제은행BIS의 자기자본비율이라고 많이 부른다. 위험자산에 비해 자기자본이 얼마나 되는지를 나타내는 비율이다. 금융기관에 대해 무작정 대출하지 말고 자기자본을 감안해 적정 수준을 유지하라는 권고 기준으로 이용된다. BIS는 이 비율을 8퍼센트 이상 유지하는 것이 바람직하다고 권하고 있다.

등 이해하기 어려운 구석이 많다.

경영 공시만으로 파악이 안 되는 금융기관의 안전성을 간접적으로 추정하는 방법이 있다. 해당 금융기관의 돈을 쓴 개인이나 기업들이 돈을 갚지 않을 가능성이 어떤지 보는 것이다. 가령 한보그룹이나 기아그룹이 부도를 냈다면 그 그룹에 대출해 준 은행은 거액을 떼일 것이 분명하다. 마찬가지로 시중 자금난이 심화되면 개인들의 연체가 늘어날 것이므로 개인 대출 비중이 높은 은행은 부실이 늘어날 가능성이 크다. 2008년에는 프로젝트 파이낸싱으로 대출을 했던 일부 증권사의 주가가 급격히 떨어졌는데 이것은 해당 증권사의 대출 구조를 알고 있던 기관투자가들이 먼저 주식을 팔았기 때문이다. 일반 투자자도 주요 은행의 영업 행태를 사전에 파악해 놓으면 이처럼 간접적인 방법으로 부실 가능성에 대처할 수 있다.

당국이 경고할 때는 진짜 위험

감독 당국은 개별 금융기관을 직접 거론하며 안전성을 언급하지는 않지만, 업계 전체의 안전성에 대해서는 수시로 지적하고 자료도 낸다. 그런 자료가 나올 때마다 어떤 금융기관일지 추정해서 대응할 필요도 있다. 만일 감독 당국이 특정 금융기관을 직접 언급했다면 정말 위험이 고조된 경우다. 이때는 무조건 빠지는 것이 상책이다. 그런 경고가 나왔는데도 움직이지 않으면 엄청난 결과가 따른다.

2007년 말부터 시작된 미국의 서브프라임 모기지 부실 사태나 그에 따른 금융 위기는 대표적인 사례이다. 앞에서도 언급했듯이 미국

FOMC 위원과 세인트루이스 연준은행 총재를 역임한 윌리엄 풀은 지난 2000년부터 쉬지 않고 패니 메이나 프래디 맥 등 정부보증기관의 문제를 지적했다. 2003년 3월에 했던 그의 경고를 보자. "정부보증기관 GSE들은 예기치 못한 외부 충격이나 실수에 너무나 취약한 상태에 있다. 그런 일이 일어날 경우 매우 빠르고 심각한 정도로 금융시장을 혼란에 빠뜨릴 것이며 경제에 심각한 손상을 입힐 것이다."

그는 특히 여러 GSE 가운데 하나만이라도 위기를 맞게 되면 나머지 기관도 동시에 위기를 맞을 수밖에 없다고 지적했다. 그의 주장은 모두 사실로 드러났다.

일반인들이 금융기관의 안전성을 분석하는 것은 현실적으로 거의 불가능하다. 재무 분석을 할 줄 안다고 해도 금융기관의 대차대조표로는 안전성을 따질 수가 없다. 이 점에서 금융기관의 안전성에는 감독 당국의 의지가 매우 중요하다. 당국자가 경고를 한 기관은 무조건 회피하는 것이 우선이다.

한국에서는 지난 2006년께 부동산 대출이 너무 늘었다며 DTI니 LTV니 하는 새로운 기준을 세워 은행들을 규제했다. 감독 당국이 이런 기준을 세웠다면 은행의 위험이 커졌다고 생각하고 무조건 주식을 팔았어야 옳았다. 이후 은행주의 주가 흐름이 이를 말해 준다.

개별 금융기관의 안정성에 대해 감독 당국이 별도로 언급하는 경우는 극히 드물기에 별도의 대안도 세워야 한다. 그 한 대안으로 거시경제지표를 이용하는 방법을 생각해 볼 수 있다. 대부분의 금융기관들은 속성상 경기순응적pro-cyclical이다. 다시 말해 시장에 돈이 넘치고 경기가 좋을 때는 돈을 풀고, 반대로 경기가 나빠지면 갑자기 돈을 빼낸다는 이야기다. 이는 경기가 좋을 때는 거품을 만들고, 반대로 경기가 나쁠 때는 침체를 불러오는 등의 악영향을 미친다. 더 나아가 개별 금융기관의 수익성이나 안전성까지 떨어뜨린다. 그런데 많은 경우 중앙은행까지 같은 방향으로 움직이곤 한다. 경기가 좋을 때 돈을 풀고 경기가 나쁠 때는 돈을 끌어내 충격을 키우는 것이다.

이런 점에서 중앙은행에서 돈을 풀면 개별 금융기관에 여유가 생겼다고 보고 투자하고, 반대로 중앙은행이나 금융 감독 당국에서 돈이 많이 풀렸다고 하거나, 어떤 금융기관에 문제가 있다고 언급하면 무조건 돈을 빼고 사태를 주시하는 것도 한 방법이다.

7

동종 업체와 비교해 보라

    기업을 판단할 때 동종 업체를 비교하는 방법은 매우 유용하다. 옛날에는 미원(현 대상)과 제일제당(현 CJ)이 주로 비교 대상이 됐다. 롯데쇼핑과 신세계를 비교하는 이야기도 자주 나왔다. 그렇지만 대부분은 겉 핥기에 그쳤다고 할 수 있다. 그저 드러난 이미지를 언급하는 것에 그쳤기 때문이다.

    재무제표를 놓고 수치를 비교하면 더욱 재미있는 결과가 나온다. 자산도 훨씬 많고 이익도 잘 내는 기업이 시장에서는 푸대접을 받거나, 겉으로는 비슷한 것 같은데 경쟁력에 커다란 차이가 있어 장기적으로 우열이 가려질 것으로 보이기도 하기 때문이다. 특히 재무제표에 나타난 수치들은 최고경영자나 재무 담당자의 역량과 밀접한 관계가 있다는 점에서 중시할 필요가 있다. 회사가 중대한 국면에 처할 때는 이들의 판단 하나가 생존을 좌우할 수도 있기 때문이다.

이익을 냈다던 현대전자의 실상

외환위기가 나던 1997년 현대전자는 1,835억 원의 적자를 냈다. 그러나 이듬해에는 1,451억 원의 당기순이익을 낸 데 이어 1999년에도 2,243억 원의 순이익을 냈다고 발표했다. 덕분에 바닥까지 추락했던 주가도 상당 부분 회복됐다. 게다가 외환위기를 수습하는 과정에서 주요 그룹끼리 단행한 빅딜로 LG반도체까지 받아들여 합병하면서 외면적으로 현대전자는 꽤 괜찮아 보였다. 월가 투자자 중에도 현대전자 주식이 좋다고 투자한 곳이 꽤 있었다.

그런데 이 회사는 외환위기가 끝나갈 무렵인 2000년 초 갑자기 이익 소각을 결정했다. 이익 소각이란 회사가 이익잉여금의 일부로 주식을 사서 소각하는 것을 말한다. 당연히 회사의 자금 일부가 밖으로 빠져나갈 것이라고 여겨졌다. 그러나 회사 측은 기존에 보유하고 있던 자사주를 소각했기 때문에 자금의 외부 유출은 없다고 주장했다. 게다가 발행주식 수가 줄어들어 주당순이익이 늘어나는 효과가 있다고 했다. 내용을 잘 모르는 주주들로서는 반가운 조치처럼 보일 수도 있었지만, 회사의 재무구조를 들여다보고 있던 사람이 볼 때는 정상적 재무 활동과는 거리가 있는 조치였다.

당시 현대전자는 겉모습과는 달리 어떤 식으로든 자금을 끌어모아야 할 만큼 다급한 상황에 놓여 있었다. 1999년 기준으로 현대전자는 부채 총계가 11조 8,525억 원이라고 밝혔다. 이자로만 1조 원 가까운 금액을 지불해야 했다. 그해 이 회사의 연간 매출액은 6조 원을 간신히 넘는 수준이었다. 실제로는 적자인데 자산을 처분해 잡은 이익으로 간신히 흑자를 맞춘 상태였다(1999년 이 회사의 투자자산 처분 이익은 3,052억 원, 유형자산 처분 이익은 219억 원이나 됐다). 게다가 부채는 매년 늘어나고 있었다.

이런 정황을 알고 있는 사람에게는 이익 소각이라는 조치가 기대와는 반대 방향으로 나간 것으로 해석할 수도 있었다. 재무 담당자들이 주가 관리나 할 정도로 현대전자의 여건이 한가해 보이지 않았기 때문이다. 특히 현대전자는 1999년에 공식적으로 두 차례 유상증자를 단행해 5,694억 원인 자본금을 2조 4,596억 원으로 늘렸다. 자본금이 1년 사이에 4.5배 정도로 늘어났는데 그것도 마지막 증자는 1999년 크리스마스 직전에 단행한 것이었다. 그 정도로 급박한 회사가 갑자기 주가 관리에 나선다는 것이 수상했다.

당시 현대전자는 대규모 자금이 필요했다. 이 때문에 추가 증자를 하려고 주가 관리에 나섰는지는 모른다. 당시 그룹의 한 관계자는 감자를 해서 주가를 끌어올리고 투자자들이 만족하면 증자를 하려고 했다고 밝힌 바 있다.

다른 한편으로는 전환사채나 신주인수권부사채를 빨리 주식으로 전환시키려고 주가를 띄우려 했다고 생각할 수도 있었다. 주가가 올라 전환사채나 신주인수권부사채가 주식으로 전환되면 자본금이 늘어나고 부채비율이 줄어드는 효과가 있기 때문이다.

이런 정황을 토대로 회사의 결정을 이해하려 해도 당시 현대전자에게 그 정도로 시간 여유가 있어 보이지는 않았다. 당시에는 반도체 값도 좋았고 금리도 낮았기 때문에 현대전자로서는 여건이 더 이상 좋을 수가 없었다. 뒤집어 해석하면 두 가지 조건 가운데 하나만 어긋나도 바로 대규모 적자가 날 수밖에 없다는 것을 의미했다. 상황이 악화되기 전에 부채를 최대한 줄여야 했는데 당시 현대전자는 그런 노력을 보여 주지 못했다.

경쟁 관계 회사들의 재무제표를 비교하라

대조적으로 삼성전자는 부채를 축소하기 위해 눈물겨울 정도로 노력했다. 1997년 말 삼성전자의 부채총계는 17조 2,355억 원이나 됐다. 그해 연간 매출액이 18조 4,653억 원이었으니 외형에 비해 결코 무시할 수 없을 정도의 규모였다. 게다가 시중금리가 치솟아 30퍼센트는 물론이고 40퍼센트에도 자금을 구하기가 어려울 때였다. 당장 빚을 갚지 않으면 이자의 이자가 붙어나 부채가 기하급수적으로 늘어날 수도 있었다.

그런 위기 상황에서 삼성전자는 1998년 한 해 동안 3조 4,300억 원이나 되는 부채를 줄였다. 삼성전자 관계자들은 재고를 들고 나가 현물 시장에서 팔아 가며 현금을 마련하는 데 총력을 기울였다. 고생한 보람이 있어 이듬해부터 반도체 경기가 회복됐을 때 이 회사의 이익은 급증했다. 그 여력으로 삼성전자는 2000년까지 3년 동안 모두 6조 5,334억 원의 부채를 줄일 수 있었다.

삼성전자가 부채를 줄여 가는 동안 현대전자의 부채는 계속 늘어나 2000년에 2조 4,868억 원의 적자를 냈다. 자산 가치가 급락한 재고자산과 이 제품들을 개발하는 데 투입된 개발비 등을 털어 낸 게 대규모 적자를 낸 요인이라고 했다. 삼성전자가 재고를 털어 내 현금을 마련하는 동안 현대전자가 쥐고 있던 재고는 헐값이 된 것이다. 나중에 금융감독원 감사에서 현대전자는 1조 9,000억 원대의 분식 결산을 했던 것으로 드러났다.

이처럼 경쟁 관계에 있는 회사들의 재무제표를 비교하면 투자해야 할 기업과 피해야 할 기업이 명확히 드러난다.

믿을 수 없을 때는 채권이나 신용등급을 보라

2000년 7월 뉴욕에서 월가의 투자자들을 만났다. 그들과 현대전자에 대해 이야기를 나눌 기회가 있었다. 필자가 무조건 파는 편이 좋을 것이라고 했더니 그들은 현대전자가 꾸준히 이익을 내고 있고 반도체 경기도 좋은데 무슨 소리냐고 했다. 그러나 그해 7월에 최고 2만 5,200원까지 갔던 이 회사 주가는 그해 12월에 액면가를 한참 밑도는 3,530원까지 떨어졌다. 월가 투자자들은 틀림없이 큰 손실을 입었을 것이다. 회사의 재무 상태를 정확하게 이해하지 못하고 투자하는 것이 얼마나 위험한 일인지를 보여 주는 좋은 사례이다.

때로는 채권 시장의 정보로 엄청난 손실을 피할 수도 있다. 채권 투자자들은 주식 투자자들에 비해 훨씬 더 보수적이다. 뿐만 아니라 주식 투자자들은 성장에 주목하는 데 반해 채권 투자자들은 상환 능력에 주목하는데, 그만큼 안전에 민감하다는 말이다. 또 대부분의 채권 투자자들은 개인 투자자들보다 정보를 훨씬 많이 갖고 있는 경우가 많아서 그들이 회피하는 회사라면 주식에도 부정적 영향을 미칠 가능성이 크다.

이런 점에서 채권 시장에서 어느 회사 채권이 제대로 거래가 안 된다는 소문이 들리면 그 회사 주식은 무조건 팔아야 한다. 아쉽게도 현재 한국에서는 채권 시장이 그렇게 잘 돌아가는 것 같지 않아 당분간은 이 노하우를 적용하기가 쉽지 않을 것이다.

여기서 차선책으로 생각할 수 있는 것이 신용등급이다. 각 신용평가 회사가 수시로 발표하는 신용등급이 투자 손실을 방지하는 비결이 될 수 있다. 실제로 2000년 7월 하순 한국기업평가는 현대전자를 비롯한 현대그룹 전체의 신용등급을 하향 조정했다.

신용평가 회사도 채권 투자자와 마찬가지로 대상 회사의 상환 능력에 초점을 맞춰 분석한다. 그런 만큼 무작정 투자를 늘리는 회사보다는 안정적으로 자금을 관리하는 회사를 선호한다.

혹자는 신용도가 떨어져도 주가는 뛸 수 있다고 주장할지 모른다. 그렇다 하더라도 투자 위험이 급격히 높아지고 있는 회사의 주식을 들고 있는 것이 결코 합리적이라고 할 수는 없다. 그런 주장을 하는 사람에겐 피터 린치의 다음과 같은 조언이 필요할 것이다. "주가가 춤을 추더라도 부실기업의 정상화에는 베팅을 하지 말라."

8

재무제표 분석의 키포인트

실적 발표 시즌이 되면 '××상사 매출액 00퍼센트 증가, △△기업 순이익 000퍼센트 신장' 등의 기사들이 쏟아져 나온다. 그런 기사가 나올 때마다 관련 종목의 주가가 즉각 뛰기도 한다. 그렇지만 기사 제목만 보고 덜컥 주식을 샀다가는 큰코다칠 수도 있다.

증가율은 뒤집어 보라

증가율을 겉으로만 판단해서는 곤란하다. 증가율은 기준 시점과 비교 시점의 수치가 함께 들어가기 때문에 기준이 특이한 경우에는 의미가 없다.

증가율을 구하는 방법을 생각해 보면 이 말의 의미를 이해할 수 있을 것이다.

> 2008년 증가율＝{(2008년 실적−2007년 실적) / 2007년 실적}×100

이 식을 보면 2008년 증가율에는 2008년 실적뿐 아니라 2007년 실적도 영향을 미친다. 나눗셈에서는 분모가 작으면 분자가 조금만 변해도 값이 크게 나온다. 예를 들어 연간 매출액 1조 원 정도인 A사가 2007년에 겨우 1억 원의 순이익을 냈다고 하자. 이 회사가 2008년에 11억 원의 이익을 냈다면 순이익 증가율은 1,000퍼센트나 된다. 그런데 매출 규모가 비슷한 B사가 2007년에 100억 원의 이익을 낸 데 이어 2008년에 200억 원의 이익을 냈다면 B사의 순이익 증가율은 100퍼센트이다.

200억 원의 이익을 낸 B사와 11억 원의 이익을 낸 A사 가운데 어느 쪽이 스포트라이트를 받아야 할까? 당연히 B사여야 하는데 대부분 증가율만 보고 A사를 부각시킨다. 모순도 이만저만이 아니다.

매출액의 경우는 더욱 심하다. 삼성전자처럼 큰 회사가 연간 매출액을 50퍼센트 이상 늘리는 것은 매우 어렵다. 반면 연간 매출액 100억 원 정도의 회사라면 여러 품목 가운데 하나만 히트를 쳐도 매출액을 50퍼센트 이상 늘릴 수 있다. 이처럼 증가율은 기준이 어떻게 정해지느냐에 따라 크게 흔들린다. 그런데도 많은 사람들이 내용을 들여다보지도 않고 겉으로 드러난 수치만 보고 움직이다가 손해를 본다. 실제로 증가율 상위 기업 가운데 재무 위기에 빠진 사례는 수없이 많다.

이런 실수를 하지 않으려면 증가율과 함께 추세도 보아야 한다. 아울러 증가율이 해당 기업 규모에 적합한지도 살펴볼 필요가 있다.

앞에서 대우그룹 계열사의 재무 상황을 1995년부터 연차적으로 비교하면서 상태가 악화되는 것을 확실히 알 수 있었다. 연도별 비교가 왜 중요한지를 보여 주는 좋은 사례다.

추세는 보통 영업 실적을 확인할 때 많이 보지만 부실기업을 가려내는 데도 유용하다. 어떤 기업을 분석할 때 한해 수치만으로는 명확히 알기 어렵지만 추세를 보면 좀 더 쉽게 확신할 수 있다. 가령 A라는 기업의 부채비율이 250퍼센트이고 B라는 기업의 부채비율이 300퍼센트라는 것만으로는 어느 기업의 재무구조가 더 좋다고 단정할 수 없다. A사의 매출액은 일정한데 부채비율이 전년도 150퍼센트에서 250퍼센트로 늘었고, B사는 매출액이 두 배로 늘어난 반면 부채비율은 350퍼센트에서 300퍼센트로 줄었다면, 실질적으로 B의 재무구조가 더 좋을 수도 있다.

재무제표의 한쪽만 보고서는 알아내기 어려운 부실도 추세를 보면 찾아낼 수 있다. 매출액이 늘어나는 속도에 비해 부채가 늘어나는 속도가 빠르다면 이런 기업은 반드시 문제 기업 리스트에 올려야 한다.

신규 투자가 지속적으로 필요한 기업에서는 일시적으로 부채가 늘어날 수는 있지만 이 경우도 매출액에 비해 적정 수준을 넘어선 곤란하다. 부채가 일정 수준을 넘어서면 점점 커지기만 할 뿐 줄지는 않는다. 벌어서 이자를 감당하기 어려운 단계로 접어들면 이자의 이자까지 계속 빚으로 불어나기 때문이다. 나라도 마찬가지다. 세계 최강국인 미국이 흔들리는 것도 한계를 넘어서고 있는 부채 때문이다.

재고와 매출채권 등의 증가 추세에도 유의해야 한다.

이런 기업은 피하라

일부 기업들은 이미 비용으로 나간 연구개발비나 영업권, 산업재산권, 창업비 등을 무형자산으로 잡아놓는다. 이들 계정은 자산에 있지만 실질적으로는 이미 비용으로 나갔기 때문에 허수일 뿐이다.

무형자산이 많은 기업에 투자할 때는 자산을 기준으로 기업을 평가해서는 곤란하다. 이런 경우에는 자본총계를 기준으로 회사의 실질가치를 보는 것이 타당하다. 무형자산을 굳이 거론하지 않더라도 자본총계로 회사의 가치를 따지는 것이 투자 위험을 줄이는 길이다.

재고자산도 오랫동안 묵혀 둔 경우에는 실제 가치가 0에 가까운 경우가 많다. 반도체나 의류처럼 사이클이 짧은 제품은 회사가 자진해서 재고의 가치를 공격적으로 깎아내리는 게 바람직하다. 그러지 않고 재고를 높은 수준으로 유지하고 있다면 투자를 재고할 필요가 있다.

옛날에는 몸집에 비해 머리가 큰 아이들을 '가분수'라고 부르기도 했다. 이런 아이들은 중심을 제대로 잡지 못해 잘 넘어지곤 했다.

기업에도 이런 유형이 있다. 단기 부채가 많은 경우다. 외환위기 직전에 종금사들은 단기로 자금을 조달해 장기로 운용하다가 추가 조달이 막히면서 유동성 위기에 몰렸다. 2007년에는 은행들이 단기로 외채를 빌려 장기로 풀다가 추가 자금 조달이 어려워지면서 위기를 맞았다. 이처럼 자금의 장단기 수급이 맞지 않으면 경제 상황이 조금만 악화돼도 쉽게 위험에 빠진다. 이 때문에 기업들은 가능하면 단기 차입을 장기 차입으로 바꾸려고 노력한다. 어음을 발행해 자금을 단기로 끌어들이기보다는 일정 기간 안심하고 이용할 수 있는 자금을 확보하기 위해 회사채 발행을 선호한다는 이야기다.

유동자산을 유동부채로 나눈 유동비율로 단기 유동성이 적절한지를 따지기도 하는데 일반적으로 이 비율이 200퍼센트가 넘어야 이상적이라고 한다.

건강한 사람이 동맥경화에 걸리면 갑자기 위험에 빠질 수 있는 것처럼 기업도 갑자기 자금 순환이 막히면 위기를 맞을 수 있다. 이런 위험을 막으려면 항상 일정 수준의 자금을 비축해 놓아야 한다. 그런데 장사를 하다 보면 하기 싫어도 외상 거래를 할 수밖에 없고, 찾아오는 손님을 위해 재고도 남겨 둬야 한다. 이처럼 외상 거래를 하거나 재고를 유지하는 데 필요한 자금을 운전자금이라고 한다. 일반적으로 운전자금은 재고자산과 매출채권을 합해 구한다. 실적 발표 시즌이 되면 운전자금 부담이 큰 기업들이 소개되기도 하므로 참고할 필요가 있다.

매출액에 비해 운전자금 부담이 큰 기업은 쉽게 동맥경화에 걸릴 수 있다. 이런 회사에 투자할 때는 신중해야 한다. 매출채권이 많은 기업 가운데는 판매가 안 돼 해외 현지법인 등으로 밀어내기 식으로 수출하는 경우도 있다.

❖ 재무 정보 얻기

집을 살 때 등기부를 열람하는 것처럼 기업에 투자하려면 재무제표를 보아야 한다. 기업은 이해관계자에게 재무제표를 공표해야 하지만 실제로 어떤 기업도 투자자에게 재무제표를 보여 주려고 하지 않는다. 그것이 재무 담당자들의 속성이다.

그렇지만 걱정할 필요는 없다. 간단한 요약 재무제표 정도는 인터넷으로도 구해 볼 수 있다. 각 증권사 홈 트레이딩 시스템에서도 요약 재무제표와 기초적인 재무 비율을 제공하고 있으므로 간편하게 활용할 수 있다.

좀 더 구체적으로 투자하려는 기업의 내용을 알아보려면 금융감독원 홈페이지의 전자공시시스템에 접속해 사업 보고서나 반기 보고서 등을 샅샅이 훑어보는 게 좋다. 금융감독원 전자공시시스템은 'http://dart.fss.or.kr/'로 접속하면 된다.

미국 증시에 상장된 기업을 분석하거나 이 기업들과 국내 기업을 비교하려면 야후 파이낸스http://finance.yahoo.com/나 미국 증권관리위원회SEC의 에드거 시스템http://www.sec.gov/edgar.shtml에 접속하면 된다.

야후 파이낸스에서는 상장 기업의 최근 3년간의 연간 자료와 최근 4분기의 분기별 요약 재무제표를 제공한다. 그 이전 자료나 구체적인 재무 정보를 찾아보려면 에드거 시스템에서 개별 회사의 공시 자료를 들춰봐야 한다.

2장

투자의 귀재 되기

투자의 대가들은 일반인들과는 다르게 움직인다. 남들보다 앞서서 움직이고 시장의 등락에 일희일비하지도 않는다. 그러면서 진짜로 기회를 잡으면 큰 폭의 이익을 거머쥔다. 일반 투자자들은 어떻게 이런 수준에 도달할 수 있을까? 이제부터 군중들과는 다른 수준으로 접어드는 비결을 살펴보자.

1
투자의 큰 그림을 그려라

금융 위기가 시작될 때 전 세계에 거품이 생겼다며 주식을 팔라고 외치던 GMO 펀드의 제러미 그랜덤 회장이 지난 2009년 초 이제는 팔 만큼 팔았다며 주식에 관심을 둘 것이라고 밝혔다. 그는 틈만 나면 세계 각국을 돌며 현지 분위기를 직접 확인한 뒤 어느 곳이 장기적으로 유망할지를 판단해 투자한다.

한국 투자자에게도 이미 많이 알려진 아틀라스 캐피털의 데이비드 전 회장도 틈만 나면 세계를 여행한다. 그 역시 전 세계의 경제 동향을 꿰차고 투자하는 데 위기 관리를 잘하기로 소문이 났다.

반면 마젤란 펀드를 운용했던 피터 린치는 철저히 개별 기업의 가치를 분석한 뒤 저평가된 종목을 찾아 묻어 두는 방식을 택했다. 이런 방법으로 경이적인 수익률을 올렸는데 그는 1982년부터 1986년 사이에

크라이슬러 주식이 50배나 뛸 때 기쁨을 직접 맛보기도 했다.

존 템플턴John Templeton은 한 종목을 사면 6년에서 7년 정도를 들고 있는 것으로 유명하다. 싸고 유망한 종목을 산 뒤 충분한 이익을 낼 때까지 무작정 기다리는 것이다.

기회의 여신은 뒷머리가 없다

기회의 여신 오카시오는 앞머리는 무성하지만 뒷머리는 대머리라고 한다. 미리 보는 사람은 쉽게 잡을 수 있지만 못 보고 지나간 사람은 잡지 못하게 하기 위해서라고 한다.

제러미 그랜덤이나 데이비드 전이 세계를 여행하는 것은 세계의 흐름을 정확히 진단하고 남보다 앞서서 투자 기회를 포착하기 위해서다. GMO 펀드는 중국이 뜨는 것을 일찌감치 보았고 한국의 조선주가 뜰 것도 예상해 큰 이익을 누렸다. 데이비드 전은 미국의 서브프라임 모기지 부실이 금융 위기를 일으킬 것을 미리 알고 대처해 남들이 엄청난 손실을 볼 때 톡톡히 이익을 낸 것으로 알려졌다. 피터 린치나 존 템플턴은 매수한 종목은 주가가 어떻게 되건 붙들고 있다가 기어코 큰 이익을 실현했다. 유망하면서도 값이 싼 종목을 일찌감치 찾아서 묻어 두었기 때문에 가능했던 것이다.

이처럼 투자의 대가들은 남들보다 한발 앞서서 움직인다. 닥쳐서 허둥대며 따라가는 것이 아니라 미리 앞날을 예상하고 될 만한 곳에 투자한다. 기회의 여신은 이렇게 미리 움직이는 사람들의 편에 선다.

그런데 이들의 투자 유형은 크게 두 가지로 나뉜다. 제러미 그랜덤 회장이나 데이비드 전 회장은 세계의 큰 그림을 먼저 본다. 이를 통해 위험 요인을 가려서 회피하면서 될 만한 곳을 찾아 투자한다. 반면 피터 린치나 존 템플턴은 경제는 보지 않고 철저히 개별 종목을 분석해 투자 대상을 찾았다.

전문가들은 유망한 주식을 찾는 방법을 크게 보텀업bottom-up 분석과 톱다운Top-Down 분석으로 구분한다. 피터 린치나 존 템플턴이 주로 이용하던 보텀업 분석 방식은 경제나 시장 사이클에 대해서는 거의 관심을 두지 않는다. 이 접근 방식은 개별 종목의 분석에만 초점을 맞춘다. 이 방식은 비록 전체 경제나 산업은 좋지 않더라도 개별 회사 가운데는 잘하고 있는 곳이 있다는 것을 전제로 한다. 그만큼 회사에 대해 완벽하게 이해한 뒤 투자한다.

제러미 그랜덤이나 데이비드 전이 주로 이용하는 톱다운 분석 방식은 세계 경제나 금융의 커다란 그림을 보고, 이를 구성하는 인자들을 아주 세세하게 분석한 뒤 투자한다. 먼저 큰 그림을 보고 시장의 평균 수익률보다 높은 성적을 내줄 것으로 예상되는 섹터를 찾아낸다. 그 뒤 대상 지역이나 산업 내에서 특정 회사의 주식을 추가로 분석해 유망해 보이는 기업에 투자한다. 그런데 톱다운으로 접근하더라도 투자자에 따라 보는 범주가 서로 다를 수도 있다. 예를 들어 지정학적 요소를 고려할 수도 있고, 섹터나 사이즈를 고려할 수도 있다. 중요한 것은 어느 것을 고려하든 세부적인 것을 보기 전에 큰 그림을 먼저 본다는 것이다.

톱다운 방식의 분석이 좋은지, 아니면 보텀업 방식의 분석이 좋은지에 대해서는 논쟁이 있다. 그러나 어떤 섹터가 더 나은지를 결정하는 데는 다수의 투자자들이 톱다운 방식이 유용하다고 지지하고 있다.

개별 종목 이외에 섹터 펀드나 ETF에 대한 투자가 늘어나는 상황에 비춰 볼 때 기본적으로 큰 그림을 보는 것은 중요하다. 게다가 세계적인 금융 위기와 같은 특별한 상황이 벌어질 때는 모든 투자자가 동시에 피해를 본다. 보텀업 분석만으로는 한계가 있다고 할 수 있는 것이다. 그렇다고 보텀업 분석을 포기하라는 것은 아니다. 톱다운 방식으로 큰 그림을 보면서 보텀업 방식으로 특정 종목의 가치를 분석하는 방향으로 보완하는 것이 좀 더 바람직하다는 말이다.

예상되는 경제의 큰 그림

세계 금융 위기가 닥치면서 투자와 관련한 기존의 기본 전제들이 상당히 흔들리는 듯하다. 세계 최대 채무국 미국의 달러화가 갑자기 폭등했다가 떨어지는 등 비정상적 움직임이 이어지는 것이 단적인 사례다. 그렇지만 비정상적인 상황은 언젠가는 정상으로 돌아갈 수밖에 없다. 이런 점을 고려할 때 현 시점에서 투자를 하기 위해 꼭 염두에 두어야 할 두 가지가 있다.

첫 번째는 세계 경제의 힘의 이동을 생각해야 한다는 것이다. 그 이동이 점진적일 수도 있지만 패러다임 이동처럼 극적으로 나타날 수도 있다. 이와 관련해 미국 재무장관이 중국에서 망신을 당한 사례를 상기해 보자.

영국의 〈파이낸셜 타임스〉는 2008년 12월 5일자 신문에서 중국 당국자들이 그동안의 자세를 바꿔 미국 재무장관에게 한 수 가르쳤다는 기사를 1면 머리에 올렸다. 당시 부시 행정부의 마지막 재무장관인 행크 폴슨Hank Paulson은 미·중 두 나라 사이의 장기적 의제를 다루기 위한 회담을 하려고 베이징을 방문하고 있었다. 폴슨은 중국 측에 위안화 가치를 끌어올려 경제를 안정시키는 데 협조해 달라고 했다. 미국이 대중 무역 적자로 중국에 막대한 부채를 안고 있었기에 이것은 어찌 보면 당연한 요구였다.

그런데 폴슨의 발언이 끝나기가 무섭게 왕치산王岐山 중국 부총리는 기다렸다는 듯이 미국 측에 대해 경제와 금융시장 안정을 위하여 조속한 시일 내에 필요한 조치를 취하면서 미국 내 중국 자산과 투자자산의 안정성을 보장하라고 반격했다. 저우샤오촨周小川 중국은행 총재는 한발 더 나아가 미국이 과소비와 부채에 지나치게 의존해 금융 위기를 초래했다며 저축률을 높이고 무역 적자와 재정 적자를 줄이는 등의 조치를 취해 경제의 균형을 회복하라고 촉구했다. 당시 중국 측의 태도는 거의 작심한 것 같았다. 그러니 세계적 이슈가 된 것은 당연했다.

이는 단순한 에피소드 같지만 앞으로 세계 경제의 힘의 이동을 예고하는 것이므로 계속 추적할 필요가 있다. 상황 전개에 따라 자금의 대규모 이동이나 무역 제재와 같은 경제 전쟁까지도 생각할 수 있는 것이다.

두 번째는 세계의 주요 선진국이 돈을 뭉텅이로 풀었기 때문에 인플레이션 가능성이 고조되고 있다는 점이다. 세계적 금융 위기를 풀기 위해 각국이 공격적으로 풀어 놓은 자금들은 경제가 정상화되는 것과 관계없이 엄청난 인플레이션 압력을 가할 것이다. 일각에서는 이를 의식해 금값의 폭등과 달러화 폭락을 예상하는 시나리오까지 제기하고 있다.

결과적으로 각국 중앙은행이 예기치 않은 때 긴축 정책을 펼 가능성이 크며 이 때문에 시장에 크고 작은 충격이 이어질 가능성은 상당 기간 크게 나타날 것이다.

2
CMA는 오아시스

　누구나 투자를 하다 보면 잠시 쉬고 싶을 때가 있다. 그럴 땐 어떻게 해야 할까? 사막의 오아시스에는 수많은 사람들이 몰려든다. 그중에는 단순히 지나가다 물을 얻고 잠시 쉬어 가려는 사람도 있지만 아예 살려고 들어가는 사람도 있다. 어떤 이유에서건 사람들이 몰려드니 자연히 장이 열리고, 오아시스는 쉬는 장소인 동시에 돈을 벌 수 있는 곳, 정보가 소통되는 장소가 된다.

　주가는 오를 때도 있지만 떨어질 때도 있다. 또 장기간 오르지도 떨어지지도 않는 국면을 이어 갈 때도 있다. 개별 종목에서도 그렇지만 시장 전체로도 그럴 때가 있다.

　증시 격언에 '쉬는 것도 투자다'라는 말이 있는 것처럼 어떤 투자자든 가끔은 쉬는 것이 나을 수가 있다. 주가가 떨어질 때도 그렇지만 앞이 전혀 보이지 않을 때도 잠시 쉬면서 동향을 살필 필요가 있다. 이럴 때 주식을 들고 쉴 것인가, 아니면 현금을 들고 쉴 것인가?

많은 기관투자가들이 하락장에서도 주식 비중을 줄이지 않고 쉰다. 언제 주가가 하락할지, 또 언제 주가가 뛸지 모르기 때문이다. 특히 전문 펀드매니저들은 주식 포트폴리오를 조정하면 됐지 굳이 비중을 줄일 필요까지는 없다고 말한다.

정상적 상황에서는 이런 자세가 나름대로 맞는 전략이라고 할 수 있다. 그런데 시장 전체가 빠질 때라면 이런 대응이 바람직하다고 볼 수 없다. 일부에서는 파생 상품을 이용해 주가 하락 위험을 방어한다고 하지만 그것만으로는 한계가 있다. 지난 금융 위기 때 거의 모든 펀드가 큰 손실을 기록했던 것은 이를 잘 설명해 준다.

《주식 매매하는 법How to Trade in Stocks》의 저자인 제시 리버모어Jesse Livermore는 포지션을 정리하고 현금을 들고 휴가를 떠났다. 현금을 들고 있는 것이 진정한 휴가라고 생각했던 것이다. 그래서인지 일부 전문 투자자들은 주가 하락기에 현금 비중을 늘렸다가 주가가 바닥권에 근접하면 투자에 나선다. '현금도 투자다'라는 말이 유행하는 것은 이런 이유 때문인지도 모른다.

CMA는 그냥 쉬지 않는다

쉴 때 많은 사람들이 현금을 들고 쉰다고 한다. 현금은 최고의 안전 자산이자 가장 유동성 높은 자산이기도 하다. 현금을 들고 있으면 언제든 싼 물건이 나왔을 때 즉시 투자를 할 수도 있고 글로벌 금융 위기 같은 사태가 나와도 여유를 갖고 버틸 수도 있기 때문이다. 이때 진짜 현금을 들고 쉴 것인가? 그렇다면 그것은 쉬는 게 아닐 것이다. 현금이 얼마 안 되는 사람이라면 몰라도 부자들이라면 돈을 지키는 것이 불안해서 잠도 제대로 자지 못할 것이다. 그래서 많은 사람들이 은행에 넣어 두거나 그냥 증권사 예탁금 계정에 넣어 두고 쉰다.

과거에는 현금을 대체할 만한 수단이 많지 않았기에 이런 태도는 당연한 것이었다. 게다가 미국과 같은 곳에서는 어떤 투자를 하더라도 기본 수수료가 들어가기 때문에 웬만하면 현금으로 예치해 두는 편이 나았다.

그런데 은행 보통예금(저축예금 포함)은 장기간 넣어 두어도 이자가 거의 붙지 않는다. 거기에는 이유가 있다. 은행의 이자 계산은 선입 선출법을 따르고 있기 때문이다. 평균 잔고를 아무리 많이 유지하고 있어도 중간에 인출했다가 다시 넣을 경우 평균 잔고를 기준으로 이자를 계산해 주는 것이 아니라 맨 나중에 넣은 예금으로 이자를 계산한다. 보통예금이나 저축예금에 돈을 많이 넣어 두는 사람으로서는 불이익을 받는 셈이다.

입출금이 자유로운 CMA는 이런 불만을 해소해 주는 상품이다. CMA는 하루만 넣어 둬도 이자가 붙는다. 증시가 활황일 때는 그저 그런가 보다 하지만 주가가 엉망일 때는 보통 쏠쏠한 것이 아니다. 쉬면서 부수입까지 얻으니 오아시스나 마찬가지다. 게다가 투자를 하고 싶을 때는 즉시 현금으로 전환할 수도 있다. 종금형 CMA 외에는 예금 보호 대상이 아니지만 원금을 떼일 걱정은 거의 하지 않아도 된다. 증권사 고객 자산은 별도로 관리하기 때문이다. 과거 고려증권이 문을 닫았을 때도 고객 자산은 안전하게 관리됐다. 굳이 위험을 거론한다면 은행의 영

그림 3-1 CMA 금리 추이

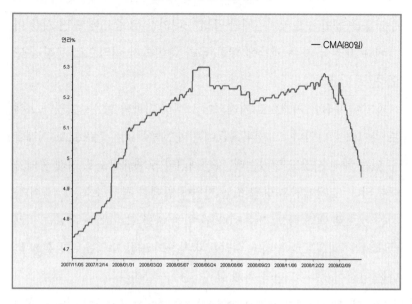

업이 정지됐을 때 일정 기간 예금 지급이 정지되는 것처럼 CMA도 일정 기간 기다려야 한다는 정도일 것이다.

채권 투자를 알면 당신은 고수

쉬는 기간이 특별히 정해지지 않았을 때는 CMA가 아주 좋은 대안이지만 6개월이나 1년 정도를 쉬어야 할 때는 수익률을 높일 필요가 있다. 이런 때 은행이나 제2금융권의 정기예금 상품을 생각해 볼 수도 있지만 수익률이 생각만큼 높지 않다. 그보다는 채권이나 양도성예금증서CD 등으로 투자 대상을 좀 더 넓혀 볼 필요가 있다. 특히 채권 금리가 내려갈 가능성이 있을 때 채권에 투자하면 겉으로 드러난 것 이상으로 수익률을 높일 수도 있다. 채권 금리가 내려간 뒤 중도에 팔면 기간 이자에다 채권의 잔존 기간에 대한 금리 차이까지 이익으로 챙길 수도 있다.

과거에 채권은 거액으로 거래되어 사실상 기관의 전유물이었다고 해도 과언이 아니었다. 그러나 최근에는 개인들이 적은 돈으로도 거래할 수 있는 채권 시장도 열렸는데, 소액채권과 소매채권으로 거래 형태가 구분된다. 소액채권은 당월 또는 전월에 발행한 첨가 소화채(국공채)를 사는 것으로 액면 금액 기준 5,000만 원 이하를 말한다. 수수료는 거래 금액의 0.6퍼센트로 높지만 수익률이 시장의 평균 수익률보다 훨씬 높다는 장점이 있다. 그만큼 싸게 살 수 있다는 말이다.

나중에 개설된 소매채권 시장에서는 주식을 사고팔듯이 개인도 채권을 수시로 사고팔 수 있다. 1,000원 단위로 채권을 사고팔 수 있는데, 홈 트레이딩 시스템에서도 주문을 낼 수 있다. 소매채권의 매매 수수료는 잔존 기간별로 차이가 나는데 소액채권의 수수료보다는 훨씬 낮은 0~0.2퍼센트 수준(기간에 따라 다름)이다.

국민주택채권을 비롯한 국채는 세금을 계산할 때 5퍼센트대의 거래 수익률을 기준으로 하는 게 아니라 3퍼센트 정도인 표면 금리로 하기 때문에 절세 효과도 만만치 않다. 금리가 같은 은행 정기예금에 비해 세금이 훨씬 적은 만큼 만기 때 투자 이익이 크다.

3

고성장 굴뚝주를 찾아라

보통 투자자들은 성장주에 투자할 것인가, 가치주에 투자할 것인가를 따진다. 운용사들도 보통 성장주 펀드와 가치주 펀드를 구분한다. 그런데 고성장 가치주가 있다면 어떨까?

지난 2008년 사업 보고서를 발표하면서 워런 버핏은 주주에게 보내는 편지의 맨 앞머리에 지난 1964년부터 2008년까지 총수익률이 36만 2,319퍼센트에 달한다고 밝혔다. 이 같은 성장률을 연간으로 환산하면 매년 20.3퍼센트꼴로, 그것도 복리로 성장한 것이 된다. 만약 1964년에 버핏에게 1만 달러를 맡겼다면 지금 자산 가치는 3,700만 달러가 넘는다. 그렇다면 버핏은 어떻게 투자했기에 이처럼 높은 수익을 얻었을까? 성장성이 높은 첨단 산업에 투자했기 때문일까?

버핏이 고수익을 올린 비결을 알아보자.

굴뚝주는 고수익 주

2008년 9월 말 기준으로 버크셔 해서웨이의 포트폴리오에 담긴 주식 가운데 가장 큰 비중을 차지한 것은 금융 서비스 회사인 웰스 파고Wells Fargo & Company이고 다음은 식품 회사인 코카콜라였다. 버크셔 해서웨이의 포트폴리오에서 두 회사가 차지하는 비중은 각각 15.64퍼센트와 15.18퍼센트로 비슷했다.

업종별로 식품 등 소비재 회사나 금융 서비스 회사의 비중이 특히 높았는데 식품 및 소비재 회사로는 코카콜라를 비롯해 프록터 앤드 갬블, 크래프트 푸즈Kraft Foods, 앤하우저부시Anheuser-Busch, 나이키 등이 있다.

은행이나 금융 서비스 회사인 웰스 파고나 아메리칸 익스프레스와 US 뱅코프US Bancorp, 웨스코 파이낸셜Wesco Financial, 뱅크 오브 아메리카, M&T 뱅크, 토치마크Torchmark Corp., 선 트러스트 뱅크스SunTrust Banks 등도 큰 비중을 차지했다. 에너지 회사인 코노코필립스ConocoPhillips와 철도 회사인 벌링턴 노던 산타페Burlington Northern Santa Fe Corp.와 유니온 퍼시픽Union Pacific Corp., 제약 및 헬스 케어 관련 회사인 존슨 앤드 존슨과 프랑스의 다국적 제약사 사노피아벤티스Sanofi-Aventis의 비중도 컸다. 또 정보 서비스 회사인 무디스와 워싱턴포스트, 컴캐스트, 유통 체인인 월마트와 코스코, 로우스 컴퍼니Lowe's Companies Inc., 전통 제조 업체인 USG 코퍼레이션과 제너럴 일렉트릭, 잉거솔랜드Ingersoll-Rand Co., 이튼 코퍼레이션Eaton Corp. 등도 상위에 들어 있다.

요약하면 식품이나 소비재, 금융 서비스, 에너지, 철도, 제약 및 헬스 케어, 정보 서비스, 유통, 전통 제조업 등이 그가 관심을 갖고 투자하는 업체들이다.

버크서 해서웨이는 보험을 주축으로 하는 투자 회사다. 결국 보험업이나 전통적 산업에 있는 회사들이 45년간 엄청난 이익 성장을 이루게 한 바탕이었던 셈이다.

고성장 열쇠는 이익의 재투자

표 3-4를 보면 버핏이 투자한 기업들의 이익 증가율이 그다지 높지 않은 것을 볼 수 있다. 매년 엄청난 규모의 이익을 내고는 있지만 이익이 눈에 보일 정도로 빠르게 늘어나는 것은 아니다. 그렇다면 버핏이

표 3-4 워런 버핏이 투자한 주요 종목

(단위: %)

회 사	버핏의 지분율	포트폴리오 비중	최근 3년간 순이익			비 고
			2005	2006	2007	
웰스 파고	6.98	15.64	76.7	84.8	80.6	최대 주주
코카콜라	8.84	15.18	48.7	50.8	59.8	최대 주주
프록터 앤드 갬블	3.55	10.59	86.8	103.4	120.8	최대 주주(6월 결산)
코노코필립스	5.63	8.83	135.3	155.5	118.9	최대 주주
벌링턴 노던 산타페	18.63	8.46	15.3	18.9	18.3	최대 주주
아메리칸 익스프레스	13.07	7.71	37.3	37.1	40.1	최대 주주
크래프트 푸즈	9.41	6.50	26.3	30.6	25.9	최대 주주
존슨 앤드 존슨	2.23	6.14	104.1	110.5	105.8	
US 뱅코프	4.16	3.77	44.9	47.0	42.6	최대 주주
웨스코 파이낸셜	80.1	2.92	2.9	0.9	1.1	실질 자회사
무디스	20.02	2.34	5.6	7.5	7.0	최대 주주
월마트	—	1.71	112.3	112.8	127.3	
워싱턴포스트	18.45	1.38	3.1	3.2	2.9	최대 주주

2008년 9월 말 기준

매년 20퍼센트 이상의 이익 증가를 기록할 수 있었던 비결은 무엇일까?

그것은 다름 아닌 이익의 재투자이다. 버핏이 투자한 회사들은 대부분 매출이나 이익 신장률이 높지는 않지만 매년 거의 일정한 수준의 이익을 안정적으로 내고 있다. 젖소가 매일 일정한 양의 우유를 생산하듯이 매년 일정한 수준의 이익을 내는 회사들을 경제에서는 '캐시 카우'라고 하는데, 캐시 카우 같은 회사들이 매년 일정액의 자금을 대 주기 때문에 버핏은 좋은 물건이 나오면 주저하지 않고 과감하게 투자할 수 있다. 결국 이익의 재투자가 높은 복리로 성장할 수 있게 해 주었다고 할 수 있다. 버핏은 한국의 대구텍(전 대한중석)에도 계열사를 통해 투자했는데 이 회사도 빠르게 커 가지는 않지만 매년 안정적인 이익을 꾸준히 내는 것으로 알려져 있다.

다른 한편으로는 그룹 전체의 자금력을 뒷받침해 줄 기업을 늘려 간다. 버핏이 최대 주주로 있는 웰스 파고나 US뱅코프, 웨스코 파이낸셜 등은 월가의 투자은행이 아니라 전통적 상업은행과 지역은행들이다. 이 은행들은 성장률이 높지는 않지만 안정적인 자산을 확보하고 있어 필요시 자금을 조달하기에 더없이 좋은 창구가 되고 있다. 버핏은 특히 최근 몇 년간 보험 회사를 쉬지 않고 사들였는데 이 역시 버크셔 해서웨이의 유동성을 확보하는 데 큰 역할을 한다고 볼 수 있다.

결론적으로 버핏은 매년 안정적인 이익을 내주는 회사와 유동성을 확보할 수 있는 회사에 투자해 고도성장을 이룩했다.

개인 투자자들도 무작정 성장주만 고집할 게 아니라 안정적으로 이익을 내는 회사에 투자해 그 수익으로 재투자하면서 성장의 과실까지 향유하는 쪽을 생각해 보는 것이 필요하다.

한국의 고수익 굴뚝주

버핏이 했던 것처럼 식품 등 소비재나 금융 서비스, 에너지, 제약 및 헬스 케어, 유통, 전통 제조업 등에서 고수익 굴뚝주를 찾을 수 있을까?

대답은 '그렇다'이다. 투자 성적이 버핏처럼 높은지는 확인되지 않지만 캐시 카우 같은 업체를 거느리고 적기에 투자해서 회사를 키워 가는 곳은 많다. 대표적인 그룹으로 SK를 들 수 있다. SK그룹이 커 가는 데는 SK에너지(옛 유공)와 SK텔레콤 등이 캐시 카우로서 큰 역할을 한다. SK그룹에는 또 SK가스도 있다.

LG그룹에서 분리된 GS그룹 역시 확실한 캐시 카우가 있다. GS칼텍스나 GS리테일, GS홈쇼핑 등은 확실한 캐시 카우로서 그룹이 세력을 키워 가는 데 힘을 실어 준다.

동양그룹에서 분리된 오리온 역시 식품 회사라는 캐시 카우 덕분에 매년 투자를 통해 짧은 시간 내에 사세를 키웠다.

이처럼 알려진 그룹 외에도 숨겨진 캐시카우는 많다. 예를 들어 LG그룹에서 분리돼 나온 LS그룹의 E1이란 회사도 덜 알려진 알짜 회사이다. 2006년 말 이 회사는 PER가 5배도 안 될 정도였지만 매년 안정적인 이익을 내어 그룹의 탄탄한 버팀목 구실을 하고 있다.

이런 종목들을 잘 발굴하면 의외로 높은 수익률을 챙길 수 있다. E1의 경우 2006년 말 3만 원대에 머물던 주가가 2007년에 16만 7,500원까지 치솟기도 했다.

화려하지만 이미 주가가 떠 버린 미인주를 고집할 것인지, 아니면 겉으로는 수수하지만 속이 꽉 찬 굴뚝주를 고를 것인지, 선택은 각자의 몫이다.

4

월마트 같은 종목을 찾아라

지난 2004년 버크셔 해서웨이의 연례 주주 모임에서 한 주주가 버핏에게 근래의 가장 큰 실수가 무엇인지 물었다. 버핏은 월마트라고 답했다. 월마트 주식을 싸게 살 기회가 있었는데 조금만 사고 망설이다가 더 살 기회를 놓쳐 100억 달러 정도 벌 기회를 날리게 됐다고 했다.

버핏이 아쉬워하는 월마트는 지금 세계 최대 유통 기업으로 성장했다. 그러나 월마트가 처음부터 세계 최고는 아니었다. 이익을 계속 재투자하면서 경쟁사들에 비해 우위를 굳히는 전략을 고수한 것이 오늘날 월마트가 있게 된 비결이다.

버핏은 이런 기업을 좋아한다. 일정한 이익을 계속 낼 수 있고, 그 이익을 재투자해 복리의 성장을 추구하면서 경쟁 우위를 굳히는 기업, 버핏의 보유 종목을 보면 이런 점이 잘 나타난다.

한국의 월마트는 어디인가

한국의 대표적 유통 업체인 신세계와 롯데쇼핑이 월마트와 같은 위치를 차지할 수 있을까?

표 3-5 월마트 요약 재무제표

(단위 : 100만 달러)

구분	2008년 1월 31일	2007년 1월 31일	2006년 1월 31일
자산총계	163,514	151,193	138,187
부채총계	98,906	89,620	85,016
자본총계	64,608	61,573	53,171
매출액	378,799	348,650	315,654
영업이익	21,996	20,497	18,530
당기순이익	12,731	11,284	11,231

월마트는 1월 말 결산 법인임

롯데쇼핑 연결실적 추이

(단위 : 100만 원)

구분	2007년	2006년	2005년	2004년	2003년
매출액	11,063,229	10,005,983	9,348,144	8,265,554	3,699,048
영업이익	871,241	970,441	822,716	608,540	461,942
세전 계속사업이익	1,114,796	1,024,653	747,270	425,890	120,880
당기순이익	754,277	775,172	564,709	314,105	88,085
연결 당기순이익	692,631	744,276	548,061	305,602	89,977

신세계 연결실적 추이

(단위 : 100만 원)

구분	2007년	2006년	2005년	2004년	2003년
매출액	10,382,281	9,704,722	8,144,028	7,285,672	6,480,900
영업이익	823,820	753,102	673,025	553,701	502,677
연결 당기순이익	520,834	495,541	454,725	346,842	316,068
지배 회사 지분 순이익	500,613	473,362	437,403	336,524	302,036

먼저 세 회사의 요약 재무제표를 살펴보자.

표 3-5를 보면 월마트의 연간 성장률은 평균 10퍼센트가 안 되는 수준이다. 외형 성장률 면에서 신세계나 롯데쇼핑이 월마트에 뒤질 것이 전혀 없다.

다만 ROE는 월마트가 2007년 실적 기준으로 20.41퍼센트를 기록했는데 신세계는 16.24퍼센트로 약간 떨어진다. 롯데쇼핑의 ROE는 8.78퍼센트로 절대적으로 낮은 수준이다. 이익과 주가를 감안한 PER 면에서도 신세계는 월마트와 큰 차이가 없는 반면 롯데쇼핑의 PER는 상당히 낮다.

그렇다면 신세계에 비해 절대적으로 주가가 싼 롯데쇼핑을 어떻게 볼 것인가? 월마트의 부채총계는 자본총계의 1.5배가량 된다. 신세계 역시 자본 총계보다 부채총계가 훨씬 많다. 반면 롯데쇼핑의 부채총계는 자본 총계의 절반 수준에 불과하다. 롯데쇼핑은 그만큼 보수적으로 영업을 해 왔고 이 때문에 자본의 효율성이 떨어지는 것이다.

그러나 상대적으로 롯데쇼핑은 투자 여력이 더 크다. 자금 동원력에서도 앞서기 때문에 롯데쇼핑이 공격적 영업을 할 경우 앞으로의 상황은 달라질 수도 있다. 특히 롯데쇼핑의 주가가 절대적으로 싸다는 점은 관심 있게 지켜볼 대목이다.

여기서는 유통 업체를 비교했지만 투자자들이 정말 관심을 둘 것은 업종과 관계없이 월마트와 같은 특성을 가진 종목이 있는지 찾아보는 것이다. 매년 안정적인 이익을 내 주면서, 연간 10퍼센트 정도 성장하고, 독점적 지위를 굳힐 수 있는 회사를 찾아보는 것은 앞으로 투자를 위한 숙제일 것이다.

채권 같은 주식을 주목하라

버핏은 굴뚝주나 사양 산업에 속한 회사에서 보통 사람들이 간과하고 지나친 가치를 보았다. 성장률은 떨어지더라도 망할 위험이 없고 투자 금액을 기준으로 매년 일정 수준 이상을 배당할 여력이 있는 곳이라면 투자를 한다. 다시 말해 채권처럼 매년 일정 수준 이상의 이익을 꾸준히 내 주는 종목이라면 가치 있는 투자 대상으로 보는 것이다. 여기서 '일정 수준'의 기준을 버핏의 스승인 그레이엄은 미국의 국채 수익률로 잡았다. 당시에는 국채 수익률이 연 4.4퍼센트였는데 부도날 위험이 0퍼센트에 가까운 기업이 6~7퍼센트 정도의 수익률을 내 줄 수 있다면 국채보다 훨씬 나은 투자 대상이라고 할 수 있다. 이런 종목은 국채를 기준으로 볼 때 무위험 차익이 생기는 종목이다.

버핏이 투자한 회사 가운데 크래프트 푸즈의 ROA는 5.47퍼센트, ROE는 9.49퍼센트이다. 버핏이 일반적으로 정한 기준에 비해서는 다소 낮다고도 할 수 있다. 그렇지만 이 회사는 재무적으로 안정돼 있고 PER도 2008년 말 기준 12배가 안 될 정도다. 미국 재무부 채권에 투자하는 것보다 이런 회사에 투자하는 편이 훨씬 낫다.

철도 회사인 벌링턴 노던 산타페 역시 재무적으로 탄탄하다. 2007년 말 기준으로 이 회사의 ROA는 6.99퍼센트, ROE는 18.9퍼센트나 된다. 이익도 꾸준히 늘어나는 추세이다. 2007년 말 기준 삼성전자의 ROA가 12.07퍼센트, ROE가 15.35퍼센트였던 것과 비교한다면 삼성전자보다도 주주들에게 더욱 이익을 많이 내 준 회사라고 할 수 있다.

안정적인 회사가 널려 있는 상황이라면 굳이 첨단 산업에 투자하겠다고 고집할 필요가 없다. 버핏은 이처럼 어떤 산업에 있건 안정적 이

표 3-6 벌링턴 노던 산타페와 크래프트 푸즈의 주요 재무지표

구 분	벌링턴 노던 산타페	크래프트 푸즈
매출액	158억 달러	372.4억 달러
순이익	18.3억 달러	25.9억 달러
PER	11.45 배	11.95 배
PBR	2.12 배	1.45 배
ROA	6.99 퍼센트	5.47 퍼센트
ROE	18.99 퍼센트	9.49 퍼센트

2007년 말 실적 기준, 단 주가 지표는 2008년 말 기준

익을 꾸준히 내 주는 회사를 찾아 투자해 왔다. 부채가 많지 않아 안전하고 채권처럼 일정한 수익률을 내 주는 회사들이 대상이다. 그처럼 안전한 회사가 미국 국채 수익률의 두세 배 정도 수익률을 안겨 준다면 더 이상 바랄 게 없을 것이다.

국내에도 채권 같은 주식이 많이 있다. 강원랜드나 KT&G, 영원무역 같은 종목들을 이런 범주에 넣을 수 있다.

지주회사의 새로운 매력

버핏이 투자한 회사 가운데 프록터 앤드 갬블이나 존슨 앤드 존슨은 다른 차원에서 주목할 가치가 있다. 이들은 작은 회사들을 합쳐 규모를 키우고 있기 때문이다.

프록터 앤드 갬블은 겉으로는 하나의 회사처럼 보이지만 안에는 수많은 회사들이 들어가 있어 사실상의 그룹이라고 할 수 있다. 면도기 회사 브라운이나 질레트, 치약이나 미용용품을 만드는 헤드 앤드 숄더

나 올레이, 팬텐, 웰라, 건전지 회사인 듀라셀, 기저귀 등을 만드는 팜파스 등 산하에 있는 회사들을 일일이 열거하는 것도 쉽지 않을 정도다. 이들이 모여 거대한 경쟁력을 갖춘 소비재 회사가 된 것이다.

이런 점은 존슨 앤드 존슨의 경우도 마찬가지다. 보통 세계 최대의 제약 회사를 꼽으라면 화이자를 든다. 그런데 2007년 화이자의 매출액은 484억 달러인 반면 존슨 앤드 존슨의 매출액은 610억 달러나 됐다. 화이자의 매출은 거의 제약에서 나오지만 존슨 앤드 존슨의 매출은 소비 용품, 제약, 의료 장비 및 진단 등 크게 세 사업부에서 일어난다. 소비 용품 부문 매출이 2007년을 기준으로 144억 달러나 되며, 제약 부문은 249억 달러, 의료 장비 및 진단 부문은 제약 부문에 육박할 정도이다.

존슨 앤드 존슨의 자회사는 얼마나 될까? 삼성그룹의 계열사를 합한 것보다 많다. 심지어는 화이자의 이름을 단 남미 회사도 존슨 앤드 존슨 계열로 들어와 있다.

버핏은 최근 보험 회사를 계속 사들이고 있는데 이들 가운데는 세계적 보험사라고 할 만한 것은 눈에 띄지 않는다. 그렇지만 나중에 이들을 합하면 보험 시장에서 버핏은 막강한 위치를 차지할 것이다. 그 주축이 버크셔 해서웨이다. 버크셔 해서웨이의 자산 가운데 상당 부분은 포트폴리오에 노출되지 않은 보험사들이 차지하고 있다.

이렇게 합쳐서 키우는 전략이야말로 시장에서 비싼 프리미엄이 붙은 1등 기업을 노리는 것보다 훨씬 싼 값으로 좋은 회사를 살 수 있는 비결이다. 프리미엄 없는 회사도 합치면 엄청난 프리미엄을 붙일 수 있다. 한국에서는 새로 지주회사가 되는 기업들을 이런 범주에서 이해할 수 있을 것이다.

5
주인의 눈으로 보라

취업 시즌이 되면 회사의 인사 담당자들은 좋은 인재를 고르기 위해 각 대학을 방문한다. 글로벌 기업들은 미국을 비롯한 선진국 대학의 MBA 출신이나 공학 박사들을 스카우트하려고 움직이거나 헤드헌터들에게 부탁하기도 한다. 왜 그럴까?

대부분의 기업 오너들은 5퍼센트의 인재가 나머지 95퍼센트를 먹여 살린다고 말한다. 이건희 전 삼성그룹 회장은 5년, 10년 후는 물론이고 그룹의 미래를 책임질 만한 천재급 인재를 찾을 것을 주문하기도 했다. 그만큼 기업에서는 핵심 인재들의 역할이 다른 어떤 요소보다 중요하다. 그런데 소수 주주인 개인 투자자는 회사 경영에 직접 영향을 미치지 못한다. 이 때문에 오너가 좋은 인재를 찾듯이 좋은 회사를 찾을 필요가 있다.

오너가 돈을 버는 방법

투자 이익을 계산할 때 많은 사람들이 더하기로 한다. 그런 사람들의 눈에는 이익이 늘어나는 것이 그리 대단해 보이지 않을 수도 있다. 그런데 좀 뛰어난 사람들은 곱하기로 투자 이익을 계산한다. 같은 이익을 내는 회사라도 이들의 눈에는 훨씬 빠른 속도로 성장하는 것으로 보일 수 있다.

수공업으로 물건을 만드는 사람은 하루에 몇 개를 만들 수 있으니 한 달이면 대략 얼마를 벌 수 있을 것이라고 생각한다. 반면 기계를 사는 사람은 '내가 손으로 만들면 한 달에 10개밖에 만들지 못하는 물건을 기계로 만들면 100개를 만들 수 있고, 그것을 팔아서 기계를 한 대 더 사면 그 다음에는 한 달에 200개씩 만들 수 있다'고 생각한다. 수공업으로 하는 사람과 기계로 하는 사람의 차이는 처음에는 1대 10이었는데 그 다음에는 1대 20이 되고 그 다음에는 1대 40, 1대 80으로 벌어진다.

직원의 생각과 오너의 생각은 이렇게나 차이가 있다. 투자도 마찬가지다. 은행에 적금을 드는 사람들은 매달 얼마씩 돈을 내면 몇 년 뒤 얼마를 받는다고 생각을 한다. 반면 주식을 사는 사람들은 매년 얼마씩 배당이 나오고 주가가 올라가면 또 얼마의 자산 가치가 늘어난다고 생각한다.

은행에 적금을 드는 사람은 직원처럼 생각하는 것이고 주식을 사는 사람은 오너로서 생각하는 것이다. 이러한 차이가 처음에는 크지 않지만 몇 년이 지나고 나면 엄청난 격차로 벌어진다. 《부자 아빠 가난한 아빠》의 저자 로버트 기요사키가 이야기한 핵심이 바로 이것이다.

주인의 눈으로 주식을 보라

시세 차익을 노리는 단순 투자자의 눈으로 볼 때와 주인으로 볼 때 주식은 다르게 보인다. 단순히 시세차익을 좇는 사람들은 이익이 나는 곳이라면 물불 가리지 않고 뛰어든다. 월가의 전사들도 마찬가지다.

테마주는 이런 사람들의 전형적인 투자 대상이다. 'M&A 테마'나 '우회 상장 관련주' 등은 특히 그런 성격이 강하다. 이들 외에 단기적으로 반짝하는 'AI 관련주'나 '탄저병 관련주', '기름 유출 관련주', '전쟁 관련주' 등도 같은 부류에 넣을 수 있다. 이런 유형의 종목들은 대개 투자 위험이 높다. 때로는 전혀 검증되지 않는 가치를 형성하기도 한다. 주인이 된다는 입장에서는 썩 내키지 않을 수도 있는 것들이다.

최근의 LCD 업종처럼 과거 석유화학 업종 회사들은 극심한 경기를 탔다. 전 세계적으로 공급 과잉이 생겨 몇 년씩 적자를 보기도 했다. 그러나 적자 기업들이 정리되면서 일시적으로 공급이 달리면 가격이 폭등해 몇 년 동안 쓸 것을 벌기도 했다. 이 때문에 어느 나라의 공장에서 폭발 사고가 나면 그게 호재가 됐다. 남의 불행을 먹고사는 셈으로, 이런 업종의 주인이 된다는 것은 상당한 불확실성을 감내해야 한다. 언제 어떤 일이 생길지 안심할 수가 없다.

반면 매년 은행 이자 이상의 안정적인 이익을 내는 업체도 있다. 연탄을 만들어 팔다가 도시가스 업체로 탈바꿈한 회사 가운데 삼천리라는 회사가 있다. 이 회사는 무디스에서 한국의 국가 신용등급보다도 한 단계 높은 등급을 받아서 투자자들을 깜짝 놀라게 한 바 있다.

삼천리가 높은 신용등급을 받은 이유는 매년 일정한 수준의 성장을 하면서 꾸준하게 이익을 내는 데다 지역 내에서 강력한 독점적 지위를 갖고 있어 어느 누구도 뚫고 들어올 수 없는 영업 구조를 가졌기 때문이다.

도시가스 회사들 가운데는 이런 형태의 영업을 하는 곳이 많다. 전화 사업자보다도 더 안정적인 영업을 하고 있는 것인데, 업종은 달라도 독점적 지위를 갖고 꾸준하게 이익을 내는 회사들은 의외로 많다. POSCO나 NHN 같은 회사는 물론이고 홈쇼핑 업체들도 같은 맥락에서 이해할 수 있을 것이다.

주인의 입장에서는 회사가 돈을 벌지는 못해도 적어도 까먹지는 않아야 한다. 특히 직원 가운데 누군가가 돈을 빼돌린다면 도저히 용납할 수 없다. 그런데 회사 가운데 그런 곳들이 의외로 많다. 상장 회사 가운데는 이익은 제법 내지만 계열사로 자금이 빠져나가거나 대주주 일가를 위해서 엉뚱하게 지급보증을 서는 곳도 있다.

모 그룹의 주력 회사인 A사는 업계 내에서 나름대로 탄탄한 경쟁력을 갖추고 있는데도 주가는 매우 안 좋다. 이 회사는 여유 자금을 계열사를 지원하는 데 쓴다. 계속 적자를 내는 회사에 투자하거나 간접적으로 돈을 빌려 주기도 한다.

이처럼 대기업 집단 가운데 최근 계열사가 많이 늘어나고 있거나 지급보증을 하고 있다는 기사가 나온 회사라면 일단 투자를 재고해 볼 필요도 있다. 유동자산이나 투자자산이 비정상적으로 많거나 이익은 잘 내는데 유보율이 높지 않거나 부채가 많은 기업들은 이런 차원에서 유의할 필요가 있다. 투자 대상 회사의 공시를 보고 지급보증이 얼마나 되는지 확인하는 것도 중요하다.

2세에 승계하는 단계에 있는 기업 중에는 지분을 넘겨주기 위해 고의로 주가를 낮게 유지하는 회사도 있다. 실적에 비해 주가가 오르지 않는 기업들에 대해서는 대주주 일가의 지분이 어떻게 변하고 있는지를 살펴볼 필요가 있다. 그런 기업들은 지분 이동이 어느 정도 진행돼야 주가가 뜰 수 있다. 최근 소액주주 운동이 일어나 많이 맑아지기는 했지만 이러한 현상이야말로 아직은 무시할 수 없는 한국적 특성이라고 할 수 있을 것이다.

6

탈출 작전

부동산과 마찬가지로 주식에서도 가격이 올랐다고 돈을 버는 것은 아니다. 그것을 팔아서 현금을 손에 쥐어야 비로소 이익을 냈다고 할 수 있다.

그만큼 투자에서는 사는 것 못지않게 매각하는 것도 중요하다. 전문가들은 이런 투자의 마무리를 어떻게 하고 있을까?

세계 증시가 일제히 사상 최고점을 향해 치닫고 있던 2007년 10월 버핏은 보유하고 있던 중국의 석유 회사 페트로 차이나의 지분을 전량 매각했다. 이 소식은 중국과 월가에서 동시에 터져 나와 세계인들의 관심을 끌었다.

버핏은 홍콩과 뉴욕 증시에 동시 상장돼 있던 페트로 차이나에 2003년 5억 달러를 투자하여 한때 이 회사의 지분 11퍼센트를 보유하기도 했다. 이 회사 주식을 사려는 사람들이 많았던 데다 버핏이 투자했다는 이야기까지 알려져 주가는 바람을 탄 듯 날아올랐다.

팔 때는 뒤를 돌아보지 않는다

그러나 국제 유가가 치솟고 주가가 처음에 바라던 수준 이상으로 폭등했다고 생각한 버핏은 2007년 7월부터 순차적으로 주식을 팔기 시작했다. 처음엔 하루 평균 500만 주 정도를 팔더니 9월에 가서는 하루 평균 8,000만 주씩 던지기도 했다. 그런데도 주가는 계속 뛰었다. 일부에서는 버핏이 이 회사 주식을 너무 빨리 던진다는 이야기까지 했지만 그는 개의치 않고 갈수록 매각 속도를 높여 그해 10월까지 지분 전량을 팔아 넘겼다. 이 투자에서 버핏은 35억 달러의 차익을 챙겼다.

페트로차이나는 버핏이 지분을 모두 판 뒤 상하이 증시에까지 상장해 한때 시가총액 기준으로 세계 1위를 차지하기도 했다. 주가가 치솟는 상황에서 버핏이 지분을 팔자, 항간에는 페트로 차이나의 모기업이 인권 문제로 국제적 비난을 받고 있던 국가, 수단에 투자했기 때문에 인권운동가들의 공격을 의식한 버핏이 선수를 쳤다는 분석이 제기되기도 했다. 그러나 버핏은 "지분 매각은 단지 밸류에이션(가격) 때문이다"라고 일축했다.

실제로 그의 주장은 그대로 확인이 됐다. 버핏이 지분을 모두 매각하고 나서 얼마 지나지 않아 페트로 차이나의 주가는 곤두박질하기 시작해, 주당 260달러대를 넘던 것이 2008년에는 50달러대까지 떨어졌다.

버핏은 2007년 금융 위기를 일으킨 주역 가운데 하나인 프레디 맥에도 투자한 적이 있었다. 그러나 이번 사태가 발생하기 훨씬 전에 지분을 모두 던져 버렸다. 그가 프레디 맥에 투자했을 때인 1980년대에는 이 회사 주가가 5달러도 안 됐다. 그렇게 싸게 산 것을 40~60달러 선을 오가던 2000년대 초에 매각했으니 엄청난 차익을 남긴 것은 틀림없다.

버핏은 지분 매각 당시에는 아무런 언급도 하지 않다가 1년 뒤 연차 보고서에서 프레디 맥의 매각 이유를 밝혔다. 위험 형태risk profile가 바뀌었기 때문이란 것이 그의 설명이었다. 보고서가 나간 뒤 얼마 후 프레디 맥의 분식 결산이 드러났다.

이처럼 버핏은 기업의 가치나 위험을 냉정하게 분석하고 원하는 가격에 도달했다거나 위험이 커질 것으로 생각되면 가차 없이 지분을 던지고 나온다. 투자한 뒤 회사의 여건이 바뀌었다면 매도를 검토해야 한다.

이렇게 주식을 샀다면 팔아야 한다. 현금으로 들고 있어야 최종적으로 투자가 끝나는 것이기 때문이다. 그 전에 가치가 얼마라는 것은 의미가 없다. 돈으로 확인하기 전까지는 그저 장부상의 수치일 뿐이다.

버핏뿐 아니라 전문 투자자들은 투자를 하기에 앞서서 '현금화 전략 exit strategy'이란 것을 세운다. 군사적으로 'exit strategy'는 인력이나 장비의 손실을 최소화하면서 빠져나오는 탈출 전략을 말하며, 투자의 세계에서는 이 용어가 돈을 건져서 나오는 것을 의미한다.

이 경우 벤처 캐피털의 투자와 일반 주식 투자와는 다소 차이가 있다. 벤처 캐피털의 경우는 지분을 투자할 때 회사를 언제 상장하고 어떤 식으로 지분을 매각해서 자금을 빼낼지를 계산한 뒤 돈을 넣는 게 보통이다.

주식 투자 쪽은 상대적으로 단순하다. 투자하기 전에 목표 주가를 정하고 주가가 그 수준을 넘어서면 단계적으로 매각하면 된다. 목표 주가는 본질 가치와 과거의 주가 흐름, 시중 자금 사정 등을 종합적으로 고려해 세우는데, 문제는 주가가 생각대로만 움직이는 게 아니라는 것이다. 예상치 못한 악재가 터져 주가가 폭락할 때 빠져나올 전략이 필요하다. 주가가 일정 수준 이하로 떨어지면 무조건 매각해 더 이상의 손실을 막는 손절매 전략도 한 방법이다.

현재 각 증권사 홈 트레이딩 시스템에는 주가가 일정 수준 이하로 떨어지면 자동으로 매도 주문이 나가 추가 손실을 막아 주는 기능이 있다. 반대로 주가가 일정 수준 이상으로 오를 때도 자동으로 매도 주문을 내 이익을 실현하는 기능이 있다.

장기 투자, 얼마나 기다려야 하나

버핏은 벤처 캐피털과 일반 주식 투자자의 중간 정도에 있다고 볼 수 있다. 검증된 회사에 투자하지만 일반 주식 투자자들과 달리 회사를 사는 형태로 돈을 넣기 때문이다. 그만큼 '매수 후 보유buy and hold' 전략을 쓴다. 잦은 거래로 차익의 대부분을 매매 수수료로 넘겨주는 일반 투자자들의 단기 투자와는 거리가 멀다.

버핏은 이중 삼중으로 현금화 전략을 세우는 것으로도 유명하다. 확실한 이익이 날 회사에 장기간 투자하되 상황이 변하는 것을 다방면으로 고려해 그때그때 상황에 맞는 현금화 전략을 세운다. 이것이 큰 효과를 봐서인지 최근 버핏의 투자 기법을 따라 하려는 사람들이 많다. 그리고 매수하는 데까지는 대부분 잘 해낸다. 그런데 처음 한두 번 성공할지는 몰라도 정작 버텨야 할 때 버티지 못하고 밀려나는 경우가 허다하다. 대부분 매도하는 데 실패하기 때문이다.

버핏을 따라 하려는 사람들은 '매수 후 보유'라고 하니 어느 정도 이익이 나도 무작정 기다리는 것으로 생각한다. 그러다가 정작 매도할 시기를 놓치고 주가가 조금이라도 떨어지면 조바심을 내기 시작하며, 본전 이하로 내려가면 안절부절못한다. 그렇게 가슴을 졸였기 때문에 겨우 본전이 될 만하면 그냥 던져 버리기가 일쑤다. 반대로 아예 무작정 기다리다가 주가가 매수가의 5분의 1이나 10분의 1이 돼서야 처분하는 사람들도 있다. 어느 경우든 피해야 할 태도이다.

버핏은 장기 투자를 하기는 하지만 경우에 따라서는 단기 투자도 하고, 때에 따라 파생 상품 투자까지 한다. 그만큼 유연하게 상황 변화에 대처한다. 즉, 버핏은 주식을 산 뒤 충분한 이익이 날 때까지 기다렸다가 파는 것을 원칙으로 하되, 위험이 예견되면 언제라도 즉각 쏟아 붓고 나온다는 것이다.

마크 파버의 비판

닥터 둠Dr. Doom이라고 불리는 마크 파버Marc Faber는 금융 위기로 바뀐 투자 환경에서는 버핏의 '매수 후 보유' 전략은 올바르지 않다고 강력하게 비판하고 있다. 특히 신흥 시장에서는 더더욱 버핏의 전략을 적용하기 어렵다고 말한다. 파버가 2008년 12월 초에 언급한 것을 보자.

우리는 변동성이 매우 높은 환경으로 이동해 들어갔다. 그곳은 수시로 20퍼센트씩 오르락내리락하는 트레이더들의 시장이다. 워런 버핏의 접근 방식(매수 후 보유 전략)은 끝났다. 그의 접근 방식은 이미 10년 전에 죽었고 앞으로 10년 동안도 그럴 것이다. 우리는 거대한 반등과 거대한 하락을 반복하게 될 것이다. 이런 상황에서 보통 투자자들의 최선책은 상대적으로 적은 양을 가지고 리스크를 키우지도 큰 위험을 떠안지도 않는 것이다.

파버는 신흥 시장에는 큰 사이클이 있기 때문에 이 사이클에 맞춰 매수, 매도를 해야 한다고 강조한다. 그는 특히 붐이 일어나는 국면에서는 주식을 팔라고 조언한다.

파버의 지적은 버핏의 전략을 너무 단순하게 일반화한 감이 없지 않다. 실제로 버핏의 움직임은 그렇게 단순하지 않다는 것이 전문가들의 평가다.

중요한 것은 버핏이나 파버나 모두 성공한 투자자라는 점이다. 그들의 전략이나 투자 방법은 일반 투자자들에게 많은 참고가 될 것이다. 어느 쪽을 따르건 이 두 투자자의 전략은 반드시 알아둘 필요가 있다.

7

투자의 플로차트를 그려라

이제까지 거시경제의 흐름을 분석하고 위험을 점검한 뒤, 시장의 흐름을 파악하며 투자 가치를 분석하고, 위험 요소를 점검하는 법 등을 배웠다. 또 일반 투자자들이 일상적으로 범하는 오류를 점검하고 한 단계 높은 투자의 기법들을 익혔다. 이 같은 지식을 바탕으로 본격적인 투자에 나설 때 경제 시스템의 위험 분석에서 시작해 최종적으로 투자를 결정할 때까지 각 단계별로 점검할 사안을 생각해 보자.

1단계 : 경제 시스템의 위험 분석

투자에서 가장 중요한 것은 돈을 버는 것보다 잃지 않는 것이다. 잃지 않기 위해서는 무엇을 해서 돈을 벌 것인가를 확인하기 전에 지금이 그 무엇을 할 때인가를 확인할 필요가 있다. 중앙은행의 통화 증가율 그래프와 기준금리, 국가 부채 등은 반드시 확인해야 한다. 거시경제의 위험이 자신이 감당할 수 있는 정도인지, 아니면 예상하기 어려운 위험이 너무 크지나 않은지 판단한다. 예견된 위험이 크지 않다면 투자를 위해 움직일 수 있을 것이다. 그러나 위험이 크게 느껴진다면 안전 자산에 묶어 두는 쪽이 현명하다. 이때 사람들이 일반적으로 생각하는 것이 아닌 합리적인 기준에 따라 움직여야 한다.

모든 사람들이 투자의 적기라고 말하는가? 그렇다면 시장에서 떠날 준비를 하는 것이 좋다.

2단계 : 투자 자금 판단

투자할 때 가장 바람직한 자세는 투자 자금을 내 돈으로 하는 것이다. 그래야 어느 정도 위험이 생겨도 견뎌 낼 수 있기 때문이다. 워런 버핏은 남의 돈을 빌려 투자하는 것을 부정적으로 보았다. 돈을 빌려서 투자한다면 금리 전망과 신용 경색 가능성을 신중히 살펴야 한다. 금리가 0퍼센트에 가깝게 내려간다면 돈을 빌릴 때 위험이 크게 줄어들어 투자를 할 만하다. 세계 금융 위기 이전에 외국인들은 금리가 매우 낮은 일본에서 자금을 빌려 투자하는 '엔-캐리 트레이드'를 했다. 조달 비용을 낮춰 부담 없이 투자를 하기 위해서였다.

그러나 신용 경색이 생기면 기존의 대출 조건이 하루아침에 바뀔 수 있다. 이때는 금리 조건은 둘째이고 현금을 확보하는 것이 더 중요하다. 투자할 때가 아니란 말이다.

금리가 8퍼센트 이상인가? 아니라면 채권 투자의 매력은 떨어진다. 금리가 올라갈 기세라면 유동성 확보를 생각하라.

3단계 : 투자 기간 판단

주가가 오를 때는 꼭 쓰려고 마련한 돈이라도 잠시 굴리고 싶은 유혹이 생긴다. 그러나 꼭 써야 할 곳이 있는 돈을 주식에 넣으면 안 된다. 이런 종류의 돈은 하루만 맡겨도 금리를 제법 쳐주는 CMA나 MMF 등에 맡기는 편이 낫다. 없어도 당장 살아가는 데 지장이 없는 돈이라면 주식에 투자해도 좋다.

4단계 : 투자 타입 결정

장기 투자자가 될 것이냐, 데이 트레이더가 될 것이냐, 그것이 문제다. 주식에는 장기 투자에 적합한 종목이 있고 단기 투자에 적합한 종목이 있다. 장기 투자에 적합한 주식을 단기로 투자해서 성공할 리 만무하다. 장·단기를 오갈 수 없는 이유이다.

증시에 '비자발적 장기 투자자'라는 은어가 있다. 사실은 데이 트레이더로 시작했는데 주가가 떨어지자 처분하지 못하고 올라갈 때를 기다리며 미적대다가 아예 장기로 들고 있는 경우를 말한다. 주식 투자에서 실패하는 대표적인 경우라고 할 수 있다. 데이 트레이더로 했다면 철저히 거래량이 일정 수준 이상인 종목만 보아야 하고, 당일에 현금을 확보하고 장을 마쳐야 한다. 장기 투자자라면 장기간에 걸쳐 충분히 이익을 낼 만한 가치주를 골라야 하며, 주가가 목표 수준에 도달할 때까지 기다릴 수 있어야 한다.

손해 보고 팔 자신이 없다면 데이 트레이더가 되어서는 곤란하다.

5단계 : 대상 종목 선정

증시에는 1,000개가 넘는 종목이 있다. 매일 이 많은 종목을 다 들여다보는 것은 불가능하다. 그러므로 먼저 투자 대상 종목을 압축할 필요가 있다. 데이 트레이더라면 거래량이 일정 수준 이상인 종목 가운데 유행하는 테마나 낙폭 과대 등을 조건으로 대상을 찾아낼 수 있을 것이다. 장기 투자자는 철저히 가치를 중심으로 종목을 살펴야 한다. PBR와 PER 지표가 가장 좋은 기준이 될 것이다. PBR 1배 미만, PER 10 이하 정도면 기본적으로 괜찮은 가치주를 찾을 수 있다. ROE나 ROA 등을 보는 것은 그 다음 일이다. 들여다 볼 종목은 다섯 개 이내로 압축하라.

6단계 : 실적 점검

증시에는 가끔씩 좋은 정보가 있다며 관심을 모으는 종목들이 있다. 소위 '작전'이 붙은 종목들이다. 이런 종목 가운데 상당수는 적자를 내거나 재무구조가 나쁜 기업의 주식이다. 대상 종목 선정 때 매출이나 이익이 계속 줄어들거나 적자가 나는 기업은 웬만하면 피하는 것이 좋다. 적자가 누적되는 기업은 M&A 차원에서라면 몰라도 가까이할 필요가 없다. 매출액이나 이익은 인터넷이나 홈 트레이딩 시스템으로 즉시 확인할 수 있다. 분석이 필요 없는 항목이므로 눈으로 보기만 하면 된다. 일반 투자자들은 이런 확인조차 하지 않고 떠도는 정보에 솔깃해 산 종목에서 많은 피해를 본다. 정보로 투자를 하는 것은 도박을 하는 것이나 다름없다.

7단계 : 재무 리스크 확인

매출액과 이익만 점검해도 웬만한 부실기업은 걸러 낼 수 있다. 그렇지만 정말 제대로 된 투자를 하려면 재무 리스크가 있는지도 꼼꼼히 확인해야 한다. 그룹사의 경우는 계열사 가운데 재무적으로 취약한 기업이 있는지도 살펴봐야 한다. 재무 리스크를 확인하려면 먼저 매출액과 부채총계를 비교해 볼 필요가 있다. 매출액에 비해 부채총계가 현저히 적다면 그다지 걱정하지 않아도 된다. 그러나 부채총계가 일정 수준 이상이면 반드시 재고자산이나 매출채권 등도 확인해야 한다. 부채가 많은 기업은 장부를 꾸미는 경우가 많기 때문이다. 재무적으로 안정되지 않은 회사는 이익이 들쭉날쭉할 가능성도 크다. 피터 린치는 '부실기업의 정상화에는 투자하지 않는다'는 원칙을 정해 놓고 있다.

부채총계가 연간 매출액의 70퍼센트가 넘으면 반드시 재무제표를 꼼꼼히 살펴라.

8단계 : 기업 가치 확인

잃지 않는 투자에서 가장 중요한 것은 싸게 사는 것이다. 본질 가치와 비교해 현재 주가가 충분히 싼지를 본다. 적절한 수준으로 만족해서는 곤란하다. 해당 종목의 장·단기 주가 그래프를 보고 상승 추세인지 하락 추세인지도 확인한다. 하락하는 추세라도 장기 추세의 바닥에 근접하면 매수를 시작해도 좋다. 반대로 상승세에 있더라도 장기 추세의 고점에 접근하고 있다면 매수에 가담해서는 곤란하다. 반드시 일봉 그래프뿐 아니라 주봉이나 월봉 그래프도 함께 보고 결정한다. 때로는 15분이나 30분 그래프도 참고할 필요가 있다. 단기 추세가 어떻게 변하고 있는지를 좀 더 명확히 알 수 있기 때문이다. PER 50배라도 좋다는 사람의 의견은 무시해도 좋다.

9단계 : 시장 움직임 확인

장단기 코스피 그래프를 보고 그래프가 어느 방향으로 움직이는지를 먼저 판단한다. 개별 종목이 아무리 좋더라도 시장의 큰 추세가 꺾일 때에는 함께 꺾이는 것이 보통이다. 기관 외국인의 움직임도 본다. 특히 외국인이 빠져나가는 중인지, 아니면 들어오는 중인지를 살핀다. 시장의 큰 축이 움직이는 모습을 알면 어떻게 대응하는 것이 바람직한지 판단할 수 있다. 다수의 투자자들이 주식 외에 다른 상품에 관심을 두고 있지는 않은지, 또 다른 시장으로 떠날 가능성은 없는지도 살펴볼 필요가 있다. 자금이 흩어지면 시장의 힘은 약해질 수도 있기 때문이다.

주가가 폭락했다고 생각되면 매수 타이밍을 생각한다. 투자 심리가 바닥으로 떨어졌다고 여겨질 때가 최적의 매수 시기가 될 수 있다. 다만 한 번에 매수하지 말고 나눠서 사는 편이 좋다. 그래야 추가 하락할 때 위험을 줄일 수 있다.

주가가 폭락할 때는 가치주를 싸게 살 수 있다. 단, 너무 빨리 움직이지는 말라.

10단계 : 탈출 전략 확인

주식을 사기 전에 반드시 언제 빠져나온다는 전략을 세우고 들어가라. 데이 트레이더의 경우는 관심 종목을 추적하면서 매수와 매도 전략을 거의 동시에 세워야 한다. 가치주를 대상으로 장기 투자를 하는 경우에는 대부분 충분히 낮은 가격에 매수하기 때문에 30퍼센트 이상의 마진을 생각할 수 있을 것이다. 종목에 따라 100퍼센트 이상 상승할 때부터 단계적으로 매도하는 전략도 생각해 볼 수 있다. 장기 투자 때는 대부분 충분히 하락한 가격에 사지만 그래도 추가 하락 가능성에 대비해 손절매 전략도 생각할 필요가 있다. 손절매 시점은 손실률 10퍼센트 또는 15퍼센트 정도로 정할 수 있을 것이다.

가치주 투자는 충분한 이익을 누릴 수 있도록 매도 시점을 정하라. 데이 트레이더라면 어떤 일이 있어도 현금을 들고 장을 떠나라.

이처럼 단계별로 전략을 생각하면 좀 더 객관적으로 위험을 검토하고 피할 수 있다. 또 투자 기업도 더 합리적으로 선정할 수 있다. 실제 투자를 하기 위해서는 여기에 개인별로 세부 체크리스트를 추가할 수도 있을 것이다. 그렇게 하면 좀 더 완벽하게 위험을 피할 수 있을 뿐 아니라, 충동적인 의사 결정도 막을 수도 있다. 주식시장에서는 언제나 탐욕과 공포가 엇갈린다. 투자의 플로차트를 그리고 각 단계별로 체크리스트를 만들면 어떤 상황에서든 객관적 자세를 잃지 않고 냉정하게 판단할 수 있을 것이다. 이런 작업이 처음에는 번거롭겠지만 일단 몸에 붙고 나면 아주 짧은 시간 안에 모든 점검을 끝내고 의사 결정을 할 수 있다. 그때가 되면 종목이나 시장을 보는 눈도 새로 생길 것이다.

8
버핏의 투자 원칙과 종목 선정 기준

비록 워런 버핏이 세계적 금융 위기를 만나 큰 손실을 입기는 했지만 그래도 그는 이 시대 최고의 살아 있는 투자의 교범이라고 할 수 있다. 이런 면에서 일반 투자자들은 자신의 투자 원칙이나 체크리스트를 만들면서 버핏이 어떻게 했는지를 참고하는 것도 나쁘지는 않을 것이다.

버핏을 연구한 사람들은 많지만 아무래도 그의 지근거리에서 자주 대화하며 직접 목격을 했던 며느리이자 저술가인 메리 버핏의 이야기를 들어 볼 필요가 있을 듯하다. 메리는 '버핏학'이라는 용어까지 써 가며 투자 원칙이나 기업 선정 기준 등을 체계화했다. 다만 아무나 버핏의 투자 방식을 따른다고 유능한 투자자가 되는 것은 아니라는 메리 버핏의 말은 새겨 둘 필요가 있다.

버핏의 투자 방식을 따르려면 엄청난 노력을 기울여 연구해야 할 뿐 아니라 기회가 올 때까지 참고 또 참아 가며 기다릴 줄 알아야 한다는 말이다. 참고 기다리는 일이 그만큼 중요하다.

인내와 절제로 세운 투자 원칙

워런 버핏은 고등학교에 다닐 때부터 사업을 했다. 그는 그때 재투자를 해야 회사를 키울 수 있다는 것을 체득했다. 이익을 재투자해야 복리로 키워갈 수 있다고 투자자들에게 강조하는 것도 그런 이유에서다. 게다가 그는 어린 시절에 경마에서 용돈을 몽땅 날리고 뼈저리게 후회한 경험도 있다. 그 후 결코 무모한 도전을 하지 않는 것을 원칙으로 삼았다고 한다. 특히 일정 수준의 목돈이 생기기 전에는 위험을 떠안는 것이 바람직하지 않다는 게 그의 결론이다. 메리 버핏은 2007년 〈포브스〉와의 인터뷰에서 이와 같은 버핏의 투자 원칙을 정리해 소개했다.

1. 절대로 돈을 잃지 않는다.
2. 결코 원칙 1을 잊지 않는다.
3. 가톨릭교도가 결혼하듯 투자한다.
4. 절대로 무모한 시도를 하지 않고 아는 곳에만 투자한다.
5. 다른 사람의 이야기를 듣되 결정은 주관대로 한다.
6. 바보도 경영할 수 있는 회사에 투자한다.
7. 투자가 잘못됐다고 판단되면 추가 투입을 중단한다.
8. 일단 투자에 성공했다면 팔려고 하지 않는다.
9. 왜 투자했는지 이야기할 수 있어야 한다.
10. 능력 범주를 벗어나지 않는다.

버핏이 얼마나 잃지 않는 투자를 중시하는지는 투자 원칙 1, 2번을 보면 알 수 있다. 다른 원칙들도 사실은 잃지 않는 투자와 관련이 있음을 보여 준다. 투자를 평생의 업으로 삼은 버핏은 다른 사람들도 투자를 하려면 그런 자세로 하라고 일러준다. 투자를 하기 전에 철저히 준비하라는 말인데, 그에 대한 보상은 충분히 돌아온다는 것이다.

무조건 싸게 사라

버핏은 1988년 펩시와 혈전을 벌이던 코카콜라에 10억 2,000만 달러를 투자했다. 2008년 9월 말 기준으로 버핏이 보유한 코카콜라 지분 가치는 105억 달러나 된다. 코카콜라가 매년 벌어들이는 이익을 그의 지분으로 나누면 5억 달러 정도가 된다. 버핏은 1973년 〈워싱턴 포스트〉에도 1,100만 달러를 투자했다. 2008년 같은 시점에 그의 지분 가치는 9억 6,000만 달러였다.

이렇게 완벽하게 버는 투자를 하기 위해 그는 절대로 자신의 능력 범주를 벗어나지 않는다. 자기가 아는 비즈니스 플랜을 가진 회사, 세월이 흘러가도 유행을 타지 않는 제품을 파는 회사를 찾아 투자했다. 그런 원칙을 지키기 위해 버핏은 다른 사람들의 의견을 듣기는 했지만 최종 결정은 철저히 주관적 판단에 따랐다. 아메리칸 익스프레스나 제너럴 푸즈, RJR 토바코, 가이코GEICO 등은 다른 사람들이 반대했는데도 불구하고 사들여 모두 성공했다. 이런 회사 주식을 사면 주가가 올라도 팔아 치우지 않았다. 좋은 회사는 주식으로 파는 것보다 매년 과일을 따먹듯 배당을 받는 편이 훨씬 낫다고 생각했기 때문이다. 버핏이 세계 최고의 부자가 될 수 있었던 것도 이런 방법으로 자산을 복리로 늘려 갔기 때문이다. 배당을 받으면 그것을 투자하고, 그러면 배당이 늘어나며, 그러면 다시 더 많은 투자를 한 것이다.

그렇다고 버핏이 항상 완벽했던 것은 아니다. 1차 오일쇼크 때는 버크셔 해서웨이의 주가가 90달러에서 40달러로 떨어지기도 했다. 그렇지만 그런 때도 버크셔 해서웨이의 자산 가치는 계속 늘어 갔다.[3]

그는 실수를 교훈으로 삼는 자세를 유지했다. 왜 투자했는지를 설명할 수 있을 뿐 아니라, 왜 실수했는지도 설명하려고 했다. 그런 자세가 항상 자신이 완전히 이해하는 분야에만 투자할 수 있도록 스스로를 통제하는 힘이 됐다고 할 수 있다.

많은 투자자들이 돈이 있으면 주식을 사야 직성이 풀리고, 팔고 나면 그날로 또 다른 종목을 사야 하는 것으로 안다. 버핏은 아무리 사고 싶은 회사라도 가격이 적정 수준에 이를 때까지 기다렸다. 버핏이 '데일리 퀸'을 산 것을 가지고 메리 버핏은 "아마 버핏은 여덟 살 때부터 그 회사를 사고 싶었을 것이다. 그런데 그때는 적당한 가격이 아니어서 50년 이상을 기다렸다가 샀다"고 농담 삼아 이야기하기도 했다.

버핏은 1960년대 후반부터 1970년대 초까지는 가격대가 적절한 대상을 찾지 못해 몇 년간 투자를 쉬기도 했다. 그러다가 제1차 석유파동으로 가격이 폭락하자 주식 종목들을 공격적으로 사들였다. 이런 면에서 버핏의 근성은 야생 사자와도 같다고 할 수 있다. 먹잇감을 보고 바로 공격하지 않고 쉽게 공격할 수 있는 범위 내에 들어올 때까지 끈기 있게 참고 기다리는 것이다.

---

3) 1973년과 1974년 버크셔 해서웨이의 주당 자산 가치는 각각 4.7퍼센트, 5.5퍼센트 늘었다.

그는 시장이 탐욕과 투기로 광분할 때 보수적인 자세로 일관하다가, 남들이 돈을 잃을까 두려워할 때 거꾸로 탐욕적이며 공격적으로 바뀐다. 남들과 다른 길을 간 게 IT 거품이 터질 때 버핏이 심각한 손상을 입지 않고 버틴 비결이기도 하다.

그렇다면 버핏은 어떤 기준으로 투자 대상을 선정하기에 그토록 오랫동안 참고 기다릴 수 있는 것일까? 표 3-7을 보면 버핏의 종목 선정 기준을 어떻게 받아들일 것인지 알 수 있을 것이다.

표 3-7 종목 선정 체크리스트의 한국적 해석

앞에서 투자의 플로차트를 그리며 체크리스트를 만들 필요가 있다고 했다. 버핏도 기업을 매수할 때 체크리스트를 만들어 두었다. 이것을 보면 당신의 체크리스트를 만드는 데 도움이 될 것이다.

● **산업 내 경쟁력**
투자 대상 회사가 경제적 측면에서 볼 때 좋은 산업에 속해 있는지, 또 가격 경쟁이 심한 산업에 속하지는 않는지를 본다. 독점적 지위를 갖고 있고 소비자의 충성도가 높은 브랜드 네임이 있는 회사를 선호한다. 위협을 줄 만한 잠재적 경쟁사가 있다면 감점 요인이다.

● **안정성**
부채비율은 낮아야 한다. 벌어서 이자를 충분히 갚고도 남는지, 또 어느 해 갑자기 이익이 줄어들더라도 부채 상환 능력에 문제는 없는지를 중점적으로 살펴본다. 신용평가 회사들은 매년 이익이 꾸준히 나는 회사들을 좋아한다. 통신 업체나 가스 업체 등이 여기에 해당한다. LCD 업체처럼 이익이 급증했다가 갑자기 적자가 나면 현금흐름이 불안하기 때문에 감점을 받는다.

● **판매 가격 결정권**
인플레이션이 있을 때 투자 대상 회사가 자유롭게 가격을 올릴 수 있어야 한다. 한국전력이나 통신 회사 등은 이 점에선 감점을 받을 소지가 있다.

● 이익 신장과 수익성 유지

이익은 상승세를 유지하고 있으며 마진이 좋아야 한다. 버핏은 EPS보다 ROE를 중시했다. ROE 12퍼센트 이상을 선호하며 산업 평균보다는 높을 것을 요구하고 있지만 반드시 그런 것은 아니다. NHN이나 현대중공업, 대한해운, 사조대림 등이 ROE가 높은 기업들이다.

● 성장을 위한 투자

회사가 좋은 사업 기회를 찾아 이익을 재투자하고 있는지, 또 경영진이 그럴 능력은 있는지도 본다. 이런 면에서는 유보율이 높은 기업들이 관심 대상이 된다.

● 무위험 차익 존재 여부

버핏은 예상 이익을 무위험 이자율(미 재무부 채권 금리)로 할인해 현재가치를 계산했다. 현재가치가 시장가치(주가)보다 높아 상당한 정도의 무위험 차익이 있어야 (투자) 위험을 최소화할 수 있다는 것이다. 이익이 나는 회사 가운데 PBR가 낮은 기업들을 보면 된다. 에너지나 식품 업종에 이런 회사들이 많다.

● 경영자

경영진의 자질과 도덕성도 중요한 평가 대상이다. 최근 일부 중견 기업은 물론이고 대기업까지 삼성 등 일류 기업의 임원들을 스카우트하고 있다. 사업 보고서에 나온 임원 명부나 주주총회 때 선임하는 임원 현황 등을 보고 해당 회사의 가능성을 평가할 수도 있을 것이다.

3장

커닝도 실력이다

분당, 일산, 중동 등 소위 5대 신도시를 건설할 때였다. 1980년대 말부터 통일 논의가 활발하게 일어났기 때문에 당시 기자들 사이에서는 '통일이 되면 일산이 뜬다' 는 이야기가 돌았다. 그래서 많은 기자들이 분당으로 갈 기회가 있었지만 일산으로 갔다. 기자들에게 일산은 매력 있는 신도시로 보였던 것이다. 그런데 금융기관 임원들 가운데는 분당으로 간 사람들이 훨씬 많았다. 그전에 금융기관 고위 임원들이 가장 많이 살던 곳은 강남의 압구정동이었다. 그 뒤 결과가 어떻게 됐는지는 독자들이 더 잘 알 것이다. 신도시가 건설된 지 20여 년이 되어 가지만 일산의 집값이 분당 집값을 따라온 적은 단 한 차례도 없었다.

1

펀드를 보면 답이 보인다

지난 2009년 초 한 증권사의 채권 투자 상담자에게 전화를 했다. 회사가 공식 지정한 상담 요원이니 상당한 실력이 있을 것이라고 생각했다. 그에게 소액채권과 소매채권의 수수료가 어떻게 다른지 물었다. 그런데 그 상담자는 오랫동안 팔아 온 소액채권에 대해서는 어느 정도 알고 있었지만 이름이 비슷한 소매채권이란 제도가 있는지조차 몰랐다. 그는 한참을 헤맨 후에야 자기 회사 단말기에 소매채권이 나와 있다는 것을 확인했다. 그 회사 고객들이 어떻게 자문을 받고 있는지가 궁금했다.

이런 모습은 미국도 마찬가지인 것 같다. 《부자 아빠 가난한 아빠》의 저자 로버트 기요사키는 대부분의 투자자들이 자문을 할 만한 실력을 갖추지 못한 세 부류의 '전문가들(?)'에게서 조언을 받고 있다고 했다.

가장 흔한 부류는 가족이나 친구, 직장 동료처럼 '전혀 투자를 하지 않는 사람들'이며, 또 한 부류는 보험사의 금융 설계사나 증권사나 부동산 중개 회사의 영업 직원 같은 '전문가처럼 여겨지는 사람들'이고, 마지막 한 부류는 어디에 투자해야 할지 몰라서 우왕좌왕하는 '투자자 자신들'이라는 것이다. 기요사키는 이들 대부분은 스스로는 거의 투자를 해 보지도 못한 사람들이라고 지적했다.

한국에서도 실제로 그런 일이 많았다. 지난 2007년 펀드 붐이 일 때 많은 사람들이 펀드의 내용조차 잘 모르는 은행 창구 직원들의 소개로 펀드의 막차를 탄 적이 있다. 기획 부동산 업자의 꾐에 빠져 거액을 날린 사람들도 부지기수이다. 결국 부적절한 조언에 따라 움직일 때 피해는 고스란히 투자자가 떠안게 된다.

참조해야 할 비급

중국 무협지를 보면 시골에서 공부나 하던 서생이 어느 날 갑자기 이상한 장소에 내팽개쳐지고 그곳에서 천하의 고수가 남긴 비급을 얻어 하루아침에 고수가 되어 나타나곤 한다. 투자의 세계에도 그런 비급이 있을까?

펀드가 한창 뜰 때 사람들은 펀드에 돈을 넣는 것이야말로 진정한 의미의 투자라고 생각했다. 믿을 만한 전문가에게 맡겨서 장기 투자를 해야 고수익을 얻는다는 말을 믿었다. 그런데 금융 위기를 만나면서 그런 믿음도 기반을 잃게 됐다. 그래서인지 최근 들어 본격적으로 재무제표를 배우고 투자 동호회에 가입하는 등 연구하면서 투자하는 분위기가 확산되고 있다. 덕분에 시장이나 종목을 보는 투자자들의 눈이 높아진 것은 사실이다. 일부 투자자들은 증권사에서 추천 종목이 나오면 그것이 어떤 이유에서 잘못됐는지를 분석하는 글을 인터넷에 올리기도 한다. 투자자들의 실력이 늘었다는 것은 반가운 일이다. 그렇지만 어디서나 마찬가지로 남이 하는 것에 훈수를 두고 평가하기는 쉽지만 자신의 결정이 제대로 되어 가고 있는지를 직접 평가하기는 쉽지 않다. 게다가 투자의 세계에서는 잘못된 결정을 반드시 돈으로 보상해야 한다.

개인 투자자들을 위해 무림의 비급 정도까지는 안 되지만 적어도 자신의 종목 선택이 제대로 됐는지를 확인할 수 있는 방법은 있다. 유명한 펀드들이 내가 투자한 종목에 투자하고 있는지를 보는 것이다. 각 증권사의 홈 트레이딩 시스템을 보면 개별 종목에 대해 기업 현황을 소개하는 항목이 있다. 그곳에 들어가 보면 주요 주주 가운데 어떤 기관 투자가가 들어와 있는지가 나온다. 주요 주주 가운데 장기 투자를 하는 외국계 펀드나 국민연금을 비롯한 국내 주요 기관투자가가 들어와 있다면 종목 선정에 크게 하자가 없다고 보아도 좋다. 예를 들어 영원무역에는 프랭클린 템플턴 계열의 여러 펀드나 트위디 브라우니Tweedy, Browne Company 등이 들어와 있다. KT&G에는 퍼트남Putnam이나 아이칸 파트너스Icahn Partners 등이 주주로 올라와 있다. 그 외에도 회사에 따라 피델리티나 프랭클린 뮤추얼, GMO펀드, 얼라이언스 번스타인AllianceBernstein, 애버딘 자산운용Aberdeen Asset Management, 룩서 캐피털Luxor Capital 등과 같은 다양한 외국인 주주들의 이름을 찾아볼 수 있을 것이다. 다만 외국인 주주처럼 보이는 것 가운데 실제 주주가 아닌 경우도 있다. 가령 시티뱅크나 뉴욕은행 같은 외국 상업은행이 주주 명부에 올라와 있을 수 있다. 이는 실제 주주가 아니라 주식 예탁 증서DR를 예탁해 놓은 기관인 경우가 대부분이다.

외국은행 외에 외국인 주요 주주가 보이지 않는다면 최근 외국인의 관심이 떨어졌거나 지분이 지나치게 분산된 경우로 보아야 한다. 외국인 기관투자가들이 관심을 보일 정도의 회사라면 대부분 어느 정도는 투자할 만하다고 할 수 있다. 이런 종목을 중·장기적 추이로 볼 때 합당한 수준의 가격으로 샀다면 종목 선정 자체는 일단 합격점이라고 보아도 좋다.

외국인 주주는 투자하지 않았지만 한국밸류자산운용이나 신영투신운용처럼 장기 투자를 하는 국내 운용사가 주요 주주로 들어와 있는 종목도 있다. 주로 중·소형주에 많이 있는데 이런 주식들은 일반 투자자들에게 잘 알려지지 않았지만 장기적으로 비전이 있다고 볼 수 있다.

시험에서 커닝은 안 되지만 투자에선 커닝도 실력이다. 필요한 경우에 무엇을 참조할 것인지를 아는 것 자체가 때로는 자신의 자산을 지켜줄 수도 있다.

외국인 지분율이 줄어들면 경계해야

아무리 좋은 종목이라도 큰손이 팔 때는 주가가 올라가기 힘들다. 특히 한번 방향을 정하면 한동안 같은 쪽으로 움직이는 외국인이 팔 때는 더욱 그렇다. 이런 면에서 외국인이 어떻게 움직이는가를 눈여겨볼 필요가 있다. 종목에 따라서는 외국인 주요 주주가 보유하고는 있지만 지분율이 점점 줄어드는 것도 있다. 이런 경우는 이미 충분히 이익을 향유했기 때문에 지분을 매각하거나 특수한 상황이 발생했기 때문이라고 이해해야 한다. 시장 전체의 외국인 매매 동향을 파악하는 것 못지않게 외국인이 해당 종목을 사고 있는지 아니면 팔고 있는지 확인하는 것은 그래서 중요하다.

개별 종목에 대한 외국인 투자 한도 소진율을 보면 외국인들의 그날 그날 매매 추이가 보인다. 소진율이 높아지면 외국인이 주식을 사고 있고, 반대로 소진율이 줄어들면 파는 것으로 이해할 수 있다. 실제로 2008년 10월 초 5만 원대에 머물던 KB금융 주가는 11월에 2만 원대로 떨어졌다. 이 기간 동안 외국인 투자 한도 소진율은 59퍼센트대에서 55퍼센트대로 떨어졌다. 외국인의 매도가 국내 기관들의 매도를 촉발해 단기간에 주가를 끌어내렸다고 할 수 있다.

외국인 투자 한도 소진율도 역시 홈 트레이딩 시스템을 통해 검색할 수 있다. 거래 증권사에 문의해도 이 정도는 즉시 이야기해 줄 것이다. 작은 노력이 의외의 결과를 낳을 수도 있는 것이다.

2
누구의 이야기를 들을까

투자를 하다 보면 아무래도 쏟아져 나오는 뉴스에 끌릴 수밖에 없다. 그러다 보면 자신의 기준을 잃고 흔들리기 십상이다. 매일같이 바뀌는 시장의 움직임에서 초연해지려고 워런 버핏은 오마하에서 나오지 않았고 존 템플턴은 맨해튼을 떠나 바하마로 갔다. 그들은 남들과 멀리 떨어진 곳에서 5년, 10년을 내다보고 투자했다.

지금은 그렇게 하는 것이 능사가 아니다. 거시경제 시스템의 위험이 발생할 경우 몇 년 동안 만회하지 못할 손실을 볼 수도 있기 때문이다.

이런 점에서 스스로 시스템 위험을 분석할 필요도 있지만 때로는 큰 흐름을 볼 줄 아는 전문가의 조언을 참고할 필요도 있다. 그렇다면 어떤 전문가의 의견을 듣는 것이 좋을까? 여기서 잠시 투자 상식을 한 번 더 점검해보자.

많은 사람들이 월가가 세계의 중심이라고 말한다. 실제로 뉴욕 증시의 움직임은 매일 한국을 비롯한 세계 증시에 영향을 미치며, 월가 전문가들의 의견은 뉴욕 증시에 영향을 준다. 투자를 제대로 하려면 월가 전문가들의 의견을 듣는 것은 필수적인 일인 것만 같다. 그렇지만 이번에도 무조건 'Yes'를 선택했다면 아직도 상식을 수정할 여지가 조금은 남아 있다고 할 수 있다. 이런 이야기가 어느 정도는 맞지만 실제로 그렇지 않은 부분이 더욱 크기 때문이다.

월가의 지배자는 따로 있다

뉴욕 맨해튼의 센트럴파크 남동쪽 끝에 있는 광장을 건너면 동쪽에 자그마한 4층 대리석 건물이 보인다. 뒤에서 보면 볼품이 없는데 앞으로 가면 제법 고풍스런 느낌이 든다. 뉴욕 랜드마크 가운데 하나로 1893년에 지어진 이 건물의 이름은 메트로폴리탄 클럽이다. 이 건물 서쪽에는 세계 경제사에 한 획을 그으며 일본을 장기 불황으로 몰아넣었던 플라자 합의의 무대 플라자 호텔이 있다. 영화 〈나 홀로 집에 2〉에 나왔던 장난감 가게 파오 슈워츠FAO Schwarz나 세계적 보석상 티파니 Tiffany & Co.도 지척에 있다.

메트로폴리탄 클럽 입구의 철창살 대문은 언제나 굳게 닫혀 있다. 대문 위에는 금빛 문장이 번쩍인다. 앞에서는 건장한 사내들이 출입하는 사람들의 신분을 일일이 확인하고 내부 승인을 받아 쪽문을 통해 통과시킨다. 예약이 안 된 사람은 들어갈 엄두조차 낼 수 없다. 이곳은 100여 년 전 미국 중앙은행 설립을 주도할 정도로 막강한 부와 힘을 자랑하던 J. P. 모건이 만든 사교 클럽이다.

메트로폴리탄 클럽이나 플라자 호텔에서 그리 멀지 않은 파크 애버뉴 근처 68번 거리에는 외교협회가 있다. 이곳을 외교관들이 모이는 곳쯤으로 생각하면 오산이다. 외교협회는 미국 재계와 정계의 실력자들이 모이는 장소이다. 민주당이 집권하건 공화당이 집권하건 미국 정부의 핵심 인물들은 이곳 멤버들로 구성된다. 그들이 미국의 주요 정책을 주도한다.

엔론과 월드컴 등의 회계 부정으로 미국이 발칵 뒤집혔을 때도 외교협회는 분주하게 움직였다. 당시 인텔의 앤드류 그로브Andrew Grove 회장이나 세계 최대 사모 펀드인 블랙스톤Blackstone의 피터 피터슨Peter Peterson 회장, 미국 최대 연기금인 TIAA－CREF의 존 빅스John Biggs 회장 등 재계와 금융계의 거물들이 모였다.

이들의 움직임은 즉시 구체화되어 2002년 6월에는 컨퍼런스 보드 Conference Board를 중심으로 대안을 마련하려는 블루리본 위원회가 조직됐다. 중요한 것은 이 위원회에 참여한 사람들이다. 위원회의 구성원은 외교협회에서 모인 사람들 외에도 전 연준 의장인 폴 볼커를 비롯해 전 증권관리위원회SEC 의장인 아서 레빗Arthur Levitt, CSX사의 존 스노 John Snow 회장, 뱅가드Vanguard의 존 보글John Bogle 회장, 존슨 앤드 존슨 전 회장인 랠프 라센Ralph Larsen, 펜실베이니아 주 공무원 퇴직 연금의 CIO 피터 길버트Peter Gilbert 등 쟁쟁한 사람들이 다수 참여했다. 위런 버핏도 나중에 이 위원회에 합류했다. 존 스노는 이듬해 미국 재무장관이 됐다.

이들이 모은 의견은 얼마 뒤 사베인스 옥슬리 법안Sarvanes-Oxley Act of 2002으로 구체화됐다. 하나의 사례이지만 월가의 뒤에는 이런 거물들이 버티고 있다.

뉴욕 증시의 작은 흐름은 수많은 월가의 전사들이 치열하게 경합하는 가운데 만들어지겠지만 경제의 진짜 큰 그림은 이런 거물들이 주도해 그려 나간다. J. P. 모건이 1913년 미국의 새로운 중앙은행 설립을 주도할 때 이용하던 메트로폴리탄 클럽이나 외교협회는 지금도 거물들이 모이는 장소가 되고 있다. 그런 거물들이 엄청난 부와 막강한 정보력을 바탕으로 세계 경제를 좌지우지한다.

이들을 제쳐 놓고 월가 전사들의 이야기만 듣고 경제나 시장을 이야기하는 것은 부처님 손바닥을 벗어나지 못한 손오공에게 세계를 묻는 것이나 다름없다. 거물들을 직접 만나지는 못하더라도 그들의 생각을 알 수 있는 방법이 있다.

참고해야 할 전문가들

경제의 큰 그림을 그리는 사람들이 따로 있는 것처럼 큰 흐름을 이야기하는 사람들도 따로 있다. 월가의 전문가 중에도 진짜 큰 흐름을 아는 사람은 한정되어 있다. 진짜 전문가(?)의 의견을 들어야 세계 경제의 흐름을 제대로 이해할 수 있다.

뉴욕 특파원 시절 필자는 수많은 월가의 이코노미스트를 만날 수 있었다. 그들의 발표나 분석 자료 등을 보고 나름대로 괜찮은 사람들을 가려냈다. 모건 스탠리 아시아의 스티븐 로치Stephen Roach 회장이나 UBS의 원로 경제 자문역인 조지 매그너스George Magnus는 그중에서도 두드러진 사람들이다.[4]

조지 매그너스는 경제의 커다란 전환점마다 정확하게 현실을 진단하고 방향을 제시했다. 미국의 서브프라임 모기지 부실 사태나 그 이후에 닥친 금융 위기도 정확하게 예견해 〈파이낸셜 타임스〉나 〈텔레그래프〉지 등은 그의 예견력을 극찬한 바 있다. 스티븐 로치 역시 비관론자라는 소리를 듣기는 하지만 현실 경제를 예리한 시각으로 정확하게 분석하기로 유명하다. 이들이 위기를 경고할 때 〈월스트리트 저널〉을 비롯한 외국의 많은 유력 언론들은 이들을 양치기 소년이라고 몰아붙였다. 그러던 언론들이 이제는 두 사람의 이야기를 듣기 위해 경쟁적으로 따라다닐 정도이다.

최근에는 뉴욕 대학교 누리엘 루비니Nouriel Roubini 교수의 주가도 상당히 올라가 있다. 그 역시 세계 경제를 날카롭게 분석하고 대안을 제시하기로 유명하다.

이들은 세계 경제의 흐름을 단면만 보고 판단하지 않고 전 세계의 정보를 골고루 받아들여 종합적으로 분석한다는 공통점이 있다. 미국을 비롯한 특정국의 시각에서 벗어나 경제를 객관적으로 본다.

---

4) 조지 매그너스는 UBS의 수석 이코노미스트를 지내다 뒤로 물러나 시니어 이코노믹 어드바이저Senior Economic Adviser로 활동하고 있다. 그의 분석력은 세계적으로 인정을 받고 있어 〈파이낸셜 타임스〉 등에 수시로 게재되고 있다.
영국의 〈텔레그래프〉는 "조지 매그너스 : 서브프라임 위기가 침체를 부를 것이라고 예견한 인물(George Magnus : the man who predicted the sub-prime crisis would lead to recession ; telegraph.com 2008년 11월 3일자)"이라고 크게 소개하기도 했다.

외국 언론이나 인터넷을 통해 이들의 분석을 접하는 것만으로도 세계 경제의 큰 흐름을 이해하는 데 많은 도움이 된다. 가끔씩 이들의 이름으로 기사를 검색해 보는 것이 좋다.

경제계에는 이들 이외에 또 다른 양치기 소년이 있다. 조지 소로스나 마크 파버, 제임스 그랜트James Grant 같은 이들이다. 소로스나 파버는 전문 투자가이지만 제임스 그랜트는 경제 전문지의 편집자 겸 발행자인데, 이들도 경제를 정확히 보기로 이름이 났다. 다만 이들의 말은 좀 전문적일 때가 많다.[5]

파버는 세계 경제를 평가하면서 미국의 상황이 나쁘고, 아시아 특히 중국이 좋다는 것을 오랫동안 강조했는데 일부에서는 그의 이야기에 너무 빠져서 거품이 커져 가는 상황에서도 중국에 집중했다가 금융 위기 때 큰 어려움을 겪기도 했다.

GMO 펀드의 제러미 그랜덤 회장은 세계를 돌면서 현장을 확인하고 투자하기로 유명한 사람이다. 그랜덤 회장이 분기에 한 번 내는 보고서는 세계의 동향을 실시간으로 담고 있다는 점에서 참고할 만하다. GMO 펀드의 분기 보고서는 인터넷으로도 쉽게 찾아볼 수 있다.

이들의 예측이 뛰어나지만 100퍼센트 맞는 것은 아니다. 누구나 실수할 가능성은 있기 때문이다. 다만 이들은 다른 대부분의 이코노미스트보다는 상대적으로 경제 흐름을 정확히 보고 있어서 제대로 경제를 전망할 확률이 높다고 할 수 있다.

---

5) 제임스 그랜트는 〈그랜트 금리 옵저버Grant's Interest Rate Observer〉를 발간하고 있다.

3

부자 되는 노하우

자수성가한 부자들에게는 보통 사람들이 잘 모르는 비밀이 있다. 부자라고 느껴지지 않을 정도로 검소한 사람도 많다. 또 어떤 사람들은 부자가 그런 것까지 신경을 쓰느냐는 말을 들을 만큼 푼돈까지 철저히 따진다. 워런 버핏도 그런 사람 가운데 하나다.

사람들은 버핏이 부자가 된 것은 단지 투자를 잘했기 때문이라고 생각하지만 그에게는 또 다른 비밀이 있었다. 모건 스탠리의 애널리스트 출신 작가인 앨리스 슈레더Alice Schroeder는 회사를 분석하기 위해 버크셔 해서웨이를 다니다가 버핏과 친해졌다. 그 인연으로 워런 버핏과 수백 시간을 인터뷰한 그녀는 2008년《스노볼The Snowball》이란 책을 냈다.

슈레더가 정리한 버핏의 부자 되는 노하우는 다음과 같다.

이익의 재투자: 처음 돈을 벌면 누구나 쓰고 싶은 유혹에 빠질 수 있다. 그런데 버핏은 그 돈을 재투자했다. 버핏은 고등학교 때 친구와 함께 게임 기계를 사서 동네 이발소에 설치해 놓고 돈을 벌었다. 번 돈으로 새 기계를 사서 다른 곳에 놓아 가며 기계를 여덟 대까지 늘렸다. 나중에 친구가 사업에서 손을 떼자 버핏은 그 경험을 주식 투자나 다른 사업에 적용했는데, 재투자를 거듭하여 재산이 복리로 늘어났다.

버핏은 이렇게 해서 26세까지 17만 4,000달러를 모았다. 지금 돈으로 환산하면 무려 140만 달러나 된다. 적은 돈도 크게 불릴 수 있는 비결이다.

자기만의 기준: 버핏은 무언가 결정할 때 보통 사람들이 일반적으로 생각하는 것처럼 하지 않는다.

처음에 그는 몇몇 투자자들의 돈을 모아 10만 달러로 운용을 시작했다. 당시 버핏은 별종으로 통했다. 남들은 모두 월가로 가는데 그는 오마하를 떠나지 않았고, 투자하는 것에 대해 부모에게도 이야기하지 않았다. 모두가 실패할 것이라고 봤지만 14년 뒤 버핏은 돈을 1억 달러 이상으로 불렸다. 그는 남들이 좋다는 주식을 사지 않았으며 철저하게 저평가 주식을 찾아 성공했다. 이를 위해 버핏은 자기 나름의 내적 기준을 세워 그것으로 자신을 평가했다. 그것이 남 이상 할 수 있었던 비결이다.

철저한 사전 준비: 의사 결정을 할 때 버핏은 남보다 빨리 움직이며, 남들이 모으기 어려운 정보까지 재빨리 긁어모은다. 그렇게 해야 어떤 결정을 내리더라도 남들이 갖지 못한 것을 갖고 있다고 믿게 할 수 있다.

결과적으로 남보다 많은 정보를 갖고 있기에 신속하게 결정을 하더라도 그는 자신감을 가질 수 있었다.

버핏이 자신의 주관대로 결정하는 것은 그런 이유에서다. 사전 준비를 철저히 하기 때문에 누가 사업을 하자고 하거나 투자를 제의해 오면 버핏은 상대에게 무엇을 줄 것인지 먼저 제시하라고 자신 있게 요구한다. 상대가 무엇인가를 내놓은 뒤에야 버핏은 답변한다. 협상에서 유리한 고지를 선점하고 있기 때문에 가능한 것이다.

거래는 명확하게: 어렸을 때 버핏은 친구와 함께 할아버지가 시키는 대로 폭설에 덮인 식료품 가게의 눈을 치웠다. 눈이 얼마나 많이 쌓였는지 거의 다섯 시간 동안 등골이 쑤실 정도로 삽질을 했다. 그런데 할아버지는 고작 90센트를 주고 그것도 나눠 쓰라고 했다. 그는 부끄러워서 친구에게 고개를 들 수 없었다.

그 후에 버핏은 어떤 거래를 하든, 하다못해 친구나 친지와 계약을 하더라도 모든 것을 확인하고 결정하는 습관을 갖게 됐다. 특히 남이 무엇인가를 원할 때는 그 점을 최대한 활용했다(최대한 유리한 조건으로 결정한다).

푼돈까지 절약: 거부가 됐지만 버핏은 돈을 많이 쓰는 월가로 가지 않았다. 어떤 회사에 투자를 하더라도 경영자가 푼돈까지 아끼는 곳을 찾아서 했다. 겉만 번드르르한 회사는 사기를 칠 가능성이 높다고 의심했다. 그보다는 오너가 두루마리 화장지까지 하나하나 셀 정도로 꼼꼼하고 검소한 회사를 사들였다. 그는 건물의 길 쪽으로 보이는 곳에만 페인트칠을 하는 건물주를 존경했다. 이렇게 꼼꼼히 아끼는 회사라야 더 많은 이익을 내고 월급도 더 줄 수 있다는 믿음에서다.

대출은 최소로: 카드 빚이나 대출에 의존하는 사람은 부자 되기가 어렵다. 버핏은 투자를 하건 집을 사건 결코 많은 돈을 빌리지 않았다. 빚더미에 허덕이는 사람들에게 버핏은 우선 빚에서 자유로워지도록 노력

하라고 한다. 그런 뒤에 열심히 일해서 돈을 모아 투자하라고 조언한다. 자신의 힘으로 돈을 불려 가라는 것이다.

고집과 끈기: 끈기를 갖고 현명하게 대처하면 기존 경쟁자들을 이길 수 있다. 버핏은 1983년에 '네브래스카 퍼니처 마트'를 인수했는데 이유는 이 회사 설립자인 로스 브럼킨의 영업 방식을 좋아했기 때문이다.

러시아에서 이민 온 브럼킨은 여자지만 싸게 파는 전략으로 전당포를 마트로 바꾸고, 이어서 북미 지역의 거대한 가구 매장으로 키웠다. 이 과정에서 기존 대형 상점들이 위협해 왔지만 모두 물리쳤다. 그들과 경쟁하면서 그녀는 전혀 밀리지 않았는데, 그녀의 용기가 버핏에게 귀감이 됐다고 한다.

떠날 때는 단호하게: 버핏은 열 살 때 경마를 한 적이 있다. 조금 잃었는데 잃은 돈을 만회하려고 다음 레이스에 걸고 또 걸다가 거의 빈털터리가 됐다. 거의 일주일치 수입만큼을 경마로 날려 버리고 나서 그는 몸살을 앓았다. 이후 버핏은 다시는 그런 실수를 하지 않았다. 실수로 손해를 보면 언제 그만둬야 할지를 알았다. 화가 난다고 다시 바보 같은 짓을 하지는 않았다.

위험의 평가: 상황이 꼬일 때는 스스로 자문을 한다. 최악의 상황에서 어떻게 의사 결정을 해야 좋을지 몰라 고민스러울 때 그는 다음 단계가 어떻게 진전될지를 먼저 생각했다. 그러면 상황이 그려지고 모든 결과를 예상할 수 있으며 그래야 현명한 선택을 할 수 있다는 것이다. 어떤 결정을 할 때 나타날 위험과 하지 않을 때의 잠재적 이익 등을 서로 견줘 보면, 어떤 결정을 해야 좋을지 하지 않아야 좋을지를 판단할 수 있다.

버핏이 많은 사람들의 존경을 받는 것은 단지 그가 부자이기 때문만은 아니다. 그의 철저한 자기 관리는 성공한 사람만이 보여 줄 수 있는 또 다른 면모일 것이다. 이런 점에서 버핏의 성공 노하우는 투자 여부와 상관없이 누구나 새겨 둘 필요가 있다.

4

대가들의 투자 지혜

전망이 최악인 곳을 찾아라 – 존 템플턴

"극도로 비관적인 곳에 투자하라Invest at the point of maximum pessimism."

워런 버핏과 함께 가치 투자의 대가로 꼽히는 존 템플턴 경이 남긴 투자 비결 중에 가장 중요한 한 구절이다. 지난 2008년 작고한 템플턴은 미국 남부 테네시 주의 가난한 집에서 태어났다. 그는 성공했지만 검소가 몸에 밴 사람이었다. 그가 부자가 된 비결 가운데 하나는 '저축하라. 쓰지 말라'이다. 템플턴은 결혼 초 수입의 50퍼센트를 저축하기로 부인과 약속했다. 그러고는 절대로 빚을 내서 쓰지 않았고, 집도 돈을 벌어 현찰로 샀다. 나중에 갑부가 됐을 때 그는 롤스로이스를 탔는데, 그것조차 중고차였다. 그의 모토는 '먼저 저축하라. 그리고 나중에 돈을 모으면 그때 쓸 것을 생각하라'이다.

템플턴은 "시장에서 진짜 성공하려면 본질가치를 분석해야 한다"며 투자의 방법으로 기술적 분석을 이용하는 것을 거부했다. 아예 기술적 분석을 통해 잦은 교체 매매를 하는 행위를 투기처럼 여겼을 정도다. 펀드매니저들이 자주 갈아타기를 하는 것이 실질적으로 수익률을 높이지 못한다는 것이다.

그래서인지 그의 주식 선정 방법은 아주 간단하다. 장기 전망이 아주 좋고, 주가가 싼 회사를 찾는 것이다. 이런 면에서 템플턴의 투자 기법은 워런 버핏의 기법과 여러모로 닮았다고 할 수 있다. 다만 버핏이 회사를 사는 개념으로 오너나 경영진과 직접 협상을 해서 주식을 사는 일이 많았던 반면에 템플턴은 주로 시장에서 주식을 샀다는 것이 큰 차이라고 할 수 있다.

그는 '저가주 사냥'을 하려면 오랫동안 참아야 한다는 것을 알았고 또 실제로 그렇게 했다. 지난 1992년 회사를 프랭클린 그룹에 넘기고 은퇴하기 전까지 그는 50년 동안 직접 펀드를 운용했는데, 편입한 종목을 평균 6년에서 7년 정도 보유했다. 일반인들이 쉽게 따라가기 어려울 정도의 장기 투자다.

버핏과 비슷한 면은 또 있다. 만약 대중들보다 더 좋은 투자 수익을 얻으려면 반드시 대중들과는 다르게 행동해야 한다는 것이다. 물론 남과 다른 행동을 하는 것이 그냥 되는 일이 아니다. 자기 확신을 가지고 남과 다르게 가려면 남들보다 훨씬 더 열심히 공부하고 분석해야 한다는 말이다. 그는 싸게 사기 위해 남들과 다른 길을 택했다. 투자자들이 비관론에 젖어 있고 주가가 폭락할 때 주식을 샀다. 애널리스트들이 장밋빛 전망을 내놓을 때는 이미 주식을 살 때가 지났다는 것이 그의 지론이었다.

그는 나중에 월가를 떠나 바하마로 갔다. 세금을 절약하기 위한 것이었는데 사실은 더 중요한 이유가 있었다. 남들과 다른 길로 가기 위한 것이었다. 맨해튼의 록펠러 센터에 있을 때는 대중들과 다른 방향으로 가기가 훨씬 어려웠는데 바하마로 가니 그렇게 하기가 더 쉬워졌다는 것이다. 버핏이 미국 중서부 네브래스카 주의 오마하에서 나오지 않는 것이나 같은 이치다.

그는 또 투자를 하면서 평상심을 잃지 말 것을 강조했다. 그러기 위해서는 기도를 하고 투자에 임하라고 했을 정도다. 평온한 마음으로 투자를 해야 감정에 흔들리지 않고 제대로 판단할 수 있다는 말이다.

템플턴의 부자 되기와 투자 지혜
저축하라. 쓰는 것은 그 다음에 생각하라.
극도로 비관적인 곳에 투자하라
투자에서 진짜 성공하려면 본질가치를 분석해야 한다.
장기 전망이 아주 좋고 주가가 싼 회사를 찾아라.
군중과 다른 길을 가라.

종목 연구에 주력하라 – 피터 린치

지난 1977년 피터 린치는 이름도 없던 2,000만 달러 규모의 마젤란 펀드 운용을 맡았다. 13년 뒤 마젤란 펀드의 자산은 140억 달러로 불어났다. 이 기간 동안 그는 연평균 29퍼센트나 되는 경이적인 수익률을 올렸다. 세상 사람들이 모두 혀를 내두르고 경탄할 즈음 피터 린치는 은퇴를 선언했다. 세계의 주목을 받으며 시장을 떠난 것이다. 모두가 아쉬워할 때 떠났기에 그는 자신의 가치를 최대한 오랫동안 남길 수 있었다. 그가 떠날 때 주가는 한창 상승세를 타고 있어서 어느 누구도 그의 명예에 흠을 낼 수 없었다. 투자에서는 물론이고 이미지를 관리하는 데도 성공한 셈이다. 그래서 많은 사람들이 피터 린치가 위대한 투자자임을 알고 있지만, 사실 그에 대해 잘 모르는 게 한 가지 있다. 바로 그가 아주 오랫동안 주식을 연구했던 리서치 애널리스트 출신이라는 점이다. 피터 린치는 피델리티 리서치 팀에서 10년 동안 주식을 연구했으며 마지막 4년 동안은 리서치 담당 이사로 활약했다. 그만큼 그는 주식에 대해 오랜 기간 배운 다음 투자에 나섰다. 주식에 처음 입문하는 투자자들이 깊이 생각해 볼 대목이다.

그가 직접 투자를 할 때 철저히 개별 종목에 대해 연구하고, 또 은퇴후 일반 투자자들에게 개별 주식에 대해 좀 더 철저히 연구하라고 강조하는 것도 이런 경험이 있기 때문이다. 개별 종목을 철저히 분석하고 투자한다는 점에서 그는 가치 투자자이자 보텀업 방식의 투자자라고 일컬어진다.

한편 그의 투자 방법은 카멜레온이라고 묘사되기도 한다. 가능한 모든 투자 방법을 동원했기 때문이다.

어느 쪽이 되었든 피터 린치는 모든 투자자가 본받아야 할 만큼 열심히 기업을 분석하고 투자 대상 종목을 찾았다. 일주일에 7일, 매일 24시간씩을 주식을 연구하는 데 바쳤다고 할 정도였다. 시작도 끝도 없이 주식에 파고든 셈이다.

그는 투자할 기업의 임원은 물론이고 투자 담당자나 산업의 전문가, 애널리스트 들을 아무 때나 시간이 되는 대로 만나서 이야기를 듣고 분석해 원하는 종목을 찾아냈다. 특히 보통 투자자들이 별로 관심을 기울이지 않는 중소형주에서 알짜 종목들을 찾아내 홈런을 수없이 날렸다.

그는 "그림으로 그릴 수 없는 아이디어에는 결코 투자하지 말라"고 했는데 투자하기 위해 얼마나 열심히 분석해야 그림으로 그릴 수 있는지 짐작이 갈 것이다.

피터 린치는 알고 있거나 쉽게 알 수 있는 회사에만 투자하는 자세를 고집했다. 또 그는 생활 주변에서 좋은 주식을 많이 찾았다. 가령 아이들이 특정 회사 과자를 많이 먹는다면 그 회사 주가가 뜰 것으로 보고 분석해 보석을 찾아내는 식이었다. 기업의 정보를 찾아내기 위해 온갖 수단을 다 동원했던 그는 시장의 등락에 대해서는 거의 귀를 닫고 있었다. 장기로만 투자했기에 단기적 요동에 대해서는 관심을 두지 않은 것이다.

한편 피터 린치는 채권에 비해 주식의 장기 투자 수익률이 월등히 높은 만큼 채권에 투자하는 것은 바보짓이라고 했다.

피터 린치의 주요 투자 원칙
당신이 보유한 주식을 알아라.
뛰어난 회사를 찾아내고 확인하기 위한 시간은 충분하다.
사기 전에 왜 사는가를 설명할 수 있어야 한다.
항상 걱정할 일은 있다(주가 등락에 신경을 쓰지 말라).
채권에 투자하는 사람들은 자기가 얼마나 손해를 보고 있는지를 모른다.

시장 평균 수익률을 지켜라 − 존 보글

존 보글은 미국 최대의 인덱스 뮤추얼 펀드 운용사인 뱅가드의 창업자다. 그는 개별 주식에 대해서는 이야기하지 않는다. 거의 평생을 펀드를 연구하며 살았고, 또 투자자들에게 펀드를 가르치면서 회사를 키웠다.

프린스턴 대학교를 나온 그는 웰링턴 투자회사에서 15년간 펀드를 운용하다가 1974년 뱅가드를 창업했다. 이후 인덱스 펀드에 집중하는 전략으로 뱅가드를 세계적인 펀드 회사로 키워 냈다. 보글의 투자 철학은 시장 수익률을 따라가자는 것이다. 대부분의 펀드가 시장 평균을 지키지 못한다는 점에 주목해 시장 평균을 지키는 펀드를 만들어 투자자를 끌어들인 것이다. 그런 만큼 그는 지수를 추종하는 다양한 뮤추얼 펀드를 만들었다. 또 펀드 수수료를 최대한 낮췄다. 단 한 푼의 수수료라도 투자자에게는 아깝다는 것이 그의 신조다.

뛰어난 일부 주식 투자자들조차도 지금은 '생애 투자' 차원에서는 존 보글의 방법을 지지하고 있을 정도이다.

이런 면에서 은퇴 이후를 대비하는 개인 투자자라면 특히 보글의 조언을 참고할 필요가 있을 것이다. 국내에서는 인덱스 펀드도 수수료가 높은 편인데 ETF형 상품을 대안으로 삼아도 좋을 듯하다. 최근 뱅가드도 다수의 ETF를 출시하고 있다. 한편 보글은 주식과 채권의 투자 비중을 설정할 때 채권은 자기 나이 정도의 비율로 넣는 것이 바람직하다고 밝힌 바 있다. 즉, 50세라면 자산 가운데 채권 비중을 50퍼센트, 60세라면 60퍼센트 정도로 가져가라는 것이다.

존 보글의 투자 원칙
투자의 단순성을 제일로 삼는다.
투자 관련 비용이나 지출을 최소화한다.
장기 투자를 통해 생산적인 결과를 낳는다.
투자 의사 결정 과정에서 감정을 피하고 합리적 분석에 의존한다.
개인 투자자의 적절한 투자 전략으로서 인덱스 투자를 보편화한다.

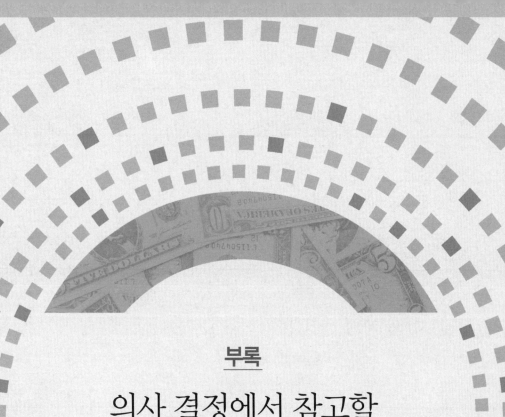

의사 결정에서 참고할
유용한 자료

경제를 비롯한 투자 환경은 시시각각 변한다. 그러므로 경제를 배우건 투자를 하건 변하는 자료들을 끊임없이 추적하며 연구해야 한다. 그런 가운데 새로운 투자 기회를 얻거나 위기를 예방할 수 있을 뿐 아니라 새로운 경제 이론까지 정립할 수도 있다. 이것이 살아 움직이는 경제를 이해하고 잃지 않는 투자를 하기 위한 올바른 자세이다. 경제를 제대로 배우려면 먼저 필요한 자료나 데이터가 어디서 나오는지를 알아야 한다. 주요 데이터나 자료를 찾을 수 있는 곳을 간략히 소개한다.

한국은행 경제정보시스템 http://ecos.bok.or.kr/

통화금융, 금리, 지급, 결제, 자금, 순환, 물가, 국제수지, 외환·환율, 국민소득, 기업경영분석 등 경제 전반에 대한 통계 자료를 갖추고 있다. 통계청이나 기획재정부 등 통계를 내는 다른 기관도 있지만 경제를 이해하고 투자를 하는 데 꼭 필요한 기본 통계는 대부분 나와 있다. 각 통계를 시계열로 볼 수도 있으며 차트(그래프)로 출력할 수도 있어 이해하기가 쉽다. 중요 통계 100개만 간추려 별도로 100대 통계 지표를 제공하기도 한다.

한국은행 http://www.bok.or.kr/

한국은행 사이트에서는 통계 이외에 통화 정책의 기본 방향이나 통화 관리 등에 대한 자료를 찾아볼 수 있다. 특히 공개시장조작 관련 자료는 시중의 자금 흐름을 밀접하게 보여 주기 때문에 참고할 필요가 있다. 분기별로 나오는 통화신용정책 보고서는 경제 전반을 일목요연하게 볼 수 있는 자료라는 점에서 단기간에 경제를 이해하려는 사람에게 유용하다.

금융감독원 전자공시시스템 http://dart.fss.or.kr/

전체 상장사와 채권을 발행하는 주요 기업들의 공시 자료가 올라 있는 중요한 사이트이다. 특히 상장 기업이 정기적으로 공시하는 사업 보고서나 반기 보고서에 포함된 재무제표는 기업을 제대로 분석하기 위해 꼭 필요한 자료이다. 재무제표의 주석과 부기를 자세히 읽으면 수치만으로는 알기 어려운 기업의 중요한 사안들을 찾아볼 수도 있다. 그룹사의 경우 비상장 계열사의 내역까지도 어느 정도 파악할 수 있다.

금융투자협회 http://www.kofia.or.kr/

증권이나 채권은 물론이고 펀드를 포함한 다양한 투자 상품과 관련 정보를 찾아볼 수 있다. 펀드 통계나 채권 통계에 대해서는 다른 어떤 기관보다 많은 정보가 있다. 채권 투자를 하는 사람들이 보아야 할 BBB-급 채권에 대한 수익률 동향이나 펀드의 세금 정보, 개인 연금 관련 정보도 찾아볼 수 있다.

삼성경제연구소 http://www.seri.org/

민간 연구소 가운데 현실 경제와 관련해 가장 활발하게 연구 자료를 내는 곳으로 다양한 분야의 자료를 받아 볼 수 있다. 회원으로 가입하면 신규로 발간하는 자료를 메일로 받아 볼 수도 있다.

FRB http://www.federalreserve.gov/

미국의 중앙은행인 연방준비제도이사회 사이트이다. 미국의 통화금융정책 전반에 걸친 자료와 통계들을 볼 수 있다. 공개시장위원회FOMC 회의 직후 발표하는 'FOMC statement'나 나중에 공개하는 회의록 성격의 'Minutes of Federal Open Market Committee'는 미국 경제 전반을 설명하고 있어 월가 전문가들도 관심을 갖고 보고 있다. 이 밖에 각종 경제 또는 통화와 관련한 정책 자료나 통계도 찾아볼 수 있다. 연준의 통화정책을 직접 집행하는 뉴욕 연방준비은행 http://www.ny.frb.org/ 사이트에는 실질적인 자금 집행 등의 자료가 나와 있다.

Yahoo finance http://finance.yahoo.com/

월가를 비롯해 세계 경제는 물론이고 세계 주요 시장과 세계 주요 기업의 동향을 파악할 수 있는 정보의 보고이다. 세계 주요 증시의 움직임을 그래프로 볼 수 있고 일정 기간 동안 시계열 자료까지 찾아서 추세를 분석하는 데도 도움이 된다. 미국 증시에 상장된 기업의 요약 재무제표를 분기 또는 연간 단위로 검색해 볼 수 있다. 매주 경제지표 발표 일정과 확정 통계 등을 찾아볼 수도 있다.

AOL finance http://money.aol.com/

전체적으로 경제 뉴스가 강한 편이다. 경제정책 발표 등의 일정이 Yahoo finance보다 상세하게 나와 있는 경우도 있어 두 사이트를 보완적으로 이용하면 좋다.

에드거 시스템 http://www.sec.gov/edgar.shtml

미국 증권관리위원회SEC의 전자공시시스템이다. 미국 주요 상장 기업의 재무 정보를 구체적으로 확인하기 위해 필요한 곳이다. Yahoo finance에서는 요약 재무제표를 최장 3년치까지 보여 주고 있지만 에드거 시스템에서는 전체 공시 자료를 10년 이상 간직하고 있기 때문에 필요한 부분을 찾아서 볼 수 있다. 다만 미국의 사업 보고서 공시 시스템이 한국과 차이가 있기 때문에 기본적으로 재무 정보에 익숙해진 다음에 찾아보는 것이 바람직하다.

treasurydirect http://www.treasurydirect.gov/tdhome.htm

미국 재무부의 정보 사이트이다. 미국의 국채 규모와 그 채권의 소유 현황 등이 자세하게 나와 있다. 미국의 국채 규모는 미국 국가 부채 시계U. S. NATIONAL DEBT CLOCK에서도 검색해 볼 수 있다.

IMF http://www.imf.org/

세계 경제 전반에 대한 각종 분석 자료가 담겨 있다. 특히 개별 국가에 대한 분석 자료country report는 IMF가 강한 분야이기 때문에 참조할 가치가 있다. 세계 경제에 대한 전망 자료도 자주 내고 있지만 적시에 내지 못한다는 단점이 있다.

BIS http://www.bis.org/

세계 각국 은행의 외환 결제를 최종적으로 처리하는 곳으로 각국 은행의 안정성과 관련한 정보가 있다. 세계 금융의 흐름을 조망할 수 있는 곳이기도 하다.

The conference board http://www.conference-board.org/

미국 경제에서는 소비가 차지하는 비중이 매우 크다. 컨퍼런스 보드는 소비 관련 지표로 경제 흐름을 분석하는 민간 기구인데, 소비자 신뢰지수나 경기지수 등을 발표하며 경제 전망도 내놓고 있다. 그 밖에도 마케팅이나 인적 관리 리더십 등과 관련한 컨퍼런스를 열고 있으므로 관심 있는 분야의 자료나 전문가를 찾는 데도 도움이 된다.

경제를 연구하고 투자 의사를 결정하는 데 필요한 정보를 이 밖에도 다양한 사이트에 접속하여 찾아볼 수 있다. 세계적 신용평가 회사인 스탠더드 앤드 푸어스http://www.standardandpoors.com/나 무디스http://www.moodys.com/ 등도 신용평가 자료는 물론이고 경제나 개별 산업에 대한 연구 자료를 다양하게 내놓고 있다. 또 월가의 투자은행에서도 수시로 쏟아 내는 각종 분석 자료를 받아 볼 수 있다. 물론 일부 사이트는 이용자를 회원으로 제한하거나 유료로 운용하고 있다. 경제나 투자에 필요한 정보를 처음 수집하는 입장에서는 굳이 유료 사이트까지 이용할 필요는 없다고 본다.

이처럼 직접 자료를 찾아서 연구하다 보면 경제에 대해 새롭게 눈을 뜰 수도 있다. 투자에 필요한 지식을 얻는 것 이상으로 배움의 기쁨이 커질 수 있을 것이다.

지은이_ 정진건

매일경제신문에서 20여 년간 근무한 베테랑 경제 전문 기자이다. 증권부 생활을 가장 오래한 기자답게 경제의 미묘한 흐름과 요동치는 시장의 흐름을 제일 먼저 간파하고, 돈이 어디로 움직이는지 경제가 어떻게 변화할 것인지를 정확히 예측하기로 유명하다. 현재 개인 투자자들이 시장을 읽는 방법에 대해 조언해주는 고정 칼럼 〈머니 인사이트〉를 매일경제신문에 매주 연재하고 있다. 저서로 매일경제신문 증권부 기자들이 공저한 『주식 투자 알고 합시다』가 있다.

투자의 맥

1판 1쇄 발행 2009년 6월 10일
1판 4쇄 발행 2009년 8월 20일

지은이 정진건
발행인 고영수
발행처 청림출판
등록 제406-2006-00060호
주소 135-816 서울시 강남구 논현동 63번지
　　　413-756 경기도 파주시 교하읍 문발리 파주출판도시 518-6 청림아트스페이스
전화 02)546-4341 **팩스** 02)546-8053

www.chungrim.com
cr1@chungrim.com
ⓒ 정진건, 2009
ISBN 978-89-352-0786-2 03320

가격은 뒤표지에 있습니다.
잘못된 책은 교환해 드립니다.